DIE GROSSE KREATIV WERKSTATT

DIE GROSSE KREATIV WERKSTATT

DORLING KINDERSLEY
London, New York, Melbourne, München und Delhi

Lektorat Corinne Masciocchi, Hilary Mandleberg
Bildredaktion Marianne Markham, Jane Ewart,
Glenda Fisher, Hannah Moore
Herstellung Jennifer Murray, Seyhan Esen
Fotos Ruth Jenkinson, Carly Churchill
Cheflektorat Penny Smith
Redaktionsleitung Mary Ling, Peggy Vance
Art Director Jane Bull

DK Delhi
Projektbetreuung Charis Bhagianathan
Bildredaktion Navidita Thapa, Prashant Kumar, Vikas Sachdeva,
Zaurin Thoidingjam, Anamica Roy
Redaktionsassistenz Swati Mittal
Cheflektorat Glenda Fernandes
DTP-Designer Sunil Sharma, Dheeraj Arora, Jagtar Singh,
Sourabh Challariya, Anurag Trivedi

Für die deutsche Ausgabe:
Programmleitung Monika Schlitzer
Projektbetreuung Bettina Gratzki
Herstellungsleitung Dorothee Whittaker
Herstellung und Covergestaltung Kim Weghorn

Bibliografische Information der Deutschen Bibliothek
Die Deutsche Bibliothek verzeichnet diese Publikation in der
Deutschen Nationalbibliografie;detaillierte bibliografische Daten
sind im Internet über http://dnb.ddb.de abrufbar.

Titel der englischen Originalausgabe:
Craft. Techniques & projects

© Dorling Kindersley Limited, London, 2012
Ein Unternehmen der Penguin-Gruppe

© der deutschsprachigen Ausgabe by
Dorling Kindersley Verlag GmbH, München, 2013
Alle deutschsprachigen Rechte vorbehalten

Übersetzung Brigitte Rüßmann, Wolfgang Beuchelt (Scriptorium – Köln)
Lektorat Anja Fuhrmann

ISBN 978-3-8310-2392-9

Printed and bound in China

Besuchen Sie uns im Internet
www.dorlingkindersley.de

Hinweis
Die Informationen und Ratschläge in diesem Buch sind von den Autoren und vom Verlag
sorgfältig erwogen und geprüft, dennoch kann eine Garantie nicht übernommen werden.
Eine Haftung der Autoren bzw. des Verlags und seiner Beauftragten für Personen-,
Sach- und Vermögensschäden ist ausgeschlossen.

Inhalt

Einleitung	6

Stoff & Filz

Galerie	10
Materialien	12
Tauchbatik	18
Schnürbatik	22
Stoff marmorieren	26
Stoffmalerei	30
Blockdruck	34
Seidenmalerei	38
Seidensiebdruck	42
Schablonieren	46
Wachsbatik	50
Patchwork	54
Applikationen	58
Perlenstickerei	62
Bänder weben	66
Nassfilzen	70
Nadelfilzen	76
Polstern	80

Papier & Pappe

Galerie	88
Materialien	90
Papier schöpfen	96
Papier marmorieren	102
Papiermaché	106
Scrapbooking	110
Linoldruck	114

Papierdekorationen	118
Découpage	122
Stanzen	126
Quilling	130
Grußkarten	134
Kartons	138
Siebdruck	142

Schmuck

Galerie	148
Materialien	150
Perlenschmuck	156
Silberdraht	162
Kaltemaille	166
Perlenweben	170
Modelliermasse Ofen	174
Modelliermasse Luft	178
Knetsilber	182

Keramik & Glas

Galerie	188
Materialien	190
Klebebleiverglasung	196
Glasmalerei	200
Porzellanmalerei	204
Fliesenmalerei	208
Mosaik	212

Kerzen & Seife

Galerie	222
Materialien	224
Kerzen herstellen	230
Seifen herstellen	242

Natur & Recycling

Galerie	254
Materialien	256
Korbflechten	262
Flickenteppiche	268
Kränze binden	272
Blumenbilder	276
Recycling	280
Möbel verzieren	284
Konservenkunst	288
Drahtkunst	292

Die Autoren	298
Nützliche Adressen/Dank	300
Vorlagen	302
Register	318

Einleitung

OB SIE ANFÄNGER ODER IM BASTELN SCHON VERSIERT SIND, ES GIBT IMMER ETWAS NEUES ZU LERNEN. DIESES UMFANGREICHE KREATIVBUCH BIETET IHNEN EINE BREITE VIELFALT AN TECHNIKEN, DIE IHNEN EINEN EINFACHEN EINSTIEG IN NEUE BASTEL-METHODEN ERMÖGLICHEN. GANZ GLEICH, MIT WELCHEN MATERIALIEN SIE GERNE ARBEITEN – OB PAPIER UND FARBE, STOFFE UND GARN, HOLZ, WACHS ODER DRAHT – HIER FINDEN SIE VIELE TOLLE IDEEN UND HILFREICHE ANLEITUNGEN.

Beim Basteln kann man die eigene Kreativität nutzen. Das kann schnell zur »Sucht« werden. Wer einmal erlebt hat, wie einfach und schön das Selberherstellen von Dingen ist, möchte es immer und immer wieder tun. Der kreative Schaffensprozess bringt dabei große Befriedigung – besonders, wenn etwas so gelungen ist, dass es Ihnen wirklich gut gefällt.

Um Ihnen beim Auf- und Ausbau Ihrer Kenntnisse zu helfen, bietet dieses Buch ausführliche Anleitungen, viele Bilder und eine große Anzahl an Projekten, anhand derer Sie die vorgestellte Technik sogleich in die Tat umsetzen können. Damit Sie schnell die kreativen Bereiche finden, die Ihnen am meisten Spaß machen, ist das Buch in sechs Kapitel unterteilt. Mit Einzelfotos und schrittweisen Erklärungen werden Sie durch jede Phase eines Projekts geleitet. So können Sie von Anfang an selbstbewusst einsteigen und neue Techniken im Nullkommanichts erlernen.

Alle vorgestellten Projekte sind für Anfänger geeignet, für die meisten wird kein spezielles Handwerkszeug benötigt, und alle können zuhause und größtenteils mit alltäglichen Utensilien nachgebastelt werden. Die Projekte wurden von einem Team talentierter und erfahrener Kunsthandwerker ausgesucht und sind mehrfach erprobt, damit Ihnen Ihre Projekte auf jeden Fall gelingen.

Beim Basteln ist die Vorbereitung das A und O. Bevor Sie mit einem Projekt beginnen, lesen Sie sich gründlich die Arbeitsanweisungen durch und stellen Sie alle nötigen Materialien und Werkzeuge zusammen. Beim Arbeiten mit Farben, Klebstoffen etc. empfiehlt es sich, ein altes T-Shirt oder einen Arbeitsoverall zu tragen. Ebenso sollte man die Arbeitsfläche abdecken. Eine alte Zeitung oder Kunststofffolie schützt sie vor Farben, heißem Wachs und anderen Materialien, die die Oberfläche verfärben oder beschädigen könnten.

Nehmen Sie sich Zeit und folgen Sie den Anleitungen Schritt für Schritt – und im Handumdrehen werden Sie etwas für sich, Ihr Heim oder für andere kreiert haben, auf das Sie stolz sein können. Aber am schönsten bleibt das gute Gefühl, etwas selber zu machen, und die Freude, etwas Neues gelernt und neue Talente entdeckt zu haben. Also los, seien Sie kreativ!

Stoff & Filz

Stoff & Filz

TAUCHBATIK • SCHNÜRBATIK • STOFF MARMORIEREN • STOFFMALEREI

BLOCKDRUCK • SEIDENMALEREI • SEIDENSIEBDRUCK • SCHABLONIEREN • WACHSBATIK

PATCHWORK APPLIKATIONEN • PERLENSTICKEREI • BÄNDER WEBEN

NASSFILZEN • NADELFILZEN POLSTERN

Textilien bieten vielfältige Möglichkeiten, mit bunten Farben und Mustern das eigene Heim oder die Garderobe zu verschönen. Die Techniken sind äußerst abwechslungsreich und reichen vom Färben über das Applizieren, Sticken und Weben bis hin zum Filzen.

Dieses Kapitel zeigt Ihnen einfache Methoden, wie Sie mit Textilien Dekoratives und Praktisches für Ihr Zuhause oder auch ein einzigartiges Kleidungsstück herstellen können. Es gibt zahlreiche Möglichkeiten, mit Stoffen und Filz zu dekorieren und zu verzieren. Sobald Sie einmal mit den Techniken vertraut sind, steht Ihrer Kreativität nichts mehr im Wege.

Entdecken Sie, wie spannend es ist, einen Stoff in ein Farbbad zu tauchen und ihn wunderbar leuchtend wieder auftauchen zu sehen. Finden Sie heraus, wie sich Küchenschürzen oder Geschirrtücher mit Textilfarben auf verschiedenste Weise verzieren lassen. Verschönern Sie einen Stoff mit einem auffälligen Motiv oder mit ein paar einfachen Stickereien und machen Sie daraus – ganz ohne komplizierte Nähtechniken – einen Schuhbeutel, einen Kissenbezug oder einen Sarong.

Patchwork und Applizieren sind sehr beliebte Handarbeiten. Auch dafür benötigt man nur einfache Nähkenntnisse und eventuell eine Nähmaschine – und schon entsteht ein individueller Bettüberwurf. Im Fachhandel und im Internet sind wunderbare Stoffe erhältlich, aber wenn Sie viel handarbeiten, haben Sie bestimmt schon eine Stoffrestesammlung, die nur darauf wartet, zu einer schönen Patchworkdecke zusammengenäht zu werden. Oder probieren Sie sich einmal im Bänderweben, nähen Sie etwas von Hand oder verzieren Sie Ihre Strickjacke mit ein paar Perlen.

Die Seiten über das Nassfilzen, Nadelfilzen und Polstern bieten eine Einleitung in Handwerksfähigkeiten, die Sie vielleicht immer für zu kompliziert gehalten haben. Die Schritt-für-Schritt-Anleitungen führen Sie in diese Handwerkskünste ein, sodass Sie sich selbst darin versuchen können.

Stoff & Filz • Materialien

Stoff & Filz MATERIALIEN

Beim Arbeiten mit Stoffen kann man seiner Kreativität freien Lauf lassen: Genießen Sie die Vielfalt an Farben, Strukturen und Mustern, die Textilien bieten. Die meisten der hier gezeigten Materialien besitzen Sie wahrscheinlich bereits. Bei größeren Projekten ist eine Nähmaschine praktisch, aber nicht unbedingt notwendig.

Tauchbatik und Schnürbatik

Messbecher Nützlich zum Abmessen von trockenen Zutaten wie Salz oder Feuchtzutaten wie Wasser. Glasmessbecher nehmen Farbe nicht so schnell an wie Messbecher aus Kunststoff.

Kunststoffwanne Um Stoffe gut in eine Farblösung eintauchen zu können, sollte die Wanne mittelgroß bis groß sein. Färben im Waschbecken ist weniger günstig, da sich die Keramik verfärben könnte.

Kaltbatikfarben In kaltem Wasser lösliche Farben sind gut zum Färben von Baumwolle, Leinen oder Seide geeignet. Das Pulver nach Herstellerangaben lösen.

Stoffe Gut geeignet sind reine Baumwolle, Leinen oder Seide. Jegliche Imprägnierung vorher mit Seifenwasser auswaschen.

Gummiband und Kordel Mit beidem kann man Stoffe gut umwickeln und so beim Färben Muster erzeugen.

Stoff marmorieren

Baumwollstoff Weiße Baumwolle nimmt Farben sehr gut an. Am besten eignet sich reine Baumwolle. Weniger empfehlenswert sind Mischgewebe.

Marmorierfarben Diese Farben sind in unterschiedlichen Farbtönen und mit Pipette oder Tropfer erhältlich. Mit zwei bis drei Farben erhält man die schönsten Resultate.

Marmorierkämme und -stäbchen Dienen dazu, den Farben den gewünschten Marmoreffekt zu verleihen. Es muss aber kein Spezialkamm sein, jeder Kamm mit weiten Zinken ist geeignet.

Marmoriergrund Meist pulverförmig. Macht das Wasser geleeartig, damit die Farbe darauf schwimmt. Auch Tapetenkleister ist ein guter Marmoriergrund.

Flache Wanne Muss breit genug sein, sodass der Stoff darin vollständig flach liegen kann.

Stoff & Filz • Materialien

Stoffmalerei

Textilfarbstifte Praktisch, um die Konturen zu ziehen und einem fertigen Muster Tiefe zu verleihen.

Schneiderkopierpapier Ein spezielles Kohlepapier zum Übertragen von Mustern auf Stoff. Zu schwache Linien einfach mit Bleistift nachzeichnen.

Textilfarben Sind in vielen Farbtönen erhältlich, die man aber auch zu individuellen Tönen mischen kann.

Künstlerpinsel Für Muster und Details sind mehrere hochwertige Pinsel in unterschiedlichen Größen praktisch.

Blockdruck

Textilfarben Sind häufig in kleinen Gläsern erhältlich. Die Farben lassen sich miteinander mischen und mit einem heißen Bügeleisen auf dem Stoff fixieren – die Hinweise des Kleidungsherstellers beachten.

Holzblöcke Dienen als feste Unterlage für selbst gemachte Druckblöcke. Kinderbauklötze sind ideal geeignet.

Kartoffeln Mit den Schnittflächen von Kartoffeln lässt sich prima drucken. Große eignen sich am besten, da man sie gut halten und schneiden kann.

Moosgummi Der Bastelschaumstoff ist in kleinen Blättern erhältlich und lässt sich mit Schere und Cutter zu Stempeln zurechtschneiden.

Seidenmalerei

Bügelfixierende Konturenmittel (Gutta) Meist in Tuben und in Transparent, Schwarz und verschiedenen Metalltönen erhältlich. Es gibt auch feine Spitzen für feinere Linien.

Seide Ist in verschiedenen Gewichten und Webdichten erhältlich. Mit rollierten Säumen eignet sie sich für Schals. Die Sorte Pongé 05 ist beliebt und für Anfänger empfehlenswert.

Spannrahmen und Dreizackstifte Rahmen sind in verschiedenen Größen erhältlich und straffen den Stoff beim Malen. Die Dreizackstifte sichern den Stoff am Rahmen.

Bügelfixierende Seidenmalfarben In verschiedenen Farbtönen erhältlich oder aus den Grundfarben Zyan, Magenta, Gelb und Schwarz mischbar.

Phantomstift Ein Phantom- oder Sublimatstift dient zum Vorzeichnen des Musters auf Stoff. Seine Farbe ist selbstlöschend.

Effektsalz Für den Salzeffekt auf feuchter Seide eignet sich jedes Tafel-, Stein- oder Meersalz.

13

Stoff & Filz • Materialien

Seidensiebdruck

Malerkrepp Mit diesem Klebeband wird der freie Rand zwischen Füller und Rahmen vor dem Drucken abgeklebt.

Alte Zahnbürste Mit ihr entfernt man die Zeichenflüssigkeit aus dem Siebgewebe.

Zeichenflüssigkeit Mit Siebdruck-Zeichenflüssigkeit zeichnet man sein Druckmotiv auf dem Siebgewebe vor.

Seidensiebdruckrahmen Der Rahmen sollte für das gewünschte Motiv groß genug sein und außen herum noch Platz lassen. Es gibt auch Rahmen mit Scharnieren, sie sind für den Seidensiebdruck aber nicht notwendig.

Füller Mit dem Füller füllt man die Bereiche des Siebgewebes, durch die beim Drucken keine Farbe dringen soll.

Feine Pinsel Man benötigt verschiedene hochwertige feine Pinsel.

Handrakel Mit Handrakel oder Gummiwischer werden Füller und Siebdruckfarben gleichmäßig in bzw. durch das Sieb gedrückt.

Textil-Siebdruckfarben Sind Spezialfarben zum Bedrucken von Textilien im Siebdruckverfahren.

Schablonieren

Karton Als Unterlage schützt Karton die Arbeitsfläche und saugt überschüssige Farbe auf.

Schablonierpinsel Diese kurzen, kräftigen Pinsel sind speziell für das Schablonieren gedacht. Praktisch ist eine Auswahl an Größen.

Heißsiegelpapier Das Spezialpapier aus der Textilindustrie lässt sich aufbügeln. Es gibt aber auch Schablonenbögen, Schablonenpapier und Schablonenfolie sowie fertige Schablonen zu kaufen.

Textilfarben Sind speziell zum Bemalen von Stoffen gedacht und sind gebrauchsfertig, können aber auch gemischt werden.

Stoff & Filz • Materialien

Wachsbatik

Batik-Kaltwachs Muss nicht geschmolzen werden und ist einfach anzuwenden. Vor dem Gebrauch gut umrühren.

Batik-Wachslöser Das Spezialwaschmittel wird mit warmem Wasser verdünnt und entfernt das Wachs rückstandslos.

Tjanting Traditionelle Batikkännchen, mit deren Tülle das Wachs aufgetragen wird. Sie sind in verschiedenen Größen erhältlich.

Pinsel Man benötigt mehrere Größen. Chinesische Kaligraphiepinsel eignen sich gut für Wachs. Ein Schaumstoffpinsel oder Schwamm ist praktisch zum Auftragen auf großen Flächen.

Patchwork

Patchworklineal Breites, transparentes Lineal für den Rollschneider. Die Rasterung erlaubt das saubere Schneiden von Streifen, Quadraten und anderen geometrischen Formen.

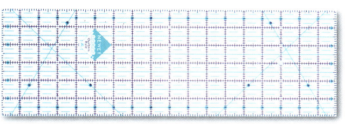

Volumenvlies Die Wattierung ist meist aus Wolle, Baumwolle oder Polyester. Wolle und Baumwolle vorwaschen, da sie einlaufen.

Schneiderschere Spezialschere zum Zuschneiden von Textilien. Die Schneiden sind meist etwa 20–30 cm lang.

Rollschneider Schneidewerkzeug mit rundem Schneideblatt, das über den Stoff geschoben oder gezogen wird. Es kann freihändig oder mit dem Rollenschneidelineal verwendet werden.

Applikationen

Fixier-Stickvlies Spezialvlies, das als Stabilisator auf die Rückseite der Applikation gebügelt wird. So kann sie durch Bügeln an der Stoffunterlage fixiert werden.

Dekorationen Knöpfe, Perlen und Pailletten sind nur ein paar der Dekorationen, mit denen man seine Applikationen verzieren kann. Bei waschbaren Materialien sollten die verwendeten Schmuckverzierungen farbecht sein.

Perlenstickerei

Stickrahmen Diese Rahmen halten den Stoff beim Sticken oder anderen Nadelarbeiten straff gespannt. Sie sind aus Holz, Kunststoff oder Metall erhältlich.

Wasserlöslicher Textilstift Textilstifte sehen wie gewöhnliche Filzstifte aus, ihre Farbe ist aber wasserlöslich. Sie eignen sich hervorragend, um Muster auf Stoff vorzuzeichnen.

Wassersprüher Mit der Sprühflasche lässt sich die Stiftfarbe entfernen.

Stoff & Filz • Materialien

Bänder weben

Bügelvlies Einlagevlies ist zum Aufbügeln oder auch Aufnähen in Weiß, Schwarz und Grau erhältlich. Farbe passend zum Projekt wählen.

Bänder Sind in allen möglichen Farben und Stoffen, von leichtem Chiffon bis schwerem Samt, erhältlich. Bänder mit Drahtrand lassen sich in Form biegen.

Backpapier Schützt das Bügelbrett und das Bügeleisen vor Verschmutzung durch die klebende Beschichtung des Einlagevlieses.

Filzen

Bambusmatte Darin wird die Wolle zum Walken eingeschlagen. Die Matte sorgt zusätzlich für Reibung und hilft beim Verfilzen.

Filzwolle (auch Märchenwolle) Ist aus kardierter Merino-Schafwolle. Lässt sich einfach filzen und ist im Strang oder im Vlies gewaschen, gefärbt und gebrauchsfertig erhältlich.

Stechmatte Zum Nadelfilzen benötigt man eine recht dicke Unterlage aus stabilem Schaumstoff.

Gardinenstoff Schlägt man die Vliesfasern beim Walken in Gardinenstoff ein, verschieben sie sich dabei nicht.

Wäschesprenger Wer keinen Wäschesprenger besitzt, kann auch einen Milchkarton mit kleinen Löchern versehen. Damit werden die Wollfasern angefeuchtet, ohne sie zu durchtränken.

Filznadeln Lange, feine Nadeln mit winzigen Widerhaken. Durch Einstechen in die Wolle werden die Fasern in den Filz geschoben und verdichtet und können zu plastischen Figuren geformt werden. Für große Bereiche sind Halter mit mehreren Nadeln geeignet, für Feinarbeiten Einzelnadeln.

Seife und Seifenlauge Für die Einweichflüssigkeit löst man eine Handvoll Seifenflocken in heißem Wasser. Olivenölseife auf das Gewebe gerieben unterstützt die Verfilzung und produziert zudem wenig Schaum.

Luftpolsterfolie Eignet sich zum Ausschneiden von Schablonen und dient statt Gardinenstoff als Unterlage. Deckt man sie über das angefeuchtete Vlies, lässt sich die Feuchtigkeit mithilfe der Folie gleichmäßig verteilen.

Handkarden Die paarweise verwendeten Handkarden richten die Wollfasern aus und lösen Knötchen auf.

Plastikfolie oder Moosgummi Beide Materialien können als Schablonen beim nahtlosen Umfilzen genutzt werden (siehe S. 72–73). Um genügend Spielraum zum Krumpfen (Schrumpfen) zu haben, sollten die Schablonen rund 20 % größer sein als die Größe des fertigen Stücks.

Stoff & Filz • Materialien

Polstern

Klüpfel und Stechbeitel Dienen zum Entfernen alter Heftklammern, Polsterstifte und Polstermaterialien.

Nagelheber und Heftklammerentferner Entfernen Nägel und Heftklammern (auch Losschlageisen genannt).

Polstergurt Meist aus Baumwolle oder Jute. Wird zu einer stabilen Sitzunterlage verflochten.

Gurtstifte Haben größere Köpfe als fein geschnittene Polsternägel. Werden zur Befestigung der Gurte und der Jutegewebe wie Feder- und Fassonleinen verwendet.

Fein geschnittene Polsternägel Haben kleine, feine Köpfe und dienen zur Befestigung von Nessel, Bodenbespannung und Bezugsstoff.

Magnetischer Polsterhammer Hammer mit schmalem Kopf und einem magnetischen Ende, um Polsternägel aufzunehmen.

Federleinen Mittelschweres Leinen zur Abdeckung von Gurten und Federn.

Handnähfaden oder Nylonschnur Zum Durchnähen des losen Füllmaterials.

Nadeln Doppelspitze (30 cm) zum Ausformen der Kanten und Vernähen.

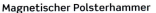

Matratzennadel (25 cm) zum Annähen von Knöpfen.

Gebogene Garniernadel (12,5 cm) zum Aufnähen der Federn.

Runde Polsternadeln zum Vernähen.

Gurtspanner Zum straffen Verspannen der Polstergurte vor der Befestigung am Gestell.

Haarzieher Zum Verteilen von Füllstoffen auf der Sitzfläche.

Tierhaar, Kokos- und Palmfasern (Afrik) Dienen als Füllmaterial für Polster.

Polsterwolle oder Filz Als weiterer Füllstoff für Polster.

Fassonleinen Zum Abdecken loser Füllstoffe ein Flächengewicht von 245 g wählen.

Diolenwatte Feineres, wattiertes Abschlusspolster, das verhindert, dass Füllstoff durch den Polsterstoff durchtritt.

Nessel Dient als Weißbezug zum Überspannen der Polsterung unter dem eigentlichen Bezugsstoff.

Bezugsstoff Bezugsstoffe sind in unterschiedlichen Farben, Mustern und Qualitäten erhältlich.

Bodenbespannung Dient als Staubschutz und zur Abdeckung aller Heftklammern und Nähte.

Stoff & Filz • Tauchbatik

Tauchbatik TECHNIKEN

Am einfachsten gelingt Tauchbatik mit Naturfasern, wie Baumwolle, Leinen oder Seide, und mit Farben, die mit heißem Wasser angerührt werden. Bringen Sie Farbe in Ihren Wäscheschrank und färben Sie Bett- und Tischwäsche oder auch T-Shirts und Socken ein. Neue Stoffe sollten Sie vor dem Batiken immer waschen, um eine eventuell vorhandene Appretur zu entfernen, da diese sonst verhindert, dass die Farbe vom Stoff aufgenommen wird.

Das Farbbad vorbereiten

Salz in heißem Wasser lösen

1 Immer zuerst die Angaben des Farbherstellers durchlesen. Bei einigen Farben wird zusätzlich Salz benötigt, das man in heißem Wasser löst.

Farbe in Wasser lösen

2 Das Farbpulver in die angegebene Wassermenge geben und unter Rühren auflösen. Für größere Stoffmengen benötigt man mehr als ein Paket Farbe.

3 Farbe und gelöstes Salz in einer Plastikwanne vermischen. Nach Herstellerangaben genügend Wasser zugeben, damit der Stoff ganz eingetaucht werden kann.

Stoff einfärben

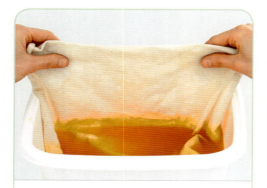

1 Neue Wäschestücke zunächst waschen, um Appreturen zu entfernen, andere nur anfeuchten. Den feuchten Stoff in die Farblösung geben und darauf achten, dass er vollständig bedeckt ist.

2 Den Stoff gelegentlich in der Farbe bewegen. Gut eignen sich dazu Metall- oder Kunststofflöffel. Ein Holzlöffel sollte alt sein und nicht mehr zum Kochen dienen, da er die Farbe dauerhaft annimmt.

3 Den Stoff nach der angegebenen Zeit mit Gummihandschuhen aus dem Farbbad heben, um die Hände zu schützen. Die Farbe in kaltem Wasser ausspülen, das Wäschestück dann heiß mit Waschmittel waschen.

Tauchbatik • Techniken

Tauchbatik

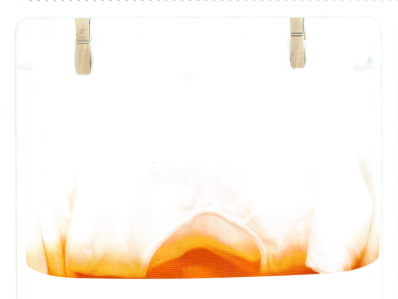

1 Statt ein Wäschestück einfarbig einzufärben, kann man es auch nur teilweise in Farbe tauchen. Den Stoff auf einen Stock wickeln und mit Wäscheklammern befestigen. Den Stock quer über die Farbwanne legen. Wenn der Stoff über den Rand der Wanne herabhängt, wird sich die Farbe weiter in den feuchten Stoff hineinziehen.

2 Die Farbe von Zeit zu Zeit umrühren und den Stoff dabei bewegen, damit er gleichmäßig durchfärbt. Nach der angegebenen Zeit herausnehmen und in kaltem Wasser ausspülen, bis das Wasser klar bleibt.

3 Wer mag, kann ein zweites Farbbad anrühren und den ungefärbten Stoffteil darin färben. Um genau bestimmen zu können, bis wohin er einfärbt, sollte der Stoff wieder von oben in der Farbe und nicht an der Wannenseite herab hängen.

4 Mit schönen Farbkombinationen kann man interessante Muster erzeugen. Hier wurde gelbe und rote Farbe benutzt. Bei dem einen T-Shirt durften die Farben ineinander fließen, beim anderen wurde ein weißer, ungefärbter Streifen dazwischen frei gelassen.

Stoff & Filz • Tauchbatik

Batik-Scheibengardine PROJEKT

Schon mit einem Paket Farbe können Sie intensive Farbeffekte erzielen – ideal für eine Scheibengardine. Möchten Sie eine vorhandene Gardine mit Naturstoff-Farbe färben, überprüfen Sie zunächst, aus welchem Material Ihre Gardine besteht. Alternativ können Sie aus Baumwollnessel selbst eine Gardine nähen. Damit auch der verwendete Faden mit einfärbt, sollten er aus 100% Baumwolle bestehen.

SIE BRAUCHEN
- Baumwollgardine
- Waschmittel
- Stock aus Bambus, Holz oder Kunststoff
- Messbecher
- Salz (falls vom Hersteller angegeben)
- Kaltbatikfarbe (in Pulverform oder flüssig)
- Kunststoffwanne oder anderes großes Gefäß
- Gummihandschuhe
- Metall-, Kunststoff- oder alten Holzlöffel
- Waschmittel

1 Die Gardine waschen, aber nicht trocknen. Den Stock durch die Schlauchnaht der Gardine schieben.

2 Den Stoff auf den Stock aufwickeln, bis nur noch etwa das untere Viertel der Gardine frei herabhängt.

3 Die Farbe nach Packungsangaben des Herstellers vorbereiten und in die Wanne geben. Die Gummihandschuhe anziehen, den Stock quer über die Wanne legen und den unteren Teil der Gardine in die Farbe tauchen. Die Farbe gelegentlich umrühren, damit der Stoff gleichmäßig durchfärbt.

4 Nach etwa 20 Minuten die Gardine etwas abrollen, sodass rund ein Drittel in der Farbe liegt. Den Stoff weitere 20 Minuten ruhen lassen, dann wieder ein Stück Stoff abrollen, sodass rund zwei Drittel in der Farbe liegen. Weitere 20 Minuten färben.

5 Die Gardine aus der Farbe heben und den Stock herausziehen. Die Gardine in kaltem Wasser gründlich ausspülen, dann den Stoff in warmem Wasser mit Waschmittel waschen. Vor dem Aufhängen bügeln.

Stoff & Filz • Schnürbatik

Schnürbatik TECHNIKEN

Mit Schnürbatik kann man Kleidung und Heimtextilien ganz einfach wunderbare Muster verleihen. Die besten Resultate erzielt man mit reiner Baumwolle und Kaltbatikfarben. Es gibt einige bewährte Falt- und Schnürtechniken, mit denen Sie Kreis- und Streifenmuster herstellen können. Wenn Sie mehr als eine Farbe verwenden, beginnen Sie mit der hellsten.

Wäschestücke auswählen

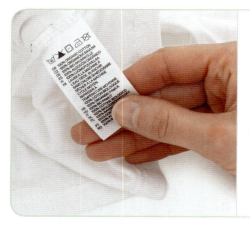

Das Etikett überprüfen: Mit Kaltbatikfarbe nur Wäschestücke aus 100 % Baumwolle, Leinen oder Seide einfärben. Zunächst jegliche Appretur aus dem Stoff herauswaschen.

Das Farbbad vorbereiten

Die Farbe nach Herstellerangaben anmischen und in einen Behälter geben, der groß genug ist, um den gesamten Stoff aufzunehmen.

Streifenmuster erzeugen

1 Den Stoff für ein Streifenmuster glatt auf die Arbeitsfläche legen. Von einer Kante her den Stoff wie einen Leporello falten.

2 Den Stoff mit Kordel an mehreren Stellen fest einbinden. Dabei den Abstand etwa in Breite der Falten wählen.

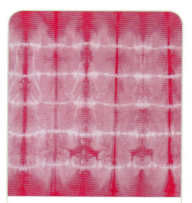

3 Den Stoff für die empfohlene Zeit in die Farbe tauchen und gelegentlich umrühren. Er sollte dabei immer unter Wasser sein. Herausheben und mit kaltem Wasser ausspülen, bis es klar bleibt. Die Kordeln entfernen.

4 Wer möchte, bindet den Stoff erneut und färbt ihn mit einer zweiten Farbe. Hier wurde mit Blau nachgefärbt. So entstanden dort, wo das Blau das Rosa überfärbt, lilafarbene Streifen.

Schnürbatik • Techniken

Große und kleine Kreismuster erzeugen

1 Für ein großes Kreismuster eine Murmel in die Stoffmitte legen und mit Kordel einknoten. Den restlichen Stoff zu einem Kegel mit der Murmel an der Spitze zusammenziehen und unterschiedlich breit abbinden.

2 Für kleine Kreismuster einzelne Murmeln fest mit Kordel in den Stoff einbinden. Den Stoff dann für die empfohlene Zeit in das Farbbad legen.

3 Den Stoff aus dem Farbbad heben und mit kaltem Wasser gründlich ausspülen, dann Kordeln und Murmeln entfernen. Sobald man den Stoff auffaltet, zeigen sich die unterschiedlich großen Kreismuster.

Eine bunte Spirale erzeugen

1 Den Stoff auf einem flachen Untergrund ausbreiten, die Mitte festhalten und den Stoff spiralförmig darum aufwickeln.

2 Die Wicklung mit zwei kreuzweise darumgeschlungenen Gummibändern sichern, sodass der Stoff in vier Viertel unterteilt ist.

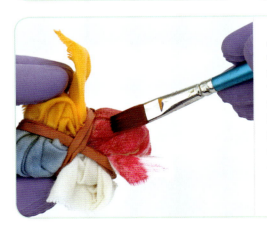

3 Zwei oder mehrere Farben anmischen – hier wurden vier Farben verwendet. Statt den Stoff in die Farbe zu tauchen, färbt man die Viertel mithilfe eines Pinsels einzeln ein. Den Stoff gründlich bis in die Falten hinein färben. Beim Färben Gummihandschuhe anziehen, um zu verhindern, dass sich die Hände einfärben.

4 Den gefärbten Stoff in eine Plastiktüte geben, verschließen und 24 Stunden (oder nach Herstellerangaben) ruhen lassen. Dann gründlich mit kaltem Wasser auswaschen. Die Gummibänder entfernen.

Stoff & Filz • Schnürbatik

T-Shirt in Schnürbatik PROJEKT

Nehmen Sie ein T-Shirt aus 100% Baumwolle. (Achtung: Ist der Faden, mit dem das T-Shirt genäht wurde, aus Synthetikfaser, wird er die Farbe nicht annehmen und weiß bleiben.) Das T-Shirt zunächst waschen und nicht trocknen. Hier wurden zum Färben Rosa und Lila verwendet, Sie können aber auch jede andere Farbkombination wählen. Beachten Sie, dass dort, wo sich die Farben überlappen, eine Mischfarbe entsteht – so wird beispielsweise aus Blau und Gelb Grün.

SIE BRAUCHEN
- weißes T-Shirt aus 100 % Baumwolle
- Kordel
- Schere
- Messbecher
- Kaltbatikfarben in Rosa und Lila (in Pulverform oder flüssig)
- Kunststoffwanne oder anderes geeignetes Gefäß
- Gummihandschuhe
- Metall-, Kunststoff- oder alten Holzlöffel
- Waschmittel

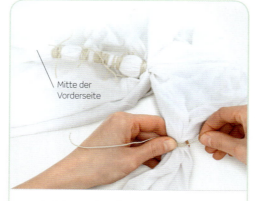

1 Auf der Vorderseite des T-Shirts die Mitte greifen, das T-Shirt anheben und zu einem Kegel formen und diesen in Intervallen mit Kordel zusammenbinden. Die Ärmel oben ebenfalls abbinden.

2 Die rosa Farbe anrühren und mit genügend kaltem Wasser für das T-Shirt in die Kunststoffwanne geben. Das T-Shirt mit Gummihandschuhen in das Farbbad legen. Das Farbbad gelegentlich umrühren.

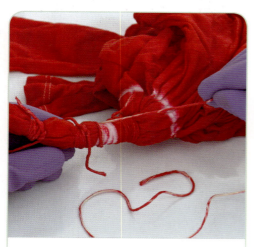

3 Das T-Shirt nach etwa eine Stunde (oder nach der angegebenen Zeit) aus dem Farbbad heben und in kaltem Wasser auswaschen, bis das Wasser klar bleibt. Die Kordeln entfernen, die Farbe wegschütten.

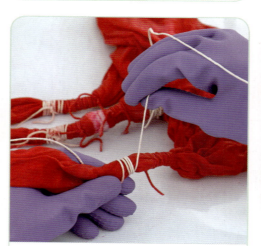

4 Schritt 1 wiederholen und Vorderseite und Ärmel erneut abbinden. Die neu gebundenen Stellen bleiben beim zweiten Färbegang rosa. Wer einige Stellen weiß behalten möchte, sollte also auch sie nochmals umwickeln.

5 Das lila Farbbad anrühren und mit genügend Wasser in die Kunststoffwanne geben, dass das T-Shirt untergetaucht werden kann. Das T-Shirt ins Farbbad legen. Nach etwa einer Stunde herausheben und gründlich auswaschen.

6 Die Kordeln entfernen und das T-Shirt in heißem Wasser mit Waschmittel waschen, um die Farbe zu fixieren.

Stoff & Filz • Stoff marmorieren

Stoff marmorieren TECHNIKEN

Für das Marmorieren benötigt man Zeit und man sollte Arbeitsfläche und Kleidung gut vor Verschmutzungen schützen. Üben Sie zunächst ein wenig mit verschiedenen Marmorierwerkzeugen und Farben, bevor Sie sich für ein Muster entscheiden. Wem diese Technik Spaß macht, der kann, wie auf S. 102–105 gezeigt, auch Papier marmorieren.

Das Bad vorbereiten

Das Marmorierbad nach Herstellerangaben vorbereiten. Den Marmoriergrund in einer großen Wanne mit genügend Wasser lösen (Mischverhältnis bei Tapetenkleister: ein gestrichener Esslöffel auf einen Liter Wasser). Mindestens zwei Stunden oder über Nacht quellen lassen.

Die Oberfläche abziehen

Da das Bad geruht hat, muss die Oberflächenspannung gebrochen werden. Dazu rollt man ein Stück Zeitung zu einem Ballen und zieht die Oberfläche damit ab. Auch vor jedem neuen Farbauftrag muss das Bad abgezogen werden.

Mit Farben Muster erzeugen

1 Die Marmorierfarbe tropfenweise auf das Bad geben, bis es ganz damit bedeckt ist. Das Bad dann mit dem Zeitungsballen abziehen.

2 Nochmals die Grundfarbe auf das Marmorierbad tropfen, bis es bedeckt ist, dann einzelne Punkte mit einer zweiten Farbe darauf verteilen.

3 Das Marmormuster entsteht, indem man einen Marmorierkamm an einer Seite der Wanne auf die Farbe aufsetzt und ihn dann zur anderen Seite hinüberzieht.

4 Mit einem Griffel, einem Pinselstiel oder einem Holzstäbchen kann man die Farbpunkte auch gezielt einzeln verschlieren.

Stoff marmorieren • Techniken

Verschiedene Muster ausprobieren

Das Marmorierbad wird besser, je öfter Sie es benutzen. Betrachten Sie die ersten zwei bis drei Versuche also als Probeläufe. Waschen Sie den Stoff vor dem Färben, damit er die Farbe besser aufnimmt. Beginnen Sie mit Probestücken und experimentieren Sie mit Farbe und Abziehen. Schützen Sie Ihre Hände mit Gummihandschuhen. Nach sieben bis zehn Durchgängen sollte der Marmoriergrund erneuert werden.

Den Stoff marmorieren

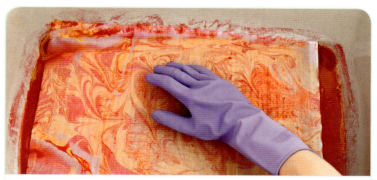

1 Ist das Marmormuster wie gewünscht, den Stoff auf das Bad auflegen und sanft glatt klopfen, damit keine Falten entstehen. Denn Stoff aber nicht hin und her bewegen, da sonst das Muster verwischt.

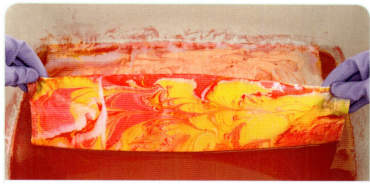

2 Den Stoff an zwei Ecken fassen, schnell abheben und über die Wanne halten, damit überschüssiges Wasser abtropfen kann.

Die Farbe fixieren

1 Mit der Farbe nach oben auf einem Handtuch trocknen lassen. Nicht aufhängen oder waschen, da die Farbe sonst verläuft.

2 Der trockene Stoff ist steif, da noch Medium daran haftet. In kaltem Wasser auswaschen und zum Trocknen aufhängen.

3 Bei mittlerer Temperatur bügeln (ohne Dampf), um die Farbe zu fixieren. Danach ist die Farbe waschecht.

Stoff & Filz • Stoff marmorieren

Marmorierte Serviette PROJEKT

Gerade weil das Ergebnis immer ein wenig unberechenbar ist, macht Marmorieren so viel Spaß. Mit jeder Bewegung der Farben entsteht ein neues Muster. Wenn es Ihnen nicht gefällt, ziehen Sie das Bad einfach neu ab. Wenn Ihnen das Muster gefällt, können Sie es auf Stoff bannen. In diesem Projekt erfahren Sie, wie Sie Servietten mit verschlungenen Marmormustern verschönern können.

SIE BRAUCHEN
- Kunststoffwanne
- Messbecher
- Teelöffel
- Marmoriergrund (z. B. Tapetenkleister)
- Zeitungspapier
- blaue und grüne Marmorierfarbe
- Marmorierkamm
- Holzstäbchen (z. B. Schaschlikstäbchen)
- Gummihandschuhe
- 4 vorgewaschene weiße Baumwollservietten
- altes Handtuch
- Bügeleisen

1 Das Marmorierbad ansetzen: Einen Teelöffel Grund in einem Liter kaltem Wasser lösen und in die Wanne geben. Mindestens zwei Stunden quellen lassen. Die Oberfläche mit einem Papierballen abziehen.

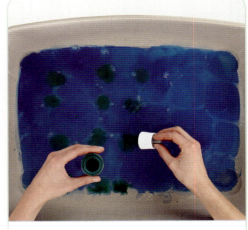

2 Die blaue Farbe tropfenweise gleichmäßig auf dem Marmoriergrund verteilen. Die Oberfläche abziehen, dann nochmals blaue Farbe auftropfen. Danach ein paar grüne Tropfen zwischen die blauen Farbbereiche tropfen.

3 Den Marmorierkamm in einer zügigen Bewegung über die Oberfläche ziehen. Für mehr Welle den Kamm nochmals durch die Farbe ziehen oder mit dem Holzstäbchen individuelle Wirbel ziehen.

4 Den Stoff mit Gummihandschuhen langsam auf das Marmorierbad legen und vorsichtig glatt streichen, dann zügig abheben. Für jede weitere Serviette das Bad abziehen, neue Farbe auftropfen und den Vorgang wiederholen.

5 Die Servietten zum Trocknen auf ein Handtuch legen, dann in kaltem Wasser auswaschen, hängend trocknen und die Farben durch Bügeln fixieren.

Stoff & Filz • Stoffmalerei

Stoffmalerei TECHNIKEN

Mit Textilfarben lassen sich Stoffe dauerhaft färben. Nach dem ersten Trocknen sind sie recht hart, werden aber nach der Wäsche weich. Sie können pur verwendet oder zu neuen Farbtönen gemischt werden. Allerdings sollten Sie sie nicht wie Wasserfarben verdünnen, da sonst die Farbintensität nachlässt.

Den Stoff vorbereiten

1 Den Stoff immer waschen, damit er die Farbe besser aufnimmt. Auswaschen und trocknen lassen.

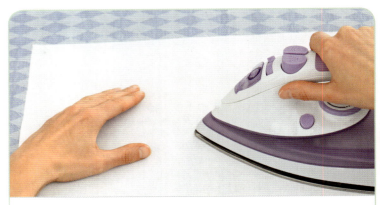

2 Den trockenen Stoff gut bügeln. Die Oberfläche sollte faltenfrei sein, möglichst so glatt wie ein Blatt Papier, damit das Muster auch wirklich gelingt.

Eine Vorlage übertragen

Vorlage und Schneiderkopierpapier auf dem Stoff

1 Ein Blatt Schneiderkopierpapier mit der Farbseite nach unten auf den Stoff legen und die Vorlage darauf befestigen. Mit einem spitzen Stift die Vorlage nachzeichnen, dann das Kopierpapier abheben.

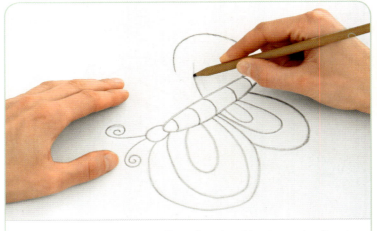

2 Sind die Linien auf dem Stoff zu schwach, zeichnet man sie mit Bleistift nach.

Stoffmalerei • Techniken

Die Farben auftragen

Blatt Papier

1 Beim Bemalen von doppellagigem Stoff, wie etwa einem Beutel, ein Stück Papier zwischen die Stofflagen legen, damit die Farbe nur in die obere Stofflage eindringt, nicht aber in die untere.

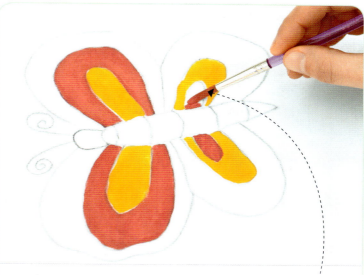

2 Die Farbe gleichmäßig und in einer Richtung auftragen. Besonders hellere Farben müssen oft mehrmals aufgetragen werden. Jede Farbe vor dem Auftragen der nächsten vollständig trocknen lassen.

3 Ist das Muster oder Motiv fertig und trocken, kann man mit einem Pinsel Details hinzufügen oder die Konturen mit dem Textilfarbstift verstärken.

Die Farbe fixieren

Die Farbe 24 Stunden trocknen lassen. Den Stoff dann mit der Farbe nach unten auf eine Unterlage legen und mit dem heißen Bügeleisen fixieren. Danach ist die Farbe waschecht.

Stoff & Filz • Stoffmalerei

Schuhbeutel PROJEKT

Schuhbeutel sind auf Reisen praktisch, besonders wenn Sie Ihre Schuhe staubfrei verstauen möchten. Verwandeln Sie einen schlichten Beutel in ein Einzelstück oder versuchen Sie, Ihre Schuhe originalgetreu nachzumalen, sodass Sie immer wissen, welcher Schuh in welchem Beutel steckt. Wenn Sie mit Textilfarben und Textilstiften arbeiten, können Sie auch feine Muster entwerfen.

SIE BRAUCHEN

Für den Schuhbeutel
- vorgewaschene weiße Baumwolle (100 x 69 cm)
- Bügeleisen
- Stecknadeln
- Nähmaschine
- weißes Nähgarn
- Band (1,5 m lang)

Für das Motiv
- Schneiderkopierpapier
- Bleistift
- Blatt Papier
- Textilfarben
- Pinsel
- Textilfarbstifte

1 Für den Beutel: Den Stoff an der Längskante 5 cm breit umbügeln, die Kante nochmals 1 cm breit einschlagen, abstecken und anheften. Mit der Nähmaschine die Naht mit geraden Stichen absteppen, sodass ein Tunnel für das Band entsteht.

2 Den Stoff längs in der Mitte und mit dem Tunnelzug nach außen falten. Die Unterkante und die offene Seitenkante mit geraden Stichen absteppen. Bis an den Tunnelzug heran nähen. Das Band einziehen und den Beutel dann wenden.

3 Die Vorlage von S. 302 wie auf S. 30 in **Eine Vorlage übertragen** beschrieben exakt mittig auf eine Außenseite des Beutels übertragen.

4 Das Blatt Papier in den Beutel schieben, um den hinteren Stoff zu schützen. Jede Farbe einzeln trocknen lassen, damit die Farben nicht ineinanderlaufen. Falls nötig, eine zweite Farbschicht auftragen.

5 Mit den Textilfarbstiften die Konturen nachziehen und das Muster aufmalen. Die Farben 24 Stunden trocknen lassen.

6 Den Beutel mit dem Bild nach unten heiß bügeln und so die Farben fixieren.

Stoff & Filz • Blockdruck

Blockdruck TECHNIKEN

Die Technik des Blockdrucks ist Jahrhunderte alt und stammt aus Asien. Man schnitzte Muster in Holzblöcke, bestrich sie mit Farbe und bedruckte damit Stoffe. Diese Druckstöcke genannten Holzblöcke erlaubten es, Stoffe schnell mit gleichmäßigen Mustern zu versehen. Man benötigt für einen Druckstock keine besonderen Materialien, ein Stück Holz und Moosgummi genügen. Sogar eine Kartoffel kann als Druckstock dienen.

Einen Druckstock herstellen

1 Ein Muster auf ein Stück Moosgummi aufzeichnen. Schlichte geometrische Formen sind einfach und wirken hübsch, und man muss nicht darauf achten, dass das Bild auf dem Stoff seitenverkehrt erscheint.

2 Die Form mit der Schere ausschneiden. Kleinere Teile aus dem Inneren, wie hier die Mitte der Blüte, auf der Schneidematte mit dem Cutter heraustrennen.

3 Alleskleber auf eine Seite der Moosgummiform auftragen und sie auf einen Holzblock (z. B. einen Bauklotz) aufkleben.

4 Für komplexere Muster, die in mehreren Farben gedruckt werden sollen, für jedes Element einen eigenen Druckstock anfertigen. Ein zweites Element könnte, wie hier, der Stängel mit einem Blatt sein.

Blockdruck • Techniken

Drucken

1 Stofffarbe gleichmäßig auf das Motiv auftragen. Bei recht flüssiger Farbe einen Pinsel benutzen, dickere Farbe mit der Rolle auftragen. Zunächst einen Testdruck auf einem Reststück Stoff durchführen, um sicherzugehen, dass das Motiv gefällt.

2 Das eingefärbte Motiv zum Drucken auf dem Stoff positionieren und fest andrücken. Den Druckstock dabei nicht verschieben, da das Motiv sonst verwischt.

3 Das Motiv dann mit weiteren Details in anderen Farben vervollständigen.

4 Die Farbe trocknen lassen und anschließend mit dem Bügeleisen auf hoher Stufe nach den Herstellerangaben fixieren. Ein Bügeltuch dazwischen legen, damit der Stoff nicht verbrennt.

Kartoffeldruck

1 Eine große Kartoffel so halbieren, dass die Schnittfläche möglichst gerade und glatt ist. Mit dem Filzstift die gewünschte Form aufzeichnen.

2 Mit einem Messer an den Linien entlang in die Kartoffel einschneiden, dann vom Rand der Kartoffel bis zur Form wegschneiden.

3 Man kann die Form mit einem Linoleummesser noch feiner gestalten, indem man kleine Stücke aus der Form herausschneidet.

4 Die Schnittfläche der Kartoffel mit Küchenpapier trocken tupfen, dann die Stofffarbe auf die Form auftragen. Die eingefärbte Form auf den Stoff aufsetzen, fest anpressen und einige Sekunden halten. Dann abheben.

35

Stoff & Filz • Blockdruck

Bedruckte Schürze PROJEKT

Mit ein paar hübschen Motiven, wie Fischen und einigen Zitronenscheiben, wird aus einer unifarbenen Schürze schnell ein hübsches Geschenk. Sie können eine Schürze kaufen oder aus ungebleichter Baumwolle selber nähen. Bitte beachten Sie dazu auch die Herstellerangaben Ihrer Textilfarben. Manche Farben färben nur Naturmaterialien, wie Baumwolle und Leinen. Zumeist muss der Stoff vor dem Färben gewaschen und gebügelt werden.

SIE BRAUCHEN

- Papier
- Bleistift
- Schere
- Cutter
- Schneidematte
- Moosgummi (mehrere Bögen)
- Alleskleber
- kleine Holzblöcke
- Textilfarben in Blau, Gelb, Grün und Weiß
- Pinsel (mittelgroß)
- Schürze aus Baumwolle oder Leinen
- sauberes Tuch
- Bügeleisen

1 Die Vorlagen von S. 303 auf Papier übertragen oder Formen zeichnen. Die Formen ausschneiden, auf Moosgummi legen und die Konturen mit dem Bleistift nachziehen. Die Formen mit der Schere aus dem Moosgummi ausschneiden.

2 Jede Moosgummiform auf einen eigenen Holzblock kleben. Beim Fisch eine Lücke zwischen Körper und Kopf lassen.

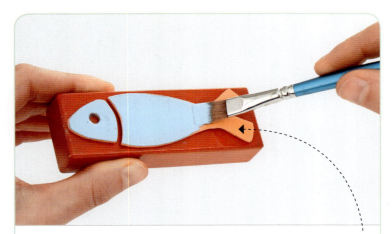

3 Mit dem Pinsel Textilfarbe auf die Formen auftragen. Die meisten Textilfarben können gemischt werden. Wenn das Blau etwa zu kräftig ausfällt, kann man es mit ein wenig Weiß leicht aufhellen.

4 Die Formen zum Drucken auf den Stoff legen und kräftig anpressen. Anschließend wieder Textilfarbe auf das Moosgummimotiv auftragen und die Form erneut auf den Stoff drucken.

5 Die anderen Motive auf die gleiche Weise auf den Stoff drucken. Die Farben ganz nach Belieben mischen. Die Farbe vollständig trocknen lassen und zum Schluss nach Herstellerangaben mit dem heißen Bügeleisen fixieren.

Stoff & Filz • Seidenmalerei

Seidenmalerei TECHNIKEN

Die Seidenmalerei ist eine sehr alte Kunst. Dazu spannt man Seide auf einen Rahmen, malt Motive mit Gutta (ein Konturenmittel) vor und füllt diese mit Seidenmalfarbe aus. Oder Sie färben das gesamte Tuch durch Eintauchen in verdünnte Farbe. Wenn Sie die noch feuchte Seide mit Salz bestreuen und trocknen lassen, erhalten Sie einen schönen melierten Effekt.

Ein Tuch mit melierter Grundfarbe

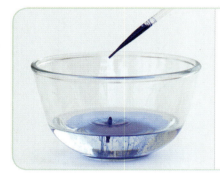

1 Seidenmalfarbe tropfenweise in eine Schüssel mit Wasser geben, bis der gewünschte Grundfarbton erreicht ist. Ein Stück Papier eintauchen und testen, ob das Farbergebnis stimmt.

2 Die Seide mit Gummihandschuhen in das Farbbad tauchen und hin und her bewegen, damit sich die Farbe verteilt. Ein paar Minuten einweichen lassen.

3 Das Tuch herausnehmen und überschüssige Farbe ausdrücken. Die Seide auf Plastikfolie auslegen und dann an einigen Stellen etwas zusammenschieben. Dünn mit Salzkristallen bestreuen.

4 Das Tuch mit dem Salz über Nacht trocknen lassen. Wo das Salz gelegen hat, ist die Farbe aufgesogen worden. Das Salz nun abbürsten. Abschließend die Farbe fixieren (siehe unten).

Die Farbe fixieren

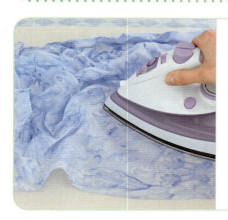

1 Das Bügelbrett mit einem Baumwolltuch vor Verfärbungen schützen. Die Seide darauf legen und mit dem Bügeleisen auf mittlerer Hitze die Farbe fixieren (ca. drei Minuten pro 30 Quadratzentimeter).

2 Die Seide in warmem Wasser auswaschen, um Farb- und Salzreste zu entfernen, dann von Hand mit einem (nicht-biologischen) Waschmittel waschen. Trocken tupfen und noch feucht bügeln.

Seidenmalerei • Techniken

Seide aufspannen

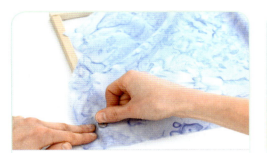

1 Die Seide mit Dreizackstiften an einer Ecke beginnend mit der rechten Seite nach oben in den Ecken auf einen Spannrahmen spannen, bis sie straff ist.

2 Den Stoff straff ziehen und nun auch in der Mitte der Rahmenseiten feststecken, dann in der Mitte zwischen den Stiften feststecken, bis alle 5–7,5 cm ein Stift sitzt.

3 Bei Verwendung eines Stickrahmens den inneren Ring unter die Seide legen, den äußeren darauf drücken, um die Seide zu spannen, und ihn festschrauben.

Ein Motiv aufbringen

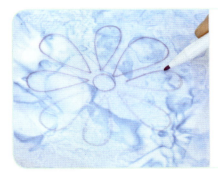

1 Mit einem Phantomstift das gewünschte Muster auf die gespannte Seide zeichnen. Dazu nach Wunsch eine Vorlage mit Malerkrepp von unten auf die Seide kleben. Am Fenster oder über einem Lichtkasten die Konturen nachziehen.

2 Die Vorlage entfernen und mit Konturenmittel die vorgezeichneten Konturen nachfahren. Vor dem Beginn einen Tropfen Konturenmittel aus der Tülle drücken und mit Küchenpapier abwischen. Die Konturlinien betonen das Dessin.

3 Darauf achten, dass die Konturlinien geschlossen sind, da die Seidenmalfarbe sonst ausläuft. Dies geht am einfachsten, wenn man die Seide vor Licht hält. Etwaige Lücken schließen. Das Konturenmittel zwei Stunden trocknen lassen oder trocken föhnen.

4 Die gewünschte Seidenmalfarbe mit dem Pinsel auftragen. Die Konturen des Musters dazu einzeln und nacheinander vollständig mit Farbe füllen. Die Seide trocknen lassen oder trocken föhnen, dann vom Rahmen nehmen. Den Stoff nach Herstellerangaben von der Rückseite bügeln, um Farben und Konturenmittel zu fixieren. Dann in warmem Wasser mit ein wenig Waschmittel waschen. Die noch feuchte Seide auf links glatt bügeln.

Stoff & Filz • Seidenmalerei

Schmetterlings-Schal PROJEKT

Dieser Schal mit Schmetterlingen eignet sich als hübsches Präsent. Geben Sie ihm zunächst mit der Salztechnik einen melierten Grundton und tragen Sie dann das Motiv in traditioneller Konturentechnik auf. Wer mag, kann den Schal zusätzlich mit silbernen Spiralen verzieren, die Schmetterlinge in Form und Größe verändern oder ein eigenes Motiv kreieren.

SIE BRAUCHEN

- Gummihandschuhe
- Schüssel
- bügelfixierbare Seidenmalfarben in Gelb, Blau, Türkis, Rosa und Lila
- 40 × 150 cm Seidentuch aus 100 % Seide mit Rollnaht, Pongé 05 (leichte Qualität) oder ähnliche Qualität
- Plastikfolie
- Effektsalz (oder andere Salzkristalle)
- Bügeleisen
- Waschmittel (nicht-biologisch)
- Papier
- Bleistift
- Stickrahmen
- Malerkrepp
- Phantomstift (selbstlöschend)
- bügelfixierbares Konturenmittel (Gutta)
- feinen Rundpinsel in Größe 6 (oder ähnlich)

1 Die Gummihandschuhe anziehen und in einer kleinen Schüssel einen Teil gelbe Seidenmalfarbe in 50 Teilen Wasser lösen. Die Seide einige Minuten darin einweichen. Herausheben, leicht ausdrücken und wellig auf Plastikfolie auslegen. Eine Handvoll Salz darüber streuen. Über Nacht trocknen lassen und dann das Salz abbürsten.

2 Die Farbe durch Bügeln fixieren, dann überschüssige Farbe und Salzreste in warmem Wasser ausspülen. Von Hand waschen und die feuchte Seide von links glatt bügeln.

3 Die Vorlage von S. 303 durchpausen und wie auf S. 30 gezeigt auf den Stoff übertragen. Die Seide in einen Stickrahmen spannen. Die Vorlage an der Unterseite befestigen und die Konturen des ersten Schmetterlings mit Phantomstift nachzeichnen.

4 Die Vorlage abnehmen und die Konturen mit silbernem Konturenmittel nachzeichnen. Trocknen lassen und kontrollieren, ob die Linien geschlossen sind.

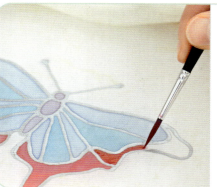

5 Die Konturen nacheinander mit den einzelnen Farben füllen. Jeden Bereich erst ganz füllen, dann den nächsten ausmalen. Die Schritte 3, 4 und 5 wiederholen, bis alle sechs Schmetterlinge aufgemalt sind.

6 Wenn die Farbe vollständig trocken ist, den Schal aus dem Rahmen lösen. Nach Herstellerangaben bügeln, um Farbe und Konturenmittel zu fixieren. In warmem Wasser mit Waschmittel waschen und noch feucht von links trocken bügeln.

Stoff & Filz • Seidensiebdruck

Seidensiebdruck TECHNIKEN

Wenn Sie ein Motiv mehrfach drucken möchten, sei es auf ein oder auf verschiedene Stoffstücke, ist der Seidensiebdruck ideal. Einige Seidensiebdrucktechniken sind recht kompliziert und zeitaufwändig. Die hier gezeigte aber verwendet eine spezielle Zeichenflüssigkeit und Siebfüller und ist damit für Einsteiger gut geeignet. Sie können mit ihr relativ detaillierte Motive erstellen und sie von Hand immer wieder drucken – jeder Druck ist ein Original.

Das Motiv auf die Seide auftragen

Entscheiden Sie sich für ein Motiv. Hier wird ein einfaches Fischmotiv verwendet. Zeichnen Sie Ihr Motiv mit dem Bleistift auf der Seide im Rahmen vor. Um die Arbeitsfläche zu schützen, legen Sie den Rahmen auf vier Plastikdeckel, sodass er schwebt. Dann ziehen Sie die Konturen des Motivs mit einem feinen Pinsel und Zeichenflüssigkeit nach und lassen es trocknen.

Den Füller auftragen

1 Der Füller deckt den Bereich ab, der nicht bedruckt werden soll. Den Füller glatt rühren, auf das Seidensieb geben und mit der Handrakel in einem dünnen Film verteilen. Dies sollte in einer Bewegung geschehen, da sonst der Füller einen Teil der trockenen Zeichenflüssigkeit abreiben könnte.

2 Den Rahmen horizontal liegen lassen, während der Füller trocknet. Der Rahmen sollte dabei weiter schweben, damit das Sieb nicht die Arbeitsfläche berührt.

Seidensiebdruck • Techniken

3 Ist der Füller getrocknet, beide Seiten des Siebs mit dem Duschkopf mit Wasser einsprühen, um die trockene Zeichenflüssigkeit zu entfernen. Hartnäckige Reste vorsichtig mit einer alten Zahlbürste abbürsten. Den Füller wieder trocknen lassen.

4 Die Lücken zwischen Rahmen und Füller auf der Unterseite des Rahmens mit Malerkrepp abkleben, damit an diesen Stellen keine Farbe auf den Stoff kommt.

Den Stoff bedrucken

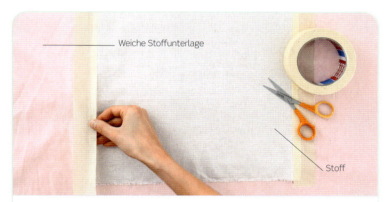

1 Auf die Arbeitsfläche zum Schutz ein altes Laken oder Ähnliches legen. Die weiche Unterlage sorgt dafür, dass das Sieb wirklich ganz auf dem Stoff aufliegt, was das Druckergebnis verbessert. Den Stoff mit Malerkrepp auf der Unterlage fixieren.

2 Den Rahmen auf dem Stoff positionieren und gut festhalten. Etwa dieselbe Menge Farbe auf das Sieb geben, wie zuvor an Füller gebraucht wurde.

3 Die Handrakel mit der Gummilippe an einer Querseite anlegen und mit Druck in einer gleichmäßigen Bewegung quer über das Sieb ziehen. Das Motiv sollte gut mit Farbe bedeckt sein. Die Handrakel nun in entgegengesetzter Richtung erneut darüber ziehen.

4 Den Rahmen sofort abheben. Darunter erscheint das Motiv. Nach dem Trocknen der Farbe den Stoff von der Unterlage lösen. Das Motiv mit einem Bügeltuch abdecken und mit relativ heißem Bügeleisen von beiden Seiten drei bis vier Minuten bügeln, um die Farbe zu fixieren.

Stoff & Filz • Seidensiebdruck

Bedruckter Sarong PROJEKT

Dieser gepunktete Baumwollstoff wurde mit einem klassischen Vogelmotiv in Holzkohlegrau bedruckt – dieser Farbton entsteht durch das Mischen von schwarzer und weißer Seidendruckfarbe. Das Schöne am Seidensiebdruck ist, dass Sie ein einmal erstelltes Motiv mit sehr geringem Aufwand immer wieder verwenden können. Damit der Sarong etwas länger wird, und um ihm zusätzliches Flair zu verleihen, haben wir die beiden Schmalseiten mit einer farbigen Bordüre versehen.

SIE BRAUCHEN

- Bleistift
- Seidensiebdruckrahmen
- 4 Schraubglasdeckel
- Zeichenflüssigkeit
- feinen Pinsel
- Füller
- Rakel
- alte Zahnbürste
- Malerkrepp
- Schere
- Siebdruckfarbe in Schwarz und Weiß
- Stift (wasserlöslich)
- Lineal
- 100 × 150 cm graue, gepunktete Baumwolle, gewaschen und gebügelt
- Stoffunterlage (z. B. ein altes Bettlaken)
- Bügeleisen
- Nylon-Scheuerbürste

1 Die Vogel-Vorlage von S. 304 auf das Sieb übertragen. Den Rahmen auf die vier Deckel legen. Die Konturen mit der Zeichenflüssigkeit nachziehen und gemäß der Vorlage die grauen Flächen damit füllen.

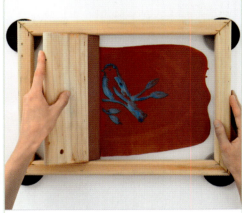

2 Das Ganze trocknen lassen. Dann den Füller auftragen. Wenn er trocken ist, die Lücken zwischen Füller und Rahmen mit Malerkrepp abkleben, wie auf S. 42–43 unter **Den Füller auftragen** erklärt.

3 Aus der schwarzen und weißen Farbe Grau anmischen. Achtung: Die Farbe dunkelt beim Trocknen noch etwas nach.

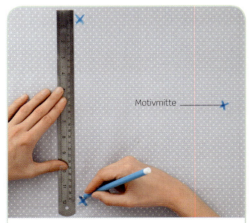

4 Mit dem wasserlöslichen Stift jeweils die Mitte jedes Motivs auf dem Stoff markieren. Die Mittelpunkte sollten senkrecht und waagerecht jeweils 30 cm Abstand zueinander haben (siehe fertiger Sarong gegenüber).

5 Die Motive wie auf S. 43 beschrieben aufdrucken und fixieren. Dabei den Stoff jeweils auf der Stoffunterlage befestigen. Möglichst zügig arbeiten, damit die Farbe im Sieb nicht antrocknet und den nächsten Druck verdirbt. Den Stoff liegend trocknen lassen, damit die feuchten Motive nicht verlaufen oder verwischen. Die Arbeitsmaterialien möglichst bald säubern.

Stoff & Filz • Schablonieren

Schablonieren TECHNIKEN

Das Schablonieren ist eine schnelle und einfache Methode, um Stoffe mit frechen, ausgefallenen Mustern aufzupeppen. Anfänger beginnen am besten mit einem einfarbigen hellen Stoff und einem einfarbigen Motiv. Sobald Sie mit der Technik vertraut sind, können Sie mit gemusterten und dunkleren Stoffen und komplexeren Motiven experimentieren. Wer geübt ist, kann auch Motive aus verschiedenen Farbschichten und Schablonen zusammensetzen.

Schablonen ausschneiden und aufbügeln

1 Das Motiv für die Schablone auswählen. Hier wurden eine einfache, mit dem Computer ausgedruckte Blüte und ein Kreis verwendet. Ein Stück Heißsiegelpapier ausschneiden, das rundum mindestens 2,5 cm größer ist als das Motiv, damit der Stoff um das Motiv herum beim Farbauftrag mit dem Pinsel geschützt ist.

2 Das Heißsiegelpapier mit der matten (unbeschichteten) Seite nach oben auf das Motiv legen. Die Konturen des Motivs mit dem Bleistift durchpausen.

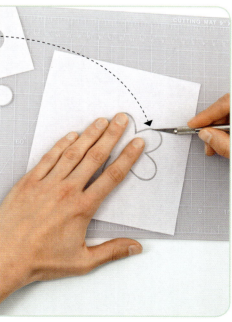

3 Das Motiv auf der Schneidematte vorsichtig mit dem Skalpell ausschneiden. Beim Blütenmotiv deckt das Papier um die Blüte den Stoff ab, also sollte es nicht eingeschnitten werden. Die Mitte der Blüte bildet der Kreis. Er sollte ebenfalls nicht eingeschnitten sein.

4 Die Blütenschablone mit der glänzenden (beschichteten) Seite nach unten auf dem gebügelten Stoff platzieren. Das Bügeleisen (ohne Dampf) auf mittlere Wärme einstellen und das Heißsiegelpapier auf den Stoff bügeln. Darauf achten, dass alle Ecken und Kanten wirklich fest am Stoff haften.

Schablonieren • Techniken

Textilfarbe auftragen

1 Ein Stück Karton unter den Stoff legen. Die Textilfarbe mit einem Schablonierpinsel innerhalb der Blütenschablone auftupfen. Nicht zu viel Farbe aufnehmen und die Kantenumrisse sorgfältig ausarbeiten. Das Motiv trocknen lassen. Falls nötig, eine zweite Farbschicht auftragen.

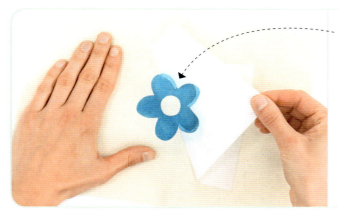

2 Sobald das Motiv trocken ist, die beiden Papierstücke abziehen. Sie sollten sich ohne Klebstoffrückstände ablösen lassen.

Mit dem Bügeleisen fixieren

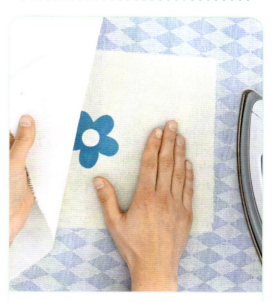

Die Farbe nach Angaben des Farbherstellers mit dem Bügeleisen fixieren. Normalerweise wird die Farbe mit einem Bügeltuch abgedeckt und das Bügeleisen ohne Dampf und auf höchster Stufe verwendet. Die Farbe ist nach ein- bis zweiminütigem Bügeln fixiert.

Eine Schablone für eine zweite Farbe

1 Um die Blütenmitte andersfarbig zu gestalten, den Kreis aus einem Stück Heißsiegelpapier ausschneiden und genügend Rand stehen lassen. Die Schablone genau über der Blüte platzieren.

2 Ein Stück Karton unter den Stoff legen und mit dem Schablonierpinsel die zweite Farbe innerhalb der Schablone auftragen und trocknen lassen.

3 Das Papier abziehen. Das Motiv ist fertig. Nun die Farbe wie oben beschrieben **(Mit dem Bügeleisen fixieren)** fixieren.

47

Stoff & Filz • Schablonieren

Bedrucktes Geschirrtuch PROJEKT

Dieses weiße Geschirrtuch aus Baumwolle zieren nun sechs lustige Tassen in kräftigen Rot- und Blautönen. Die Grundform der Tassen ist immer gleich, sie sind aber mit verschiedenen Mustern und Farben gestaltet. Sie können jeder Tasse, wie hier im Beispiel, ein anderes Muster geben oder Ihre eigene Zusammenstellung wählen. Hier wurden nur drei Farben – Rot, Blau und Weiß – zu jeweils anderen Farbtönen gemischt.

SIE BRAUCHEN
- 26 × 48 cm Heißsiegelpapier
- Bleistift
- Lineal
- Schere
- Skalpell
- Schneidematte
- Locher (Einzel- oder Doppellochlocher)
- Geschirrtuch, weiß, Baumwolle
- Bügeleisen und Bügeltuch
- Textilfarben in Blau, Rot und Weiß
- Farbpalette
- Schablonierpinsel

1 Nach Vorlage auf S. 304 sechs Schablonen mit Tasse und Untertasse zuschneiden. Eine Blütenschablone und eine Schablone für die Blütenmitte zuschneiden. Zudem fünf Sterne, eine Randbordüre, vier Streifen und ein Herz ausschneiden (auch die Umrandung aufbewahren). Mit einem Locher 15 Punkte aus dem Heißsiegelpapier ausstanzen. Die Tassenschablonen in zwei Reihen auf das Tuch aufbügeln. Dann Sterne, Punkte, Blüte, Bordüre, Streifen und Herz aufbügeln.

2 Die Farben auf einer Palette anmischen und jeweils mit einem sauberen Pinsel auftragen. Türkis für die Sterntasse, Rot für die Punkttasse, Blau für Blütentasse, Hellblau für die Bordürentasse und Orangerot für die gestreifte und die Herztasse verwenden. Farben trocknen lassen.

3 Das Papier abziehen. Die Sterntasse und die gepunktete Tasse sind bereits fertig. Die anderen Tassen benötigen noch einen zweiten Farbauftrag.

4 Die Schablone mit der Blütenmitte auf die Blüte legen. Die Bordüre und die Streifen mit Heißsiegelpapierstreifen einfassen, um den Tassenuntergrund abzukleben. Die Schablone mit dem ausgeschnittenen Herzen auf die Herztasse legen, sodass die aufgetragene Farbe abgedeckt ist.

5 Die Blütenmitte und die Tassenbordüre mit roter Farbe betupfen. Die Streifen der gestreiften Tasse in sehr hellem Blau einfärben. Das Herz mit heller rosa Farbe betupfen. Trocknen lassen, das Papier abziehen und die Farber mit dem Bügeleisen fixieren.

Stoff & Filz • Wachsbatik

Wachsbatik TECHNIKEN

Wachsbatik ist die Kunst, Stoffe mittels Wachsabdeckung zu färben. Wachs wird mit Pinsel oder Tjanting aufgetragen und der Stoff dann gefärbt. Die mit Wachs abgedeckten Bereiche nehmen keine Farbe an. So lassen sich Motive mit mehreren Farbschichten gestalten und Krakeluren erzeugen. Sie können auch mit Wachsschmelztopf und heißem Wachs arbeiten.

Den Stoff aufspannen

Den Stoff mit Dreizackstiften in den Ecken auf einen Spannrahmen heften, bis er glatt und straff sitzt. Dann in der Mitte der Rahmenseiten feststecken und danach mittig zwischen den Stiften, bis alle 5–7,5 cm ein Stift steckt.

Das Motiv auftragen

1 Die Vorlage unter dem Stoff befestigen und das Motiv mit dem Phantomstift auf den Stoff durchpausen.

2 Mit einem feinen Pinsel und Kaltwachs die Konturlinien des Motivs nachziehen. Die reservierten Linien bleiben weiß. Das Wachs etwa 20 Minuten trocknen lassen, oder mit dem kühlen Föhn trocknen.

3 Die Blütenmitte und -blätter mit einem mitteldicken Pinsel mit bügelfixierbarer Seidenmalfarbe bis zur Wachskontur färben und trocknen lassen.

4 Die Hintergrundfarbe mit dem Schaumstoffpinsel bis zu den Konturen der Blüte färben, aber nicht darüber hinaus. Die Farbe trocknen lassen.

Tjanting

5 Die Blüte mit weiteren Wachslinien auf den Blättern ausgestalten. Die Linien dienen als Barrieren. Der nächste Farbauftrag färbt so nur die Ränder der Blütenblätter. Man kann dafür ein Tjanting (wie hier) oder einen Pinsel verwenden.

6 Ist das Wachs trocken, die Blütenblattfarben zwischen den beiden Wachslinien auftragen. Der zweite Auftrag macht die Farbe dunkler.

Wachsbatik • Techniken

Krakeluren erzeugen

1 Den gesamten Stoff mit einem kleinen Schwamm mit Kaltwachs überziehen. Das Wachs 20 Minuten trocknen lassen.

2 Den Stoff vom Rahmen lösen und zusammenknüllen, um das Wachs zu brechen. Je stärker man den Stoff knüllt, desto ausgeprägter wird der Craquelé-Effekt.

3 Den Stoff mit der Farbseite nach oben auf die mit Plastikfolie abgedeckte Arbeitsfläche legen. Den Hintergrund erneut mit dem Pinsel einfärben.

4 Die Farbe einige Sekunden einziehen lassen. Auf der Rückseite des Stoffs sollten nun dunklere Linien sichtbar werden – die Krakeluren. Wenn der Effekt gelungen ist, kann man den Prozess mit einem kühl eingestellten Föhn stoppen.

Die Farbe fixieren

Den trockenen Stoff zwischen zwei Lagen Zeitungspapier legen und pro 30 Quadratzentimeter etwa drei Minuten bügeln. Das Bügeleisen dabei ständig bewegen. Dies fixiert die Farbe und löst das Wachs. Mit frischem Zeitungspapier wiederholen, bis kein Wachs mehr austritt.

Wachs und Farbe auswaschen

1 Wachs- und Farbreste zunächst in kaltem Wasser auswaschen. Den Stoff dann in ein Bad aus einem Teelöffel Batik-Wachslöser und zwei Litern warmem Wasser (30–40 °C) tauchen und zehn Minuten einweichen. Mehrmals umrühren. (Die Herstellerangaben beachten.)

2 Den Stoff herausheben und anschließend in heißem Wasser mit ein wenig Waschmittel auswaschen. Noch feucht auf links bügeln.

Stoff & Filz • Wachsbatik

Kissenbezug PROJEKT

Mit Wachsbatik lassen sich Kissenbezüge dekorativ gestalten. Hier wird der Bezug mit einem Zweig und Blättern verziert. Sie beginnen mit weißem Baumwollstoff und geben dem Motiv verschiedene Farbschichten. Wer mag, kann die Rückseite des Kissens genauso gestalten wie die Vorderseite. Sie können den Bezug mit Hotelverschluss, Knöpfen oder Reißverschluss nähen.

SIE BRAUCHEN

- 2 Quadrate aus 100 % Baumwolle, 45 cm groß
- Schere
- quadratischen Spannrahmen, 45 cm groß
- Dreizackstifte
- Phantomstift (selbstlöschend)
- dünne und mitteldicke Pinsel
- Batik-Kaltwachs
- bügelfixierende Seidenmalfarben in Gelb, Hellgrün und Dunkelgrün
- Farbpalette
- Schaumstoffpinsel
- kleinen Schwamm
- Föhn
- Plastikfolie
- Zeitungspapier
- Bügeleisen
- Batik-Wachslöser
- Schüssel
- Waschmittel

1 Den Stoff auf den Spannrahmen spannen. Die Vorlage von S. 305 mit dem Phantomstift mittig auf den Stoff übertragen. Die Konturlinien mit einem feinen Pinsel und Batikwachs nachziehen. Das Wachs etwa 20 Minuten trocknen lassen. Den Hintergrund mit dem Schaumstoffpinsel gelb färben, dann Zweig und Blätter hellgrün einfärben. Die Farbe 20 Minuten trocknen lassen.

2 Nun mithilfe der Vorlage Zweig und Blätter mit feinen Linien ausgestalten. Dazu das Wachs mit einem dünnen Pinsel auftragen und 20 Minuten trocknen lassen.

3 Jeden zweiten Zweigabschnitt und die Blätter mit dunkelgrüner Farbe einfärben. Die Farbe 20 Minuten trocknen lassen.

4 Den gesamten Stoff mittels eines kleinen Schwamms mit einer dünnen Schicht Kaltwachs überziehen. Das Wachs 20 Minuten trocknen lassen. Den Stoff vom Rahmen lösen und zusammenknüllen, um das Wachs zu brechen. Die Arbeitsfläche mit Plastikfolie auslegen und den Stoff mit der Farbseite nach oben darauf legen. Eine Schicht dunkelgrüne Farbe über den gelben Hintergrund auftragen. Die Farbe einige Sekunden einziehen lassen. Sind die Krakeluren stark genug, den Prozess mit dem kühl eingestellten Föhn stoppen.

5 Ist der Stoff trocken, dem Punkt **Die Farbe fixieren** von S. 51 folgen. Farbreste in kaltem Wasser auswaschen und den Stoff dann im Wachslöserbad rund zehn Minuten einweichen. Anschließend sanft in heißem Wasser mit ein wenig Waschmittel auswaschen und noch feucht von links bügeln. Wer möchte, kann den Kissenrücken gelb färben und dann mit einer Schicht Wachs und dunkelgrüner Farbe Krakeluren erzeugen.

Stoff & Filz • Patchwork

Patchwork TECHNIKEN

Das Geheimnis eines schönen Patchworks liegt im genauen Zuschneiden und Zusammenstecken des Stoffs, bevor man ihn zusammennäht. Wenn die Nähte nicht exakt passen, versuchen Sie die kürzere Kante vor dem Vernähen leicht zu dehnen. Das Bügeleisen ist das wichtigste Hilfsmittel beim Patchworken. Mit Dampf lassen sich die Nähte sehr schön glatt bügeln.

Den Stoff zuschneiden

1 Den Stoff Webkante auf Webkante falten. Die Falte (Stoffbruch) mit Dampf glatt bügeln. Auf der Schneidematte die linke Kante sauber abschneiden, dann das Patchworklineal auflegen, sodass seine rechte Kante 8 cm von der linken Stoffkante aufliegt. Den Stoffstreifen mit dem Rollschneider sauber abtrennen. Weitere Streifen so zuschneiden.

2 Den doppellagigen Streifen am Stoffbruch trennen, sodass zwei Streifen entstehen. Die Streifen nun mithilfe der Linien auf dem Patchworklineal in je zwei 8 cm große Quadrate zerschneiden. Wer keinen Rollschneider hat, kann die Schnittkante mit Bleistift markieren und mit der Schere arbeiten.

Die Quadrate zusammennähen

Zwei Quadrate rechts auf rechts legen und so unter das Nähfüßchen schieben, dass die Stoffkante mit der des Füßchens abschließt. Falls nötig, die Position der Nadel anpassen. Die Nahtzugabe sollte 6 mm betragen. Zusammennähen. Sie können mehrere Quadrate direkt hintereinander nähen und dazwischen ein wenig Faden stehen lassen.

Eine Bahn nähen

Den Faden zwischen den Quadratpaaren trennen und ein Paar an das Ende des zweiten nähen. Dies wiederholen, bis eine Bahn vollständig ist. Alle Nahtzugaben in eine Richtung glatt bügeln. Die Nähte an der nächsten Bahn in die entgegengesetzte Richtung bügeln, das erleichtert das Zusammennähen der Bahnen.

Patchwork • Techniken

Bahnen zusammennähen

1 Zwei Bahnen rechts auf rechts aufeinanderlegen. Darauf achten, dass die Nahtzugaben jeweils in die entgegengesetzte Richtung liegen. Die Bahnen mit Stecknadeln so stecken, dass die Nähte genau aufeinanderliegen.

2 Die Stoffkante genau unterhalb der Kante des Füßchens entlangführen und über die Nadeln hinweg nähen. Alle Bahnen zusammennähen, dann die Nadeln entfernen. Die waagerechten Nähte in eine Richtung glatt bügeln.

Die Einfassung annähen

1 Zwei Streifen in der Länge der Querseiten des Patchworks und doppelter Breite der Einfassung plus 1,2 cm Nahtzugabe zuschneiden. Der Länge nach links auf links bügeln und eine Längskante 6 mm umbügeln. Mit der glatten Kante rechts auf rechts an die obere Kante des Patchworks stecken. An der Unterkante wiederholen, dann den Stoff wenden.

6 mm Umschlag

2 Für die Längsseiten zwei Streifen in der Länge des Patchworks plus oberer und unterer Einfassung zuschneiden. Wie in Schritt 1 bügeln und annähen. Die Naht jeweils 6 mm vor den Ecken ansetzen und beenden. An der gegenüberliegenden Seite wiederholen, dann den Stoff wenden.

Volumenvlies einnähen

1 Volumenvlies und Stoff für die Rückseite so zuschneiden, dass sie genau bis zur Falte der Einfassung reichen. Vlies und Rückseitenstoff mit der rechten Seite nach oben auf die linke Seite des Patchworks legen.

2 Die obere und untere Einfassung umschlagen und festheften. Die Seiten an den Ecken sauber einschlagen. Die Einfassung mit Saumstich am Rückseitenstoff festnähen.

Die Lagen verbinden

Wo die Nähte sich kreuzen, in regelmäßigen Abständen mit Stickgarn im Steppstich durch alle Stofflagen nähen. Das Garn mit Kreuzknoten verknoten und sauber abschneiden.

55

Stoff & Filz • Patchwork

Patchwork-Tagesdecke PROJEKT

Wer mit einer Nähmaschine umgehen kann, dem wird das Patchworken gefallen. Dieses Projekt ist auch für Näh-Anfänger geeignet, da alle Nähte gerade sind. Nach Wunsch oder Verfügbarkeit können Sie natürlich auch andere Stoffe verwenden. Wählen Sie Stoffe mit gleicher Farbintensität, um einen einheitlichen Look zu erzielen.

SIE BRAUCHEN

- 225 × 115 cm olivgrünen Stoff
- 175 × 115 cm Stoff mit kleinen blauen Punkten
- je 75 × 115 cm blauen Stoff mit weißen Punkten und Stoff mit Kreismuster
- Schneidematte
- Patchworklineal
- Rollschneider oder Schneiderschere
- Nähmaschine
- Nähgarn aus Baumwolle in passenden Farben
- Bügeleisen
- Stecknadeln
- 145 × 200 cm Volumenvlies
- 145 × 200 cm Stoff für die Rückseite
- Nähnadeln

1 Die Stoffe jeweils in Quadrate mit 16 cm Seitenlänge zuschneiden: zwölf olivgrüne, 59 blau gepunktete, 22 weiß gepunktete und 24 Quadrate mit Kreismuster.

2 Die Quadrate, wie in der Abbildung S. 308 gezeigt, auslegen. Die Quadrate, wie in **Die Quadrate zusammennähen** und **Eine Bahn nähen** auf S. 54 beschrieben, zu Bahnen zusammennähen.

3 Die Nahtzugaben einer Bahn jeweils in eine Richtung bügeln. Die Nahtzugaben aufeinanderfolgender Bahnen in die entgegengesetzte Richtung bügeln.

4 Die ersten beiden Bahnen, wie in **Bahnen zusammennähen** auf S. 55 beschrieben, verbinden. Mit den anderen Bahnen wiederholen. Alle waagerechten Nähte zur Unterkante des Patchworks hin umbügeln.

5 Die olivgrünen Stoffstreifen, wie auf S. 55 in Schritt 1 unter **Die Einfassung annähen** beschrieben, an die Querkanten annähen. Wie in Schritt 2 die Einfassung an die Längskanten nähen, dann bügeln.

6 Das Patchwork vollständig bügeln. Dann das Volumenvlies und den Rückseitenstoff auf die linke Seite des Patchworks legen. Die Einfassung umschlagen und an den Ecken sauber einschlagen. Wie unter **Die Lagen verbinden** auf S. 55 beschrieben durch alle Lagen steppen.

Stoff & Filz • Applikationen

Applikationen TECHNIKEN

Applikationen sind Stoffstücke, die auf einen anderen Stoff aufgenäht werden. Auf diese Weise können Sie dekorative Stoffreste gut nutzen und beispielsweise ein Kleidungsstück verzieren. Am einfachsten gelingt das Applizieren mit Fixier-Stickvlies, einem dünnen Vlies mit Klebstoff auf einem Trägerpapier. Mit diesem Vlies lassen sich Applikationen ganz einfach aufbügeln. Wer noch nicht so viel Näherfahrung hat, sollte am Anfang einfache Formen auswählen.

Eine Applikation zuschneiden

1 Ein Motiv für die Applikation und die passenden Stoffe auswählen. Hier wurde ein einfaches Eulenmotiv mit separat zugeschnittenen Flügeln gewählt. Für Eulenkörper und Flügel ein jeweils ausreichend großes Stück Fixiervlies zuschneiden.

2 Die Form der Eule und der Flügel vorzeichnen. Das Fixiervlies mit der Gewebeseite nach unten und dem Papier nach oben über die Vorlagen legen und die Konturen mit Bleistift durchpausen.

3 Das Fixiervlies mit der Papierseite nach oben auf die linke Stoffseite legen und mit dem Bügeleisen bei mittlerer Hitze aufbügeln. Bei einem Motiv, das eine Ausrichtung hat, bedenken, dass das Motiv später seitenverkehrt auf den Stoff aufgenäht wird.

4 Die Stoffformen sorgfältig ausschneiden. Besonders bei Ecken und Kurven darauf achten, dass sie sauber sind.

Applikationen • Techniken

Eine Applikation aufnähen

1 Das Trägerpapier vorsichtig von der Form des Eulenkörpers abziehen. Darauf achten, dass sich die Stoffrückseite nicht verklebt.

2 Den Eulenkörper mit der klebenden Seite nach unten auf dem Stoff platzieren und aufbügeln.

3 Den Eulenkörper nun mit der Nähmaschine an der Kante entlang festnähen. Dazu entweder einen geraden Stich oder einen Zickzack-Stich wählen. Bei einem geraden Stich, wie hier gezeigt, die Naht 2–3 mm von der Stoffkante der Applikation verlaufen lassen.

4 Die Flügel positionieren und aufbügeln. Dann, wie in Schritt 3 beschrieben, festnähen.

Die Applikation verzieren

Mit Knöpfen, Pailletten und Perlen können Sie Ihre Applikation wunderbar verzieren. Als Augen eigen sich zwei Knöpfe, die Sie mit einem andersfarbigen Garn annähen. Ein herzförmiger Knopf mit farblich passendem Garn dient hier als Schnabel.

Stoff & Filz • Applikationen

Verzierter Überwurf PROJEKT

Dieser cremefarbene Überwurf aus Lammwolle wurde mit gemusterten und unifarbenen Stoffen hübsch verziert. Natürlich können Sie sich Ihre ganz persönliche Stoffauswahl zusammenstellen. Achten Sie darauf, dass die Farben und Muster gut miteinander harmonieren. Die Blütenmitten im Beispiel wurden mit Knöpfen verziert, was dem Überwurf eine leicht rustikale Note gibt.

SIE BRAUCHEN

- Bleistift
- je 60 × 150 cm Stoff, 1 × hellgrünes Leinen, 1 × graugrüne Baumwolle mit Blumenmuster, 1 × rosa Baumwolle mit Blumenmuster
- je 50 × 70 cm Stoff, 1 × hellrosa Baumwolle, 1 × grüner Stoff mit weißen Punkten
- Schere
- 450 × 50 cm Fixier-Stickvlies
- 140 × 190 cm Woll- oder Vliesüberwurf
- Stecknadeln
- Bügeleisen
- Nähmaschine
- Nähgarn in Cremeweiß, Olivgrün, Dunkelgrün und Rosa
- Knopfmischung mit 30 mittelgroßen Knöpfe in Grau, Cremeweiß, Rot und Grün
- Nähnadeln

1 Anhand der Vorlagen auf S. 306–307 folgende Motive vorbereiten und zuschneiden: 15 große Kreise in Hellgrün, 15 kleinere Blüten in graugrünem Blütenmuster, 15 mittelgroße Kreise in Hellrosa und 15 kleine Kreise in Grün mit weißen Punkten. Dazu kommen 15 große Blüten in rosa Blütenmuster, 15 mittelgroße Kreise in Grün mit weißen Punkten und 15 kleine Kreise in Hellrosa.

2 Das Trägerpapier vom Fixiervlies abziehen und grüne Kreise und rosa Blüten abwechselnd in einer Fünferreihe am oberen Rand des Überwurfs entlang legen. Mit einem Kreis beginnen. Die Formen feststecken. Dann die zweite Reihe auflegen und feststecken. Mit einer rosa Blüte beginnen. Die Formen aufbügeln. Auf diese Weise zwei weitere Doppelreihen aufbügeln.

3 Die Kreise und die Blüten entlang der Kanten mit geraden Stichen festnähen. Das Trägerpapier der graugrünen Blüten abziehen, sie auf die grünen Kreise bügeln und dann entlang der Kanten festnähen. Zum Aufnähen einen cremeweißem Unterfaden und einen farblich zum Motivstoff passenden Oberfaden wählen.

4 Nun jeweils die passenden kleineren Kreise auf jede Blüte aufnähen. Die rosa Kreise mit rosa Oberfaden und die grünen mit olivgrünem Oberfaden aufsteppen. Weiterhin mit cremeweißem Unterfaden nähen.

5 Zum Abschluss in die Mitte jeder Blüte einen Knopf nähen.

Stoff & Filz • Perlenstickerei

Perlenstickerei TECHNIKEN

Mit Perlen kann man Kleidungsstücken und Accessoires neues Leben einhauchen. Zum Perlensticken sind praktisch alle kleinen und mittelgroßen Perlen geeignet. Kleine Glasperlen, auch Rocailles genannt, und Stiftperlen, kleine Glasröhrchen, sind sehr beliebt und einfach zu verarbeiten. Zudem wird der bestickte Stoff mit diesen kleinen Perlen nicht so schwer. Sie können das Muster eines Stoffs mit Perlen betonen oder unifarbenen Stoffen hübsche Motive verleihen.

Ein Motiv vorzeichnen

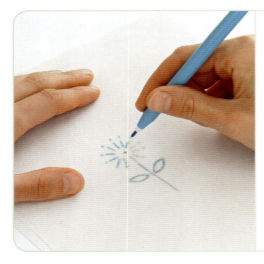

1 Ein Stickmotiv und die dazu passenden Perlen auswählen. Das Beispiel zeigt eine einfache handskizzierte Blume auf weißem Leinen. Das Motiv mit einem wasserlöslichen Textilstift auf dem Stoff vormalen.

2 Den Stoff straff in einen Stickrahmen einspannen, sodass er faltenfrei und glatt ist.

Die Perlen aufsticken

1 Das Zentrum der Blüte besteht aus einer größeren und einer kleineren Perle. Einen farblich zur kleineren Perle passenden Faden in der Blütenmitte festnähen. Erst die große, dann die kleinere Perle auffädeln. Durch die große Perle zurückstechen und den Faden vernähen.

2 Um die Blütenblätter zu sticken, einen rosa Faden an der Innenkante des ersten Blatts festnähen. Eine Stiftperle auffädeln und die Nadel direkt hinter der Perle einstechen. Eine Rocaille-Breite davon entfernt ausstechen, eine Rocaille auffädeln und im Rückstich die Nadel wieder am früheren Einstich durchstechen.

Perlenstickerei • Techniken

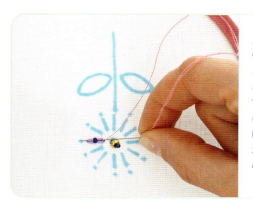

3 Eine zweite Stiftperle auffädeln und die Nadel direkt hinter der Perle einstechen. Wieder ausstechen und die Nadel von der Innenkante des Blatts zur Außenkante durch alle Perlen führen.

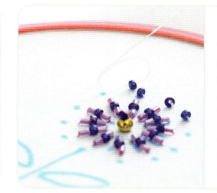

4 Die äußeren Rocailles mit weißem Faden festnähen. So muss man nicht jede Perle einzeln vernähen, sondern kann den Faden auf der Rückseite stehen lassen. Die erste Perle mit zwei Rückstichen festnähen, die Nadel ein- und am nächsten Punkt wieder ausstechen. Dort die nächste Perle festnähen.

Eine Perlenreihe sticken

1 Für den Blumenstängel einen grünen Faden am unteren Ende mit Knoten sichern. Vier grüne Rocailles auffädeln und die Nadel direkt hinter der letzten Perle einstechen (wird die Nadel zu eng eingesteckt, liegen die Perlen nicht auf, wird sie zu weit eingesteckt, liegen die Perlen lose nebeneinander). Die Nadel zwischen erster und zweiter Perle wieder ausstechen und dann durch diese beiden Perlen hindurchführen.

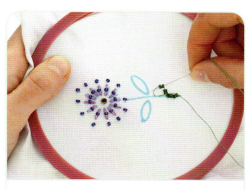

2 Nun vier Perlen auffädeln und Schritt 1 wiederholen, bis der gesamte Stängel bestickt ist. Den Faden vernähen.

Eine Fläche mit Perlen füllen

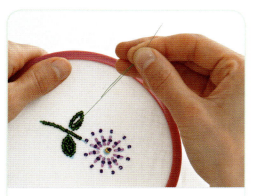

1 Die Konturen der Blätter wie den Stängel besticken, die Perlenreihe aber leicht geschwungen aufnähen. Die Kontur dann mit zwei kurzen Perlenreihen füllen.

2 Die gefüllte Fläche mit ein paar Stichen nochmals übernähen, damit die Perlen wirklich eng am Stoff liegen und nicht verrutschen können.

Das Projekt abschließen

Den Stickrahmen entfernen. Die wasserlösliche Farbe mit dem Wassersprüher entfernen. Von links um die Perlen herum bügeln. Den Stoff sanft von Hand waschen.

63

Stoff & Filz • Perlenstickerei

Bestickte Strickjacke PROJEKT

Rocaille-Perlen in Rot und zwei Grüntönen verwandeln sich in ein verlockendes Kirschenpaar, das eine zart rosafarbene Strickjacke verziert. Während die Perlenzierleiste über den Bündchen direkt auf die Strickjacke gestickt wird, stickt man die Kirschen erst auf zart rosafarbenen Organza und näht diesen dann auf. Das erleichtert das Sticken und präzise Platzieren. Zudem können Sie die Stickerei so nach Wunsch später auch auf ein anderes Kleidungsstück setzen.

SIE BRAUCHEN

- 18 cm quadratischen rosafarbenen Organza (oder einen anderen feinen, leichten Stoff in Rosa)
- wasserlöslichen Textilstift
- Stickrahmen
- 10 g rote Rocailles, Größe 9/0
- 2 g smaragdgrüne Rocailles, Größe 9/0
- 5 g hellgrüne Rocailles, Größe 9/0
- Nähnadeln
- Polyester-Nähgarn in Rot, Grün und Rosa (passend zu den Farben der Perlen und der Strickjacke)
- Textilkleber
- feinen Pinsel
- Schere
- zart rosafarbene Strickjacke in Feinstrick (Lammwolle, Angora oder Kaschmir sind ideal)

1 Die Vorlage von S. 309 mit wasserlöslichem Stift auf den Organza übertragen. Den Stoff in den Stickrahmen spannen. Die Konturen der Kirschen mit den roten Perlen sticken. Dabei jeweils mit drei Perlen arbeiten. Innerhalb der Konturen zwei weitere Kreise sticken, dann den Rest mit ein paar kurzen Perlenreihen füllen. Die Perlen mit Sicherheitsstichen fixieren. Den Stängel dunkelgrün besticken. Die Blattkonturen hellgrün sticken, dann mit ein paar kurzen Perlenreihen füllen.

2 Den Stickrahmen lösen. Den Stoff wenden. Auf die Konturen der Stickerei von links rundherum eine schmale Linie Textilkleber auftragen und dann trocknen lassen.

3 Den Stoff dicht um die Stickerei herum abschneiden, sodass er von vorne nicht sichtbar ist. Das Motiv auf der Strickjacke positionieren und mit rosafarbenem Garn mit überwendlichen Stichen rund um die Stoffkante aufnähen.

4 Die roten Rocailles mit 1,5 cm Abstand zueinander mit rosafarbenem Garn und jeweils zwei Rückstichen direkt oberhalb der Ärmelbündchen aufnähen. Zwischen den Perlen kleine Vorstiche nutzen. Den Faden nicht zu fest ziehen, damit er den Strickstoff nicht enger zieht.

5 Oberhalb der ersten Reihe zwei weitere Perlenreihen aufsticken. Die Perlen der zweiten Reihe zwischen die der ersten setzen. Die Perlen der dritten Reihe sitzen wieder so wie die der ersten. Oberhalb des Hüftbündchens der Jacke auf dieselbe Weise eine Perlenzierleiste aufsticken.

Stoff & Filz • Bänder weben

Bänder weben TECHNIKEN

Durch das Verweben von Bändern lassen sich ganz einfach texturierte Stoffbahnen herstellen, die Sie beispielsweise zu einem Kissen oder auch zu einer Handtasche verarbeiten können. Wählen Sie für Ihr erstes Projekt einfach verwobene Satinbänder. Wer mit den Grundlagen vertraut ist, kann mit Organza- oder Seidenbändern und anderen Mustern experimentieren oder das Gewebte mit Perlen, Pailletten oder Stickerei verzieren.

Stoff aus Bändern weben

1 Die Bänder zuschneiden. Rund 5 cm zur gewünschten Länge für die Nahtzugabe und den leichten Längenverlust durch das Weben zugeben. So viele Bänder zuschneiden, dass sie nebeneinandergelegt die gewünschte Stoffgröße ergeben.

Bügelvlies, beschichtete Seite oben

2 Ein Stück Bügelvlies für mittelschweren Stoff etwas größer als das gewünschte Stoffstück zuschneiden. Die Bügeleinlage mit der beschichteten Seite nach oben auf das Bügelbrett legen. Die Bänder Kante an Kante längs nebeneinanderlegen und oben feststecken.

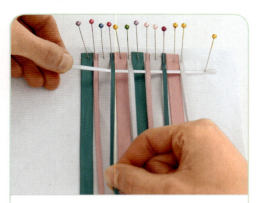

3 Das erste Querband mindestens 1,5 cm unterhalb des oberen Endes einschieben. Dazu jedes zweite vertikale Band anheben, sodass eine einfache Verwebung entsteht. Das Band an beiden Enden feststecken.

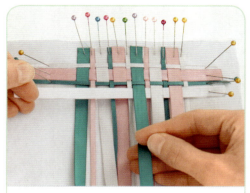

4 Das zweite Querband so einarbeiten, dass es unter den Bändern hindurchläuft, die über dem ersten Querband liegen. An beiden Enden feststecken. Auf diese Weise weiterweben, bis das Stoffstück fertig ist.

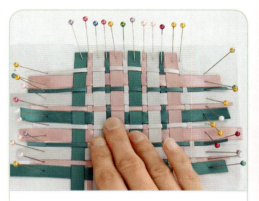

5 Gelegentlich vorsichtig an den Längsbändern ziehen und die Querbänder in der Mitte leicht hochschieben, damit sie gerade bleiben. Die Größe des fertigen Stoffstücks und den geraden Sitz der Bänder kontrollieren.

Bänder weben • Techniken

Das Bügelvlies aufbügeln

1 Das Bandgewebe zum Schutz mit einem Stück Backpapier abdecken. So viele Stecknadeln entfernen, dass es glatt aufliegt. Die Bänder sorgfältig mit dem Bügeleisen auf die Bügeleinlage bügeln. Darauf achten, dass die Bänder auch an den Rändern gut haften.

2 Die restlichen Stecknadeln entfernen. Den Stoff wenden, sodass die Bänder unten liegen. Von hinten über das Vlies bügeln. Das Bügeleisen dabei mehrere Sekunden auf eine Stelle drücken, damit der Klebstoff schmilzt. Zum Schluss die Kanten mit der Nähmaschine rundherum absteppen und so die Bänder fixieren.

Andere Methoden und Webmuster

Organzabänder eignen sich nicht zum Aufbügeln auf Bügelvlies, können aber an jeder Überkreuzung auf ein Einlagevlies aufgestickt werden. Verwenden Sie Stickgarn. Sie können auch Rocaille-Perlen oder Pailletten aufsticken und so das Gewebte gleich verzieren.

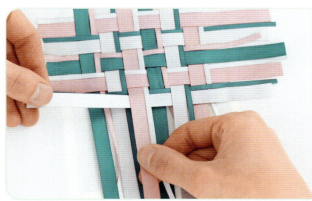

Sie können aus Bändern verschiedenste Muster weben. Wenn Sie mit unterschiedlich breiten Bändern arbeiten, ist ein einfaches Verweben (Leinwandbindung) am besten. Wenn Sie ein oder zwei Querbänder immer unter und über zwei Längsbändern hindurchführen, entsteht eine Panamabindung.

Für ein diagonales Muster schieben Sie das erste Querband jeweils unter und über zwei Längsbändern hindurch. Bei den folgenden Bändern beginnen Sie mit dem Verweben des Querbandes immer um ein vertikales Band nach links versetzt.

67

Stoff & Filz • Bänder weben

Abendhandtasche PROJEKT

Verwandeln Sie eine Reihe hübscher Satinbänder in eine schicke Abendhandtasche. Wenn Sie mit verschiedenfarbigen und unterschiedlich breiten Bändern arbeiten, wirkt Ihr Bandgewebtes besonders raffiniert. Verwenden Sie ein mittelschweres Bügelvlies, das das Gewicht der Bänder trägt. Für eine robustere Tasche bügeln Sie eine zweite Lage Vlies auf.

SIE BRAUCHEN
- Satinbänder in Blau, Rosa und Lila in verschiedenen Breiten, je 7 m lang
- Schere
- 30 × 90 cm mittelschweres Bügelvlies in Schwarz
- Stecknadeln
- Bügeleisen
- Nähmaschine
- Baumwollnähgarn in Dunkelblau
- 50 × 115 cm dunkelblaue Dupionseide
- Nähnadel

1 Wie in **Stoff aus Bändern weben** auf S. 66 beschrieben, aus 30 cm langen Bändern auf der beschichteten Seite einer Bügeleinlage ein 25 × 23 cm großes Stoffstück arbeiten. Das Bandgewebe mit einem Dampfbügeleisen in passender Temperatur erst von der rechten, dann von der linken Seite bügeln. Die Bänder rundum aufnähen. Ein zweites Rechteck gleicher Größe herstellen.

2 Ein Seidenquadrat mit 30 cm Seitenlänge rechts auf rechts auf jedes der Bandgewebestücke legen und an der Oberkante zusammennähen. Die Naht verläuft direkt über dem ersten Querband. Dann die Nahtzugaben auseinander bügeln und auf 7 mm einkürzen.

3 Für die Taschenklappe von der Oberkante aus an beiden Seiten 10 cm abstecken und dann absteppen, Stecknadeln entfernen. Die Nahtzugabe am Ende einknipsen. Die oberen Ecken und die Nahtzugabe der Länge nach zurückschneiden. Das Ganze auf rechts wenden.

4 Nun bei beiden Stoffteilen die Seiten (aus Seide und Gewebe) absteppen. Das Teil mit Klappe auf 24 cm Höhe zuschneiden, das andere auf 19 cm. Jedes Teil entlang des unteren Querbands heften, dann beide Teile rechts auf rechts aufeinander stecken. Entlang der Heftung zusammennähen und die Naht versäubern.

5 Für die Seitenteile jeweils Bügeleinlage auf zwei 30 cm große Stücke Seide bügeln, zur Hälfte falten. Die Schablone von S. 309 kopieren, ausschneiden und am Stoffbruch feststecken. Entlang der Kante heften und mit 6 mm Nahtzugabe zuschneiden.

6 Die Seitenteile vom Ansatz der Klappe her an die Seitenkanten der Tasche stecken. Heften, die Seitenteile an den Ecken einknipsen. Ein Satinband um die unversäuberten Kanten falten, heften und sauber von Hand oder mit der Maschine festnähen.

Stoff & Filz • Nassfilzen

Nassfilzen TECHNIKEN

Filz wird mithilfe von Hitze, Feuchtigkeit und Reibung aus losen Wollfasern hergestellt und kann zu Stoffen oder dreidimensionalen Formen verarbeitet werden. Anders als bei Webstoffen gibt es bei Filz keinen Kett- oder Schussfaden und seine Schnittkanten fransen nicht aus. Filz ist ein warmes, weiches Material, das zur Festigkeit von Holz verdichtet werden kann.

Kardieren

1 Für ein gleichmäßiges Stück Filz muss die Wolle zunächst kardiert (gekämmt) werden, um die Fasern auszurichten. Dazu verteilt man eine Handvoll Wolle auf der linken Handkarde.

2 Die linke Karde mit den Nadeln nach oben halten und die rechte Karde mit den Nadeln nach unten darüber ziehen. Die Nadeln sollten ineinanderfassen, um die Wolle zu kämmen. Zwei- oder dreimal kämmen, bis die rechte Handkarde die meiste Wolle aufgenommen hat.

3 Die Wolle nun wieder auf die linke Karde übertragen. Dazu das Stirnende der rechten Karde am Griffende der linken ansetzen und nach oben drücken.

4 Dies drei- bis viermal wiederholen, bis die Wollfasern gleichmäßig über das Nadelbett der linken Karde verteilt sind.

5 Um die Wolle von der Karde abzuheben, das Griffende der rechten Karde am Stirnende der linken Karde ansetzen und nach unten ziehen.

Nassfilzen • Techniken

Farbige Wolle mischen

1 Um farbige Wolle zu mischen, Fasern aller Wollfarben über die linke Handkarde verteilen.

2 Die Fasern kardieren, bis die gewünschte Farbe entsteht. Falls nötig, mehr Fasern zugeben. Man kann auch unterschiedliche Fasern mischen.

Die Arbeitsfläche vorbereiten

Die Wolle verteilen

Die Arbeitsfläche mit Plastikfolie auslegen, eine Bambusmatte darauflegen und zuletzt ein Stück Gardinenstoff.

1 Die kardierte Wolle zupfen und in einer Richtung auf dem Stoff auslegen. Eine zweite Lage quer darüberbreiten.

2 Eine dritte Lage ist nicht nötig, ergibt aber einen dickeren Filz. Diese wieder quer zur zweiten Lage legen.

Den Filz walken

1 Die Gardine über den Wollfasern zusammenschlagen, dann die Wolle mit warmer Seifenlauge gründlich anfeuchten.

2 Mit Olivenölseife leicht über die Gardine reiben. Mit den Handflächen zehn bis 15 Minuten sanft auf- und abwärts, sowie seitwärts über die Gardine reiben und den Druck dabei leicht erhöhen.

3 Die Gardine wenden, die Unterseite mit Seife einreiben und erneut zehn bis 15 Minuten reiben. Bewegung, Wasser und Seife lassen die Wollfasern verfilzen.

Stoff & Filz • Nassfilzen

Der Kneiftest

Nachdem Sie den Filz bearbeitet haben, schlagen Sie die Gardine auf und machen Sie den Kneiftest – wenn Sie Fasern herausziehen können, ist weiteres Reiben nötig. Halten die Fasern, können Sie den Filz herausnehmen.

Den Filzprozess beschleunigen

1. Den Filz in eine Schüssel geben und mit kochendem Wasser übergießen. Dies beschleunigt das Verfilzen. Gummihandschuhe anziehen und die Flüssigkeit mit einem Holzlöffel ausdrücken.

2. Den Filz ausdrücken und ihn mehrfach auf die raue Bambusmatte werfen, um das Verfilzen voranzutreiben. Dies sollte etwa eine Minute lang wiederholt werden.

Zweifarbigen Filz herstellen

Horizontale Fasern

Vertikale Fasern

Gleichmäßige Büschel kardierter Wolle auf die Gardine legen. Die erste Wollfarbe vertikal auslegen, die zweite horizontal darüber. Für gemusterten Filz dünne Wollfasern aus dem Kardenband ziehen und über die Wolllagen legen. Den Filz walken.

Eine Schablone verwenden (zum Rundumfilzen)

1. Eine Schablone aus stabiler Plastikfolie oder Moosgummi auf die Gardine legen. Die Schablone gleichmäßig mit nebeneinandergelegten Wollfaserbüscheln bedecken.

Nassfilzen • Techniken

2 Eine zweite Lage Wollbüschel quer über die erste breiten und die Wollfasern rund 3 cm über die Kanten der Schablone überhängen lassen. Die Wollfasern mit Seifenlauge besprengen und gründlich anfeuchten.

3 Eine Lage Luftpolsterfolie auf die nassen Fasern legen. Mit den Händen darüber streichen, um die Feuchtigkeit zu verteilen und Luft aus der Wolle zu drücken.

4 Die Luftpolsterfolie abheben. Den Filz vorsichtig wenden und die überlappenden Fasern auf die Rückseite der Schablone umschlagen.

5 Die Rückseite mit zwei quer zueinander liegenden Lagen bedecken. Einige dünne Fasern der oberen Schicht rundum überstehen lassen. Die überstehenden Fasern nach unten umschlagen, sodass die Schablone ganz eingeschlagen ist.

6 Den Filz in die Gardine einschlagen, mit warmer Seifenlauge besprengen und die Gardine mit Olivenölseife einreiben. Beide Filzseiten und auch die Kanten rundum mit den Handflächen bearbeiten.

7 Die Gardine entfernen und den Kneiftest machen (siehe gegenüber). Dann eine Filzkante mit einer spitzen Schere aufschneiden und die Schablone herausziehen.

Stoff & Filz • Nassfilzen

Buchtasche aus Filz PROJEKT

Diese Buchtasche wird um eine Schablone herum gefilzt (siehe S. 72–73 »Eine Schablone verwenden«), deswegen besitzt sie keine Nähte. Für Innen und Außen wurden verschiedene Farben gewählt und die Tasche hat kleine Filzblütenverzierungen, die mit buntem Wollgarn hübsch bestickt werden. Der Schulterriemen ist aus einem Stück Kardenband gerollt worden, damit er kräftig genug ist.

SIE BRAUCHEN

- je 150 g kardierte Merinowolle in Dunkelrot und Blau
- Schablone
- Gardinenstoff
- warme Seifenlauge in einem Wäschesprenger
- Olivenölseife
- 2 Handkarden
- 38 × 46 cm dicke Plastikfolie plus 2 Kreise à 6,5 cm als Schablonen
- Plastikfolie als Arbeitsunterlage
- Bambusmatte
- feine, spitze Schere
- 50 g oder 115 cm blaues Kardenband
- Wollgarn in Blau und Gelb
- Stopfnadel
- kleine Mengen Kardenvlies in Rosa, Rot und Grün

1 Wie in **Eine Schablone verwenden** auf S. 72–73 beschrieben, die rote Wolle für die Innenseite der Tasche auf beiden Seiten der Schablone auflegen. Darauf für die Außenseite der Tasche die blaue Wolle verteilen und dann den Filz walken, wie auf S. 71 beschrieben.

2 Die Fasern bearbeiten, bis sie zusammenhalten. Die Struktur durch Druck und Klopfen verdichten. Wie auf S. 72 den **Kneiftest** machen, dann den Filz heiß übergießen, um das Verfilzen zu beschleunigen.

3 Eine Seite der Filzhülle aufschneiden und die Schablone herausnehmen. Dann Seiten und Ecken der Tasche durch Drücken und Ziehen ausformen.

4 Für den Schulterriemen das blaue Kardenband zwischen nassen, eingeseiften Händen über die gesamte Länge rollen, bis eine feste Kordel entsteht. Gründlich auswaschen. Die trockene Kordel mit blauem Wollgarn auf der Innenseite der Tasche annähen.

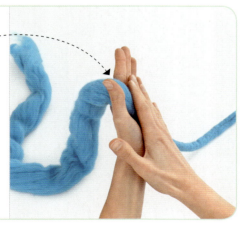

5 Die runden Schablonen wie auf S. 72–73 in **Eine Schablone verwenden** mit Büscheln aus rosa, rotem und grünem Kardenvlies umfilzen. Die Filzformen rundum aufschneiden, um die Schablone zu entfernen. So erhält man je zwei Kreise.

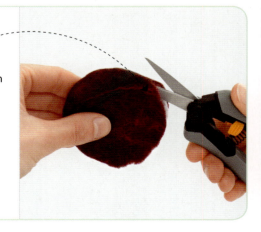

6 Die Ränder der Filzkreise in Wellenform schneiden, sodass daraus Blüten entstehen. Die Ränder mit seifigen Händen verfilzen. Die trockenen Blüten auf die Tasche nähen und mit gelbem Garn verzieren.

Stoff & Filz • Nadelfilzen

Nadelfilzen TECHNIKEN

Mit Filznadeln, langen Nadeln mit Widerhaken, kann man Wollfasern auch ohne Wasser, Seife und Walken formen und verdichten und so dreidimensionale Figuren filzen. Die langen, in zwei Richtungen mit Widerhaken besetzten, sehr spitzen Nadeln werden wiederholt in die Fasern eingestochen und verhaken und formen sie dabei.

Einen Körper formen

1 Für den Kern eines größeren Projekts kann man gut Kardenvliesreste verwenden. Die Fasern richten (siehe **Kardieren** auf S. 70), da sich das Wollvlies dann einfacher verarbeiten lässt. Filznadeln in der passenden Größe auswählen.

2 Die Wolle zu einer losen Kugel rollen und mit einem Mehrfach-Nadelhalter hineinnadeln. Ein Stück Schaumstoff oder eine Stechmatte unterlegen. Zunächst nur flach und sanft in die Überlappung stechen, um sie zu fixieren. Rundum nadeln, bis die gewünschte Form erreicht ist – hier eine Kugel.

3 Je öfter die Nadeln einstechen, desto dichter wird der Filz. Die Nadeln sollten gerade eingeführt werden, da sie beim Biegen leicht brechen. Daher immer nur gerade nadeln.

Nadelfilzen • Techniken

Figuren formen

1 Zum Filzen gleich großer Formen, wie etwa den Beinen einer Tierfigur, wird die Wolle vorher auf einer elektronischen Waage genau abgewogen.

2 Für besondere Formen die Wolle zuerst grob in die gewünschte Form bringen. Die Beine einer Tierfigur werden beispielsweise zunächst zu Röhren gerollt und dann rundum genadelt. Dabei werden an einem Ende offene Fasern stehen gelassen.

3 Mit diesen Fasern wird eine Form später an eine andere gefilzt – hier die Beine an den Tierkörper.

Strukturen einarbeiten

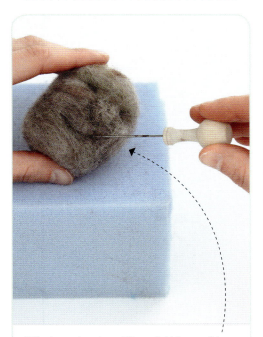

Mit einer einzelnen Filznadel können feine Details, wie etwa Gesichtszüge, eingearbeitet werden. Dafür wird die Nadel mehrfach entlang der gewünschten Detaillinie eingestochen. Durch wiederholtes Nadeln einer Fläche kann auch diese ausgestaltet werden.

Muster und Motive filzen

1 Mit der Filznadel können Muster aus feinen Faserbüscheln eingenadelt werden. Die Fasern auf der gewünschten Unterlage in Form bringen.

2 Mit der einzelnen Nadel flache Stiche um die Fasern nadeln, um sie in Form zu bringen, dann quer darübernadeln, um die Fasern am Untergrund zu fixieren.

3 So lange weiternadeln, bis das Motiv fest mit dem Untergrund verbunden und deutlich erkennbar ist.

Stoff & Filz • Nadelfilzen

Filzschaf PROJEKT

Ein aus Wolle gefilztes Schaf ist ein hübsches Geschenk für ein Kind. Es empfiehlt sich, ein Tierfoto als Vorlage zu nutzen. Das Bild wird Ihnen dabei helfen, die Gestalt des Tieres wirklich gut zu treffen. Nadelfilzen erfordert filigranes Arbeiten, Sie brauchen also etwas Geduld.

SIE BRAUCHEN
- eine Foto-Vorlage (falls gewünscht)
- 35 g cremeweiße Wolle
- elektronische Waage
- Handkarden
- Stechmatte (oder kräftigen Schaumstoff)
- Filznadel
- Stopfnadel
- dunkles Wollgarn

1 Aus 5 g der kardierten Wolle zwei Ohren formen. Dazu ein Büschel Wolle auf die Stechmatte legen, ein Dreieck formen und dessen Mitte mit der Filznadel durch Einstechen fixieren. Dann die Fasern vom Rand einrollen und entlang der Kanten nadeln. Unten an jedem Ohr offene Wollfasern stehen lassen.

2 Aus 12 g kardierter Wolle vier Beine herstellen. Die Wolle vierteln und grob zu vier Röhrchen rollen. Die Röhrchen verfilzen und dabei gleichmäßig drehen. Am oberen Beinende jeweils offene Wollfasern stehen lassen.

3 Nun aus 5 g Wolle den Kopf formen. Am unteren Ende Fasern stehen lassen, um ihn an den Körper festfilzen zu können. Nase und Kinn gut ausformen.

4 Die Ohren in der Mitte zusammenfalten. Dann die offenen Fasern über beide Seiten des Kopfs legen. Durch die unbearbeiteten Fasern in den Kopf hineinnadeln und die Ohren so fixieren.

5 Für den Körper 12 g Wolle dritteln und jeden Teil kardieren. Die Fasern eines Bündels auslegen, dann die offenen Fasern eines Vorder- und eines Hinterbeins darauflegen und die Beine nach unten ragen lassen. Das nächst Bündel auflegen, dann die offenen Fasern der restlichen beiden Beine darauflegen und zum Schluss das letzte Bündel für den Körper. Insgesamt sind es fünf Lagen.

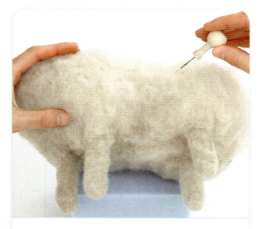

6 Nun den gesamten Körper rundum zunächst mit leichten Stichen aneinandernadeln, sodass die Beine halten und der Körper teilweise verfilzt.

7 Um den Kopf zu befestigen, die unbearbeiteten Fasern des Kopfs um das Vorderende des Körpers legen und sie am Körper festnadeln. Dann den Körper rundum weiter verfilzen, bis er kompakt und die Schafsform gut erkennbar ist.

8 Die Gesichtskonturen des Schafs mit einem langen, dunklen Wollfaden aufsticken. Damit an der unteren Schnauze beginnen. Am Ende den Faden nach hinten in den Körper führen und nah am Körper abschneiden, damit er darin verschwindet.

Stoff & Filz • Polstern

Polstern TECHNIKEN

Die Sitzfläche eines alten Polsterstuhls aufzupolstern ist recht einfach. Die Vorgehensweise eignet sich daher auch für Anfänger. Mit ein paar simplen Polstermaterialien hauchen Sie einem alten Möbel neues Leben ein. Sobald Sie mit den Grundlagen des Polsterns vertraut sind, können Sie sich auch an ambitioniertere Projekte wagen.

DAS SITZPOLSTER VORBEREITEN

Wenn Sie einen alten Stuhlrahmen verwenden, müssen Sie zunächst mit Klüpfel und Stecheisen alle alten Polstermaterialien lösen. Verleimen Sie alle losen Holzverbindungen und verfüllen Sie große Löcher mit einer Mischung aus Leim und Sägemehl (Konsistenz wie Haferbrei). Jegliche Leimreste können Sie mit einem feuchten Lappen abwischen.

Polstergurte aufspannen

1 Qualitativ hochwertige Polstergurte auswählen. Von der Hinterkante des Sitzes beginnend die Gurte so zur Vorderkante legen, dass sie nicht weiter als eine Gurtbreite auseinander liegen.

Polsternägel in W-Form einschlagen.

2 Die Schnittkante des Gurtes 2 cm umschlagen und 1,5 cm von der Außenkante des Rahmens auflegen. Die Schnittkante des Gurts mit dem Polsterhammer mit 13 mm-Gurtstiften befestigen, zwei weitere Stifte weiter außen einschlagen, sodass sich eine W-Form ergibt.

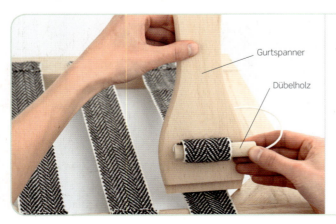

Gurtspanner

Dübelholz

3 Die Gurte mit einem Gurtspanner über den Rahmen spannen. Den Spanner mit dem Griff nach oben halten und den Gurt durch die Kerbe im Gurtspanner fädeln. Dann das runde Dübelholz durch die Schlaufe führen, Zug ausüben und den Gurt so im Spanner arretieren.

4 Den Spanner außen am Rahmen ansetzen und nach unten drücken. Dann 1,5 cm von der Außenkante drei 13 mm-Gurtstifte mit dem Polsterhammer einschlagen und den Gurt befestigen.

80

Polstern • Techniken

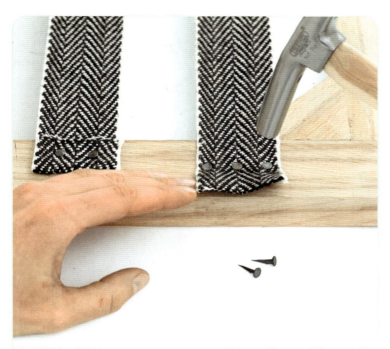

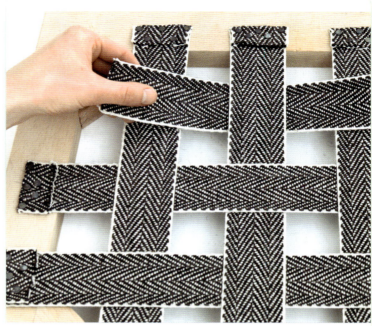

5 Den Gurt so abschneiden, dass er 2 cm weit umgeschlagen werden kann. Das Gurtende über die Nägel schlagen und zwei weitere 13 mm-Gurtstifte in W-Form einschlagen. Alle Längsgurte auf diese Weise befestigen.

6 Nun im rechten Winkel dazu Quergurte anbringen. Sie werden in Leinwandbindung über und unter den Längsgurten entlang eingewoben. Die Gurte wie zuvor spannen und befestigen.

Federleinen aufbringen

Lasierstiche aufnähen

Eine Lage mittelschweres Federleinen über die Gurte breiten. Die Schnittkanten doppelt umschlagen und mit fein geschnittenen 10 mm-Polsternägeln im Rahmen befestigen, die in Abständen von etwa 1,5 cm eingeschlagen werden.

1 Mit einem Handnähfaden und einer Garniernadel Lasierstiche auf dem Federleinen aufbringen. Dabei in großen, losen, rund 10 cm langen Rückstichen nähen und den Faden über die Finger der zweiten Hand führen. Diese Fäden halten später den losen Füllstoff.

2 Die Lasierstiche nicht weiter als 10 cm auseinander setzen. Zunächst entlang der Kante, dann auch über die Sitzfläche verteilt Lasierstiche ziehen, damit der Füllstoff gut hält.

Stoff & Filz • Polstern

Die Füllung aufbringen

1 Eine großzügige Lage Polsterfüllung auf das Federleinen auflegen und gut unter die Fäden der Lasierstiche schieben.

2 Den Füllstoff gründlich verzupfen (einlasieren), damit sich keine Knoten bilden und die Sitzfläche gleichmäßig wird.

3 Die Füllung etwa gleichmäßig 4 cm dick auftragen. Tierhaar, Naturfasern, Schaumstoff, Baumwolle oder Filz verwenden.

Eine Wattierung aufbringen

Zwei Lagen Diolenwatte über die Füllung legen und auf Sitzgröße zuschneiden. Das verhindert, dass die Faser- oder Haarfüllung durch das Polster sticht.

2 Die provisorische Befestigung rund 1,5 cm von der Außenkante des Sitzrahmens enfernt einschlagen. Dabei bis kurz vor die Ecken arbeiten.

Mit Nessel überspannen

1 Die Diolenwatte mit Nessel abdecken. Die Abdeckung rundum 10 cm größer als den Sitzrahmen zuschneiden. Den Sitzrahmen auf den Stoff legen und den Stoff rundum straff ziehen. Den Nessel provisorisch mit 10 mm großen Polsternägeln auf der Rahmenunterseite befestigen.

3 Die Nägel mit dem Nagelheber einzeln anheben, den Stoff nochmals straff ziehen und den Nagel wieder einschlagen. Dabei keine Füllung auf die Rahmenaußenkante ziehen, da sonst der Sitzrahmen nicht mehr in den Stuhlrahmen passt. Auf diese Weise den Stoff rundum befestigen.

Polstern • Techniken

Die Ecken sauber verkleiden

1. Den Stoff von der Ecke her straff über den Eckpunkt des Rahmens ziehen und mit einem feingeschnittenen 10 mm großen Polsternagel auf der Unterseite des Rahmens befestigen.

2. Den Stoff mithilfe des Haarziehers auf einer der angrenzenden Seiten sauber einschlagen und umfalten.

Haarzieher

3. Die Faltung aufschlagen. Überschüssigen Stoff um den Polsternagel abschneiden.

4. Stoff wieder überschlagen und mit einem Polsternagel befestigen.

5. Überschüssigen Stoff oberhalb der Nägel gerade abschneiden.

6. Den Vorgang an der anderen angrenzenden Seite der Ecke und den anderen Ecken wiederholen.

WISSENSWERTES ZUR POLSTERFÜLLUNG

In den 1920er Jahren begann die Produktion von Schaumstoff, einem Material, welches heute weitgehend als billiges und einfach zu verarbeitendes Polstermaterial verwendet wird. Obwohl dieses Material Naturfasern wie Rosshaar oder auch Palmfasern (Afrik) und Kokosfasern weitgehend verdrängt hat, kann man sie bei der Restaurierung von antiken Polstermöbeln durchaus benutzen und so die traditionellen Methoden weiterpflegen.

83

Stoff & Filz • Polstern

Stuhl aufpolstern PROJEKT

Traditionelle Stuhlrahmen haben oft leicht herausnehmbare Sitzkissen, die nur locker im Rahmen liegen. Beim Aufpolstern sollten Sie darauf achten, keinen Füllstoff um die Außenkanten herumzuziehen oder dort Falten zu legen, da das Sitzkissen sonst später nicht mehr in den Rahmen passt.

SIE BRAUCHEN

- Stuhl mit herausnehmbarem Sitzpolster
- Polstergurt
- Schere
- 10 mm- und 13 mm-Gurtstifte und feingeschnittene 10 mm-Polsternägel
- Polsterhammer
- Gurtspanner
- mittelschweres Federleinen
- Handnähfaden
- gebogene Garniernadel
- lose Polsterfüllung (Naturfasern, Filz oder Schaumstoff)
- Nessel
- Nagelheber
- Haarzieher
- Bezugsstoff nach Wahl
- Bodenstoff

1 Wenn das Sitzpolster vorbereitet ist (siehe S. 80–83), den Nessel mit einem handelsüblichen Polsterstoff überziehen. Dabei auf eine attraktive Ausrichtung des Musters achten.

2 Den Stoff rundum 10 cm größer als den Polsterrahmen zuschneiden.

3 Den Stoff auf die gleiche Weise wie zuvor den Nessel auf der Unterseite des Rahmens mit 10 mm-Polsternägeln 1,5 cm von der Außenkante entfernt befestigen. Überschüssigen Stoff abschneiden.

4 Ein Stück Bodenbespannung in Größe und Form der Rahmenunterseite zuschneiden. Den Stoff über die Unterseite legen und alle Nägel und Schnittkanten abdecken.

5 Die Schnittkanten des Bodenstoffs einschlagen und ihn 1 cm von der Außenkante des Rahmens entfernt mit Polsternägeln befestigen.

6 Die Ecken der Bespannung sauber einschlagen und mit Polsternägeln befestigen. Das Polster in den Rahmen einsetzen.

Papier & Pappe

Papier & Pappe

PAPIER SCHÖPFEN • PAPIER MARMORIEREN

PAPIERMACHÉ • SCRAPBOOKING • LINOLDRUCK • PAPIERDEKORATIONEN

DÉCOUPAGE STANZEN • QUILLING • GRUSSKARTEN

KARTONS • SIEBDRUCK

Papier ist ein so alltägliches Material, dass wir leicht übersehen, wie vielseitig es beim Basteln ist. In diesem Kapitel zeigen wir Ihnen, wie man Papier in Gruß-karten, Geschenke und dekorative Gegenstände verwandelt. Das meiste Papier in diesem Kapitel ist recycelt. So entstehen bei geringen Kosten wunderbare Dinge.

Papier gehört einfach zu unserem Alltag. Fast täglich bekommen wir Zeitungen, Zeitschriften, Kataloge, Broschüren, Briefe, Päckchen in Packpapier und Pakete in Kartons geliefert und unsere Schuhe liegen, eingewickelt in Seiden-papier, im Schuhkarton.

78% unseres Papiers werden heute recycelt. Das bedeutet aber auch, dass immer noch 22% im Restmüll landen. Die folgenden Seiten demonstrieren Ihnen, welch schöne Dinge aus Papier und Pappe entstehen können. Ganz bestimmt werden Sie das schlichte Mate-rial Papier hinterher mit ganz anderen Augen betrachten.

Die folgenden Seiten geben Ihnen einen Ein-blick in die vielen Möglichkeiten, die Papier und Pappe bieten, und stellen ein paar inspirierende Projekte vor, wie etwa die Herstellung von eige-nem Briefpapier, Karten oder Papierdekorationen.

Mit selbstgeschöpftem Papier, das mit Blüten oder gedruckten Motiven verziert ist können Sie beim Revival des guten alten handgeschriebenen Briefs ganz vorne dabei sein. Statt alte Fotos in der Schublade vergilben zu lassen, gestalten Sie damit ein Erinnerungsalbum. Oder verwandeln Sie einen Schuhkarton mit Geschenkpapier in eine Schatztruhe.

Verpacken Sie Ihre Geschenke doch im selbst gemachten Geschenkkarton mit selbst gestalteter Karte und dekorieren Sie zur nächsten Feier mit Papier-Pompons.

Auch beim Einrichten denkt man nicht direkt an Papier, aber ein von Hand gestanzter Lampen-schirm oder ein Quilling-Bild werden bestimmt die Aufmerksamkeit Ihrer Besucher erregen. Ret-ten wir also all das schöne Papier vor der Müll-halde, schnappen uns die Schere und fangen an!

Papier & Pappe • Materialien

Papier & Pappe MATERIALIEN

Schere, Klebeband, Papier und Klebstoff sind praktisch in jedem Haushalt immer vorhanden. Für Bastelprojekte mit Papier muss man also nicht erst viel Geld in Materialien investieren. Probieren Sie die Projekte zunächst am besten mit den Dingen aus, die Sie zu Hause haben, bevor Sie sich spezielle Materialien besorgen.

Papier schöpfen

Geschreddertes Papier Nutzen Sie Papierabfall, der nicht allzu dunkel bedruckt ist. Versuchen Sie möglichst einen dominierenden Farbton zu finden. Bereits recyceltes Papier, wie Zeitungspapier, hat zu kurze Fasern und eignet sich daher nicht gut.

Lebensmittelfarbe Man kann Lebensmittelfarbe als Pulver, flüssig oder auch als farbige Zuckerglasur verwenden, um langweilig grauen Papierbrei einzufärben.

Dekorative Beigaben Getrocknete Blüten oder Blätter, bunte Garnreste, Bänder- oder Stoffreste, Angelina-Faserschnipsel, Glitter, Konfetti, Pailletten – fast alles, was klein und flach ist, lässt sich in handgeschöpftes Papier einarbeiten.

Schöpfrahmen Bestehen aus zwei Teilen. Der Siebrahmen ist mit einem Siebgewebe (z.B. Fliegennetz) bespannt, auf dem der Papierbrei (Pulpe) liegt. Der Formrahmen (oder Deckel) wird daraufgelegt und gibt dem Papier seine Form. Man kann die Rahmen im Handel kaufen oder selbst bauen (siehe S. 96).

Standmixer oder Pürierstab Macht das Herstellen des Papierbreis (Pulpe) zum Kinderspiel. Mit einen Kartoffelstampfer dauert es viel länger und ist harte Arbeit.

Saugfähiger Stoff Spültücher oder alte Flanelllaken (etwas größer als das Papier) saugen die Feuchtigkeit aus dem Papier. Hat der Stoff eine Textur, nimmt das Papier sie an. Es gibt auch speziellen Gautschfilz.

Papier & Pappe • Materialien

Papier marmorieren

Hochwertiges Papier Zeichen- oder Aquarellpapiere eignen sich gut zum Marmorieren. Das Papier muss nicht teuer sein, aber kräftig genug, dass man es nass bewegen kann, ohne dass es reißt.

Tapetenkleister (möglichst ohne Fungizide) oder Marmoriergrund Ergibt mit Wasser angerührt eine gallertartige Oberfläche, auf der die Farbe schwimmt.

Acryl- oder Marmorierfarben Acrylfarben müssen meist mit etwas Wasser verdünnt werden. Marmorierfarben eignen sich besser.

Pinsel und/oder Pipetten Zum Auftragen der Farbe auf den Marmoriergrund. Pipetten eignen sich für Linien und große Tropfen, Pinsel eher für Spritzmuster.

Zahnstocher Mit ihnen wird die Farbe zu Mustern verschlungen. Je dünner die Holzstäbchen, desto eleganter die Linien der Muster.

Breit gezinkter Kamm Ein Lockenkamm ist gut geeignet. Als Ersatz kann man halbierte Zahnstocher an ein 15 cm langes Lineal kleben. Mit diesem Werkzeug lassen sich gefächerte Muster erzeugen.

Papiermaché

Recycelte Gegenstände Verpackungen wie Plastikdosen, Pappröhrchen und Plastiktüten lassen sich einfach in Grundformen verwandeln.

Weißleim/Holzleim Gebrauchsfertiger Polyvinylacetat-Klebstoff (PVAc), mit dem man den Papierbrei einstreicht und fixiert. Für die Deckschicht kann er auch verdünnt aufgetragen werden.

Malerkrepp Die Materialien für die Grundform können mit Malerkrepp oder anderem Klebeband zusammengeklebt werden.

Zeitungspapier Papierstreifen aus Zeitungen, Telefonbüchern oder ähnlich saugfähigem Papier in Tapetenkleister einlegen. Daraus wird ein Papierbrei (Pulpe), der zu einem festen Material aushärtet.

Seidenpapier Statt das fertige Objekt zu bemalen, kann man die oberste Lage auch mit farbigem Seidenpapier oder mit ausgeschnittenen Papierformen gestalten.

Tapetenkleister (möglichst ohne Fungizide) Der Kleister wird zur Herstellung des Papierbreis mit Wasser angerührt. Das Mischverhältnis ist auf der Verpackung angegeben.

Papier & Pappe • Materialien

Scrapbooking

Bänder und Bordüren Mit Bändern können Etiketten angebracht, Schleifen gebunden oder Zierleisten gestaltet werden. Sie sind auch selbstklebend erhältlich.

Blanko Alben Sind in verschiedenen Formaten erhältlich. Manche sind fest gebunden, anderen haben eine Ringbindung.

Bedruckte und dekorative Papiere Zum Scrapbooking eignet sich eine bunte Mischung aus einfarbigen und gemusterten Papieren, sowie Papier mit Büttenrand.

Konturenscheren Scheren mit Zierrand ermöglichen die dekorative Gestaltung der Papierränder und sind in verschiedenen Konturformen – Zickzackmuster, Bögen, Wellen – erhältlich.

Karten und Briefbögen Einfarbige Karten und Briefbögen bilden schöne Hintergründe.

Kleine Accessoires Diese kleinen Gegenstände – Schmuck, Pailletten, kleine Rähmchen und anderer Scrapbooking-Zierrat – geben einer Seite den letzten Schliff.

Klebstoffe Es kommen verschiedene Klebstoffe zum Einsatz. Klebestifte eignen sich für Papier und Fotos, Klebepunkte (Glue Dots) sind praktisch zum Aufbringen kleiner Zierelemente.

Kleine Umschläge Für längere Texte oder »versteckte Botschaften« (siehe S. 111) oder zum Verstauen und Ordnen von kleinerem Scrapbooking-Zierrat.

Papier & Pappe • Materialien

Eyelets und Eyelet Setter Mit den kleinen Zierösen lassen sich saubere Löcher ins Papier stanzen, durch die Bänder und Kordeln gefädelt werden. Der Eyelet Setter stanzt das Loch und befestigt die Eyelets im Papier.

Brads Bunte Musterklammern aus einem Knopf mit zwei Metallklammern an der Unterseite, die durch ein Stanzloch geführt und dann aufgebogen werden, sodass die Klammer fest sitzt. Sie dienen als Zierrat oder befestigen andere Komponenten, wie Karten, an einer Seite.

Klarsichthüllen Praktische Ergänzung für Ringbuchalben mit losen Blättern – als Aufbewahrung und Schutz.

Gummistempel Motivstempel ergeben hübsche Dekorationen, mit Alphabet- und Wortstempeln lassen sich Überschriften erzeugen. Mit Stempelkissen oder mit Pinselstiften kann man sie mehrfarbig einfärben.

Aufkleber und Anhänger Im Schreibwarenhandel und Bastelbedarf sind unzählige Aufklebervariationen erhältlich – flach, erhaben, matt, glänzend, holografisch, metallic, Velours – zum fantasievollen Verzieren von einzelnen Albumseiten, Etiketten und Anhängern.

Linoldruck

Linolschneidewerkzeug Schneidefedern – Geißfuß, Ziereisen, Hohleisen 3 und 4 mm, Vorschneidemesser – und mehrere Handgriffe.

Linoldruckfarben In einer großen Farbauswahl erhältlich und untereinander mischbar. Farben auf Wasserbasis enthalten keine Lösungsmittel und sind einfach abwaschbar.

Kohlepapier Zum Übertragen von Vorlagen auf die Linoleumplatten. Dazu einen harten Bleistift (H oder 2H) verwenden.

Linoleum Als fertige Platten in verschiedenen Größen erhältlich. Spezielle Größen selbst zuschneiden.

Farbwalze Jeweils passend zur Breite des Linoleums verwenden.

Papier & Pappe • Materialien

Papierdekorationen

Papier Alle möglichen Papierarten sind nutzbar – aus alten Zeitschriften lassen sich Wimpel schneiden, alte Kartons zu Karten verarbeiten. Besonders vielseitig kann man Seiden- und Krepppapier verwenden. Sie sind in vielen bunten Farben erhältlich.

Découpage

Silhouettenschere Auch Découpage-Schere. Kleine Schere mit spitzen Klingen fürs Ausschneiden feiner Formen und zum präzisen Zuschneiden.

Découpage-Lack Lacküberzug zum Schutz der Découpage-Oberfläche. Lacke auf Wasserbasis sind frei von Lösungsmitteln, so sind die zum Auftragen verwendeten Pinsel leicht unter Wasser auswaschbar.

Musterpapier Günstig sind Papiere mit deutlich erkennbaren, einfach auszuschneidenden Motiven. Im Bastelbedarf sind spezielle Découpage-Papiere erhältlich.

Découpage-Kleber Bestens geeignet, um Papierschnipsel aufzukleben. Der Klebstoff ist einfach mit dem Pinsel auftragbar. Sein milchiges Aussehen erleichtert den gleichmäßigen Auftrag. Das Papier wellt nicht und kann abgezogen und an einer anderen Stelle aufgeklebt werden.

Stanzen

Motivstanzer (auch Motivlocher) In verschiedenen Größen und mit unzähligen Motiven erhältlich. Normale Stanzer stanzen nah am Rand, Langarm-Stanzer haben eine größere Reichweite.

Mittelstanzer (auch Everywhere-Stanzer) Bestehen aus zwei Teilen, die das Papier mittels Magneten festhalten. So können sie überall auf dem Papier eingesetzt werden.

Ösenstanzer Werkzeug zum Stanzen von Löchern und Einsetzen von Brads (Musterklammern) und Eyelets. Auch Eyelet-Setter genannt.

Eyelet-/Lochstanzer Stanzwerkzeug, das in Verbindung mit einem Hammer genutzt wird. Am besten immer eine Schneidematte unter das Papier legen, wenn Löcher gestanzt werden.

Bastelpapier Ist in unterschiedlichen Dicken und Gewichten erhältlich. Das Papier sollte immer zum Projekt passen. Weiche Papiere sind teils schwer zu stanzen. Feste Papiere haben klare Stanzränder.

Eyelet-Stanzmatte Kleine Schneidematte für Ösen- und Lochstanzer. Nicht die übliche Schneidematte verwenden, da sie beim Stanzen zu tiefe Kerben bekommt.

Quilling

Quilling-Streifen Vorgeschnittene Papierstreifen sparen Zeit und Arbeit.

Quilling-Stift (auch Quilling-Nadel) Stift mit einem Schlitz an der Spitze, in den das Ende des Papierstreifens eingelegt wird. Stifte sind mit unterschiedlich langen Schlitzen und teilweise als Sets erhältlich.

Papier & Pappe • Materialien

Kartons

Pappe Verschiedenste Arten von Pappe und Karton eignen sich zum Basteln von Kartons. Sie müssen nur stabil genug sein, ihre Form zu halten.

Draht Blumendraht lässt sich einfach biegen oder um Papierbündel drehen. So entstehen z. B. hübsche Blumen zum Verzieren eines Kartons. Im Bastelbedarf sind auch bunte Drähte und Papierdraht erhältlich.

Siebdruck

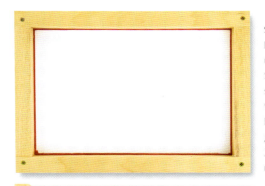

Siebdruckrahmen Holz- oder Aluminiumrahmen, die mit Siebgewebe bespannt sind. Üblicherweise wird 90 T-Gewebe für das Bedrucken von Papier gewählt. Je höher die Zahl, desto feiner das Gewebe.

Klappbarer Siebdruckrahmen Mit Scharnieren auf einer Grundplatte befestigter Siebdruckrahmen zum einfachen Tausch des Druckpapiers. Die Grundplatte hält Papier und Schablone.

Kunststofffolie Zum Anfertigen einer dauerhaften Schablone. Alternativ kann auch 70–90 g Druckpapier verwendet werden. Es hält mehrere Druckvorgänge, bevor die Farbe es durchtränkt und unbrauchbar macht.

ZUDEM BRAUCHEN SIE ...

Lineal Ein Metalllineal als Schneidehilfe. Plastiklineale sind eher zum Abmessen und Zeichnen geeignet.

Schere Das wichtigste Werkzeug zum Schneiden von Papier. Eine lange, kräftige Schere ist gut für gerade Schnitte geeignet, kleinere Scheren dienen zum Ausarbeiten von Details.

Klebeband Hilfreich zum Befestigen von Papier, wie etwa beim Verpacken von Geschenken.

Klebstoffe Für Papier sind Klebestifte gut geeignet, zum Aufkleben von Pailletten, Ziersteinen und anderem kleinem Zierrat ist Alleskleber die beste Wahl.

Schneidematte Zum Schneiden von Papier und Karton mit Skalpell und Metalllineal unerlässlich. Meist sind die Matten mit einem Gittermuster bedruckt, um Pappe oder Papier winkelgerecht anlegen und gerade schneiden zu können.

Skalpell Mit Skalpell oder Cutter werden gerade Schnitte präziser als mit der Schere. Die Klinge regelmäßig wechseln.

Pinsel Zum Auftragen von Lacken, Acrylfarben, Bastelfarben und Leim sind preiswerte Pinsel gut geeignet, Künstlerpinsel eignen sich eher für Aquarellmalerei.

Pinzette Gut geeignet, um kleinen Zierrat, wie Schmucksteine, Pailletten und kleine Aufkleber, zu platzieren.

Bügeleisen Handgeschöpftes, gut getrocknetes Papier kann man mit dem Bügeleisen auf mittlerer Temperatur glatt bügeln.

Siebdruckrakel Zum gleichmäßigen Verteilen und Durchdrücken der Farbe durch das Sieb. Handgriff mit einer Lippe aus Gummi oder Kunststoff. Sollte in den Rahmen passen. Für Papier ist eine Lippe mit gerader Kante am besten.

Scheuerbürste Zum Säubern des Siebs nach Abschluss einer Druckreihe. Das Sieb sollte immer sofort gereinigt werden, bevor die Farbe eintrocknet. Am besten eignen sich Nylonborsten.

Siebdruckfarben Es gibt wasserlösliche und lösungsmittelhaltige Siebdruckfarben. Farben auf Wasserbasis eignen sich gut für Einsteiger und sind leicht aus dem Sieb auswaschbar. Sie sind in verschiedenen Farben erhältlich und mischbar.

95

Papier schöpfen TECHNIKEN

Papier hat eine lange Geschichte. Bereits im 2. Jh. v. Chr. wurde in China Papier hergestellt. Die Ägypter verwendeten Papyrus, in Europa nutzte man Pergament (Tierhäute). Später entwickelte sich auch hier die Kunst, aus Faserbrei ein glattes Material zum Schreiben und Zeichnen zu schöpfen. Geeignet sind Papiere, die bereits einmal Faserbrei waren.

Einen Schöpfrahmen herstellen

1 Aus zwei stabilen Bilderrahmen Sieb- und Formrahmen herstellen. Ist einer etwas größer, sollte er als Siebrahmen genutzt werden. Jegliche Haken, Klammern und Drähte aus den Rahmen entfernen.

2 Den Siebrahmen mit einem Siebgewebe bespannen. Fliegengitter aus Draht oder Kunststoff sind gut geeignet. Es sollte straff über den Rahmen gespannt sein. Die bespannte Seite ist die Oberseite.

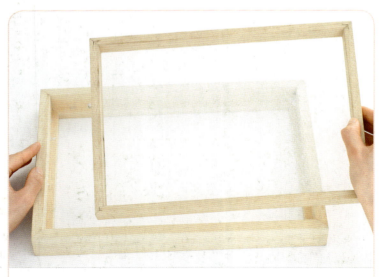

3 Den Siebrahmen mit dem Netz nach oben halten. Den Formrahmen darauf legen. Er fungiert als Deckel, der dem Blatt aus Papierbrei rundum eine gerade Kante verleiht.

Papier auswählen

Einige Papiere eignen sich besser zum Schöpfen als andere. Gut geeignet ist mattes Papier, wie Zeitungs-, Kopier- und Druckerpapier, Eierkartons, Toilettenpapier etc. Nicht geeignet sind Hochglanzpapiere, wie Zeitschriften und Magazinbeilagen. Wer helles Papier erhalten möchte, sollte wenig bedrucktes Papier wählen. Spezielle Farben kann man z. B. durch die Verwendung von bunten Servietten erzielen.

Papier schöpfen • Techniken

Zerkleinern und einweichen

Das Papier in kurze, 1 cm breite Streifen schreddern und mehrere Stunden – besser noch über Nacht – in einem Eimer mit Wasser einweichen lassen, damit die Fasern quellen.

Eine Gautschunterlage erstellen

1 Etwas Zeitungspapier mit der Faltung links auf die Arbeitsfläche legen. Die nächste Lage mit der Faltung rechts in die erste falten. So einen 5–8 cm hohen Stapel falten, der größer als der Rahmen ist. Er darf in der Mitte nicht durchhängen, da sich dort sonst Wasser sammelt.

2 Den Stapel mit mehreren Handtüchern abdecken und die Tücher am Rand um die Zeitung einschlagen. Dies ist die »Gautschunterlage«, auf die das Papier zum Abtropfen abgelegt wird.

Den Papierbrei herstellen

1 Eine große, flache Wanne mit kaltem Wasser füllen. Etwas eingeweichten Papierbrei in einen Standmixer geben, mit Wasser bedecken und glatt mixen. Die Pulpe in die Wanne geben. Wiederholen, bis eine Art »dicke Suppe« in der Wanne schwimmt.

2 Weitere Fasern, wie Glitter oder Angelina-Fasern, einrühren, falls gewünscht. Garn und/oder Blütenblätter können ebenfalls in die Pulpe gegeben oder später zugefügt werden, um mehr Kontrolle über ihre Position zu haben. Die Pulpe gut durchrühren.

Papier & Pappe • Papier schöpfen

Das Papier schöpfen

1 Den Formrahmen mit der flachen Seite auf die Siebseite des Siebrahmens legen. Beide schräg in die Pulpe eintauchen und etwas Papierbrei aufnehmen. Den Rahmen wieder vorsichtig herausheben und dabei leicht rütteln. Das verteilt die Pulpe und verhindert Löcher im Papier.

2 Das Wasser durch das Netz abtropfen lassen. Dann den Rahmen leicht schräg halten und das überschüssige Wasser ablaufen lassen.

3 Den Formrahmen abheben und die Pulpe mit einem Stück saugfähigem Stoff bedecken.

4 Den Siebrahmen auf der Kante der Gautschunterlage aufsetzen und mit dem Papierbrei nach unten schnell daraufklappen.

5 Mit der Hand von hinten über das Sieb fahren, bis die Pulpe sich löst und auf dem darunterliegenden Stoff haftet.

6 Den Siebrahmen vorsichtig an einer Ecke beginnend abheben. Der Papierbrei sollte auf dem Stoff liegen bleiben. Noch am Sieb klebende Breistellen von hinten durch sanften Druck lösen. Den Papierbrei abtropfen lassen.

Papier schöpfen • Techniken

> Das Papier abtropfen und trocknen

1 Das Blatt Papier mit einem Stück Stoff bedecken und ein weiteres Blatt schöpfen. So einen Stapel aus Blättern und Stoff auf der Gautschunterlage auftürmen. Wird die »Pulpesuppe« dünn, etwas mehr Papierbrei pürieren und in die Wanne rühren.

Gewicht

2 Ist aller Papierbrei aufgebraucht, bzw. wenn das geschöpfte Papier zu dünn wird, das oberste Blatt des Stapels mit Stoff und Zeitungspapier oder einem Handtuch bedecken. Ein Schneidebrett darauflegen und ca. 10 Minuten mit einem schweren Gegenstand beschweren, um das restliche Wasser auszupressen.

3 Gewicht und Schneidebrett abheben und die oberste Stofflage vorsichtig abziehen.

4 Die Blätter haften normalerweise am Stoff darunter. Haften sie gut, kann man sie mit dem Stoff vorsichtig hochheben und zum Trocknen aufhängen. Je nach Luftfeuchtigkeit ein bis mehrere Tage trocknen lassen.

5 Den Stoff vorsichtig vom trockenen Papier abziehen. Löst er sich nicht, vorsichtig über die Stoffseite bügeln und den Stoff dann abziehen. Hat sich das Papier am Rand gewellt, vorsichtig mit dem Bügeleisen auf mittlerer Stufe glätten.

Papier & Pappe • Papier schöpfen

Briefpapier mit Blüten PROJEKT

Für Briefe zu ganz besonderen Gelegenheiten oder zum Basteln können Sie Ihr eigenes Schmuckpapier gestalten. Handgeschöpftes Papier lässt sich leicht herstellen, wirkt aber sehr edel. Verwenden Sie Altpapier und belegen Sie es mit getrockneten Blütenblättern und Resten von buntem oder Metallic-Garn, so wirkt es besonders dekorativ.

SIE BRAUCHEN
- Altpapier zum Zerkleinern (siehe S. 96)
- Schredder
- Eimer (oder Wanne)
- Standmixer oder Stabmixer
- große, flache Wanne
- Lebensmittelfarbe in rot oder rosa
- Zeitungspapier
- alte Handtücher
- Schöpfrahmen (aus Sieb- und Formrahmen)
- getrocknete Blütenblätter und Garn
- saugfähigen Stoff, etwas größer als der Schöpfrahmen
- Schneidebrett
- Gegenstände zum Beschweren
- Bügeleisen

1 Das Papier schreddern und einweichen. Wie auf S. 97 beschrieben **Den Papierbrei herstellen**. Ist der Brei zu grau, ein wenig Lebensmittelfarbe einrühren. **Eine Gautschunterlage erstellen**, wie auf S. 97 beschrieben.

2 Den Schöpfrahmen in die Pulpe tauchen und etwas Brei aufnehmen. Den Rahmen leicht rütteln, um die Pulpe zu verteilen, dann leicht schräg halten und überschüssiges Wasser ablaufen lassen.

3 Den Formrahmen abheben. Den Rand des Papiers mit getrockneten Blütenblättern und Garn dekorieren, damit die Schreibfläche frei bleibt. Etwas Pulpe dünn über die Blüten auftragen oder Garn auflegen, um sie zu »fixieren«.

4 Ein saugfähiges Stück Stoff vorsichtig über die geschöpfte Seite legen, sodass die Blütenblätter und Dekorationen sich nicht verschieben.

5 Den Rahmen mit Stoff und Papier auf die Gautschunterlage klappen. Mit der Hand über die Rückseite des Siebs streichen, um das Papier zu lösen, und den Rahmen vorsichtig abheben. Das Papier mit Stoff abdecken.

6 Weiter schöpfen, bis das Papier zu dünn wird. Dann ein Schneidebrett auf den Gautschstapel legen und mit einem Gewicht das restliche Wasser herauspressen. Zum Trocknen aufhängen. Das trockene Papier von der Rückseite bügeln, um die Blütenblätter nicht zu beschädigen.

Papier & Pappe • Papier marmorieren

Papier marmorieren TECHNIKEN

Beim Marmorieren kann man wunderbar mit Papieren, Farben und Mustern experimentieren. Jedes Blatt ist ein Einzelstück. Mit etwas Übung können Sie aber ähnliche Muster reproduzieren. Gestalten Sie ganz nach Wunsch einfache oder komplexe Muster. Wer daran Spaß hat, der kann auch das Marmorieren von Stoff erlernen (siehe S. 26–29).

Das Bad vorbereiten

Das Marmorierbad ist dickflüssig, sodass die Farbe darauf schwimmt. Tapetenkleister oder Marmoriergrund nach Herstellerangaben in Wasser lösen und ca. 2-3 cm hoch in eine flache Wanne füllen. Rund 30 Minuten quellen lassen.

Die Farbe auftragen

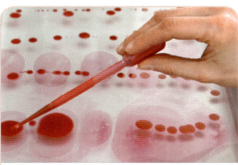

1 Marmorierfarbe mit Pipette oder Pinsel aufnehmen und auf das Bad spritzen, tropfen oder aufmalen. Zügig arbeiten, da sie sich schnell verteilt. Sinkt die Farbe ein, mit ein wenig Wasser verdünnen und durchschütteln, bis sie die richtige Konsistenz hat.

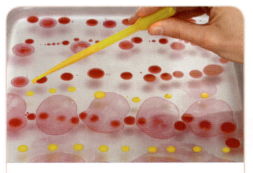

2 Bei der Arbeit mit mehreren Farben Pipette oder Pinsel vor dem Aufnehmen der zweiten Farbe auswaschen und mit Küchenpapier trocknen. Die zweite Farbe zwischen den Farbtupfen oder -spuren der ersten auftragen.

Muster und Effekte erzeugen

1 Für ein feinadriges Muster einen Zahnstocher mehrfach kurz durch die Farben ziehen.

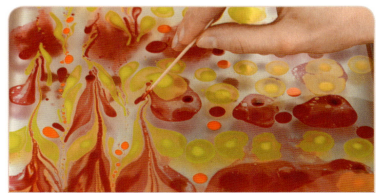

2 Für ein geflammtes Muster den Zahnstocher in entgegengesetzten Bahnen von einer Seite zur anderen durch das gesamte Bad ziehen. Diese Querbahnen in abwechselnder Reihenfolge wiederholen, bis die gesamte Fläche gemustert ist.

Papier marmorieren • Techniken

3 Für ein komplexeres Flammenmuster den Zahnstocher erst quer und dann längs durch die gesamte Wanne ziehen, sodass die Flammmuster unterteilt werden.

4 Für ein noch feineres Muster einen breit gezinkten Kamm durch das Flammmuster ziehen. So entstehen gleichmäßige Bögen. Jedes Muster ist einzigartig und es macht Spaß, zu experimentieren. Zu stark bearbeitet, verschwimmt das Muster aber und wirkt nur trüb.

Das Papier marmorieren

1 Das Papier (120 g-Papier ist ideal) an den Kanten halten und leicht durchbiegen. Vorsichtig mit der Mitte auf das Marmorierbad absenken, dann die Kanten ablegen. So bilden sich beim Auflegen auf das Bad keine Luftblasen unter dem Papier.

2 Das Papier mindestens 10 Sekunden liegen lassen, damit es ausreichend Farbe aufnimmt. Abheben und den Marmoriergrund unter sanft laufendem Wasser ein paar Sekunden abwaschen. Aufhören, sobald die Farbe verläuft.

3 Das marmorierte Papier mit der Farbseite nach oben zum Trocknen auf ein Handtuch legen. Den Marmoriergrund mit einem Stück Zeitungs- oder Küchenpapier abziehen, um Farbreste zu entfernen. Dann erneut Farbe auftragen und weitere Blätter marmorieren.

4 Das trockene Papier mit dem Bügeleisen auf mittlerer Stufe glätten.

Papier & Pappe • Papier marmorieren

Bucheinband PROJEKT

Machen Sie ein schlichtes Notizbuch mithilfe von ein paar handmarmorierten Blättern Papier, etwas Leim und Gewebeband zu etwas Besonderem. So wird aus einem einfachen Tagebuch, Notiz- oder Adressbuch das perfekte Geschenk.

SIE BRAUCHEN
- Kladde (DIN A5)
- 2 Blätter DIN-A4-Papier, in gleichen Farben und ähnlichem Muster handmarmoriert (Technik s. Seite 102–103)
- Lineal
- Schere
- Skalpell
- Klebestift
- Gewebeklebeband, 50 mm breit
- 1 Blatt DIN-A4 Papier, in kontrastierenden Farben handmarmoriert

1 Die Kladde hinter ein marmoriertes Blatt halten und das Muster auf der Vorderseite gerade ausrichten. An der offenen Kladdenseite mindestens 2,5 cm Einbandpapier überstehen lassen.

2 Das Papier fest an die Kladdenkante drücken, sodass sich ihre Form darauf überträgt. Mit dem Fingernagel durch die Delle vor dem Rücken fahren.

3 Das Papier 2,5 cm jenseits der Falten und gerade entlang der mit dem Fingernagel gezogenen Linie abschneiden. Die Vorderseite der Kladde mit Klebestift bestreichen und das Papier wieder so auf die Kladde legen, wie es zuvor darauf lag. Den Einband fest andrücken und glatt streichen.

4 Die Kladde öffnen, das Papier an den inneren Ecken schräg abschneiden, und an den äußeren Ecken ein 120° weites Stück wegschneiden, damit das Papier nach dem Umschlagen überlappt.

5 Mit dem Klebestift die Kanten auf der Innenseite abfahren. Den Einband zunächst an Ober- und Unterkante nach innen schlagen und fest andrücken, dann den Einband der Längskante darüberfalten. Die Ecken nochmals nachkleben.

6 Für den Inneneinband das marmorierte Papier in Kontrastfarbe rundherum 5 mm kleiner als die Titelseite zuschneiden. Die Innenseite des Vordereinbands mit Klebestift bestreichen und das Blatt so darauf kleben, dass es die umgeschlagenen Ränder verdeckt.

7 Die Schritte 2, 3, 4 und 5 mit dem zweiten Einbandpapier auf der Rückseite der Kladde wiederholen. Ein Stück Klebeband 2 cm länger als den Buchrücken zuschneiden und flach mit der beschichteten Seite nach oben auf die Arbeitsfläche legen. Den Buchrücken darauf drücken, dann auf Vorder- und Rückseite umschlagen, sodass es die Kante des Einbandpapiers überdeckt. Das Band fest in die Kerbe vor dem Rücken drücken.

V-förmiger Einschnitt

8 Das Band an den Ecken des Rückens oben und unten V-förmig einschneiden und auf die Innenseiten des Einbands umschlagen. Den Querteil über dem Buchrücken in den Rücken schlagen oder bei Platzmangel einkürzen und umklappen, um die Kante zu versäubern.

9 Für die äußeren Ecken ein 5 cm langes Stück Klebeband abschneiden. Mit der beschichteten Seite nach oben auf die Arbeitsfläche legen und die Einbanddecke so diagonal darüber platzieren, dass innen zwei Klebeband-Dreiecke zu sehen sind. Über der Spitze der Ecke sollte noch ca. 1 mm Klebeband zu sehen sein. Die Ecke andrücken und die Klebebanddreiecke umschlagen, sodass sie innen ganz leicht überlappen. An den anderen Ecken wiederholen.

Papier & Pappe • Papiermaché

Papiermaché TECHNIKEN

Der Begriff stammt aus dem Französischen und bedeutet »zermalmtes Papier«. Er beschreibt eine Reihe von Techniken, mit denen mit Kleister getränktes Papier geformt wird und diese Form nach dem Trocknen hält. Es ist ganz erstaunlich, was für Dinge aus ein paar alten Zeitungen und Kleister entstehen. Papiermaché ist auch eine tolle Art des Recyclings, da Sie mit dieser Technik wunderbare Deko-Objekte aus alten Gegenständen basteln können.

Eine Grundform erstellen

1 Kunststoff- oder Pappbehälter auswählen, die zu einer interessanten Form zusammengeklebt werden können.

2 Die Einzelteile mit einem Alleskleber zusammenkleben.

3 Plastiktüten zu einer Wurst rollen oder knüllen, um der Form eine Randwulst zu geben. Mit Klebeband fixieren.

Das Papiermaché vorbereiten

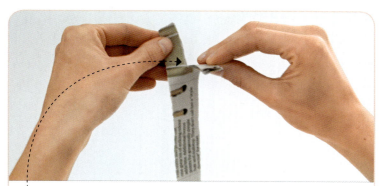

1 Geeignet sind saugfähige Papiere wie Zeitungspapier oder alte Telefonbücher. Die Seiten in gut handhabbare Streifen reißen – nicht schneiden. Die Risskante hat offene Fasern, die beim Überlappen verfilzen. So entsteht eine glatte Oberfläche ohne Grate.

2 Tapetenkleister nach den Herstellerangaben auf der Packung anrühren. Bei empfindlicher Haut mit Gummihandschuhen arbeiten, da die meisten Kleister Fungizide enthalten. Die Arbeitsfläche zum Schutz mit Zeitungspapier oder Folie abdecken.

Papiermaché • Techniken

Mehrere Schichten aufbauen

1 Die Papierstreifen müssen vollkommen mit Kleister durchtränkt sein. Einen Streifen herausheben und überschüssigen Kleister mit den Fingern abstreifen.

2 Den Streifen um das Objekt legen und mit den Fingern glatt streichen, damit sich keine Luftblasen bilden. Die Streifen immer überlappend auflegen und alle Flächen – auch die Kanten – bedecken.

3 Auf diese Weise mindestens acht bis neun Schichten aufbringen, damit die Oberfläche glatt wird.

4 Zeitungspapier ergibt einen neutralen grauen Grundton, der auf Wunsch mit ein paar Lagen Seidenpapier abgedeckt werden kann. So verschwindet die Schrift und die Oberfläche wird glatter.

Seidenpapier

Das Objekt dekorieren

1 Das Papiermaché vor dem Dekorieren vollständig austrocknen lassen. Etwaige Unebenheiten mit feinem Schleifpapier glätten.

2 Das Objekt nun nach Wunsch dekorieren, entweder mit wasserbasierten Farben, wie Schultempera, Wasserfarben, Gouache und Acrylfarben, oder Dispersions-Wandfarbe verwenden. Für helle Deckfarben zunächst einen weißen Grund auftragen, damit das Grau nicht durchscheint.

3 Das fertig dekorierte Objekt zum Schluss mit mehreren Schichten Klarlack auf Wasserbasis versiegeln.

107

Papier & Pappe • Papiermaché

Papiermaché-Schale PROJEKT

Diese hübsche Schale besteht aus einer Wergwerfverpackung – wie sie unter anderem für Salate verwendet wird – und einer Pappröhre, auf die vorher Stickgarn aufgewickelt war, sowie ein paar Plastiktüten, um den Rand auszuarbeiten. Mit Papiermaché können Sie aus allen möglichen Behältern hübsche Gefäße basteln und sie beispielsweise mit buntem Seidenpapier und Blattmetall verzieren.

SIE BRAUCHEN

- Kunststoffschüssel
- Pappröhre
- Alleskleber
- 1–2 Plastiktüten
- Klebeband
- Pappe
- Schere
- Tapetenkleister
- Zeitungspapier, in Streifen gerissen
- Weißleim
- weiche Pinsel, mittelgroß und groß
- farbiges Seidenpapier
- Anlegemilch für Blattmetall
- Blattmetall
- Klarlack auf Wasserbasis

1 Die Pappröhre in der Mitte unter die Schüssel kleben. Eine oder zwei Plastiktüten zusammenrollen und mit Klebeband um den Rand der Schüssel kleben. Einen Pappkreis zuschneiden und die Pappröhre damit verschließen.

2 Tapetenkleister anrühren. Zeitungspapierstreifen darin eintauchen, überflüssigen Kleister mit den Fingern abstreifen und Schale und Sockel von allen Seiten mit den durchtränkten Streifen um- und auskleiden. Die Streifen mit den Fingern glatt streichen.

3 So fortfahren, bis das gesamte Objekt verkleidet und mit mehreren Schichten Zeitungspapier umhüllt ist. Das Objekt vollständig trocknen lassen (das kann, je nach Luftfeuchtigkeit und -temperatur, mehrere Tage bis Wochen dauern).

4 Weißleim mit Wasser zu dickflüssiger Milch verdünnen und das trockene Gefäß rundum damit bestreichen. Die Oberflächen mit buntem Seidenpapier verzieren und es mit verdünntem Leim bestreichen. Zwei bis drei Lagen auftragen, dann trocknen lassen.

5 In einer Kontrastfarbe Seidenpapierpunkte ausschneiden und mit verdünntem Leim auf das Objekt kleben. Mehrere Stunden, vorzugsweise über Nacht, trocknen lassen.

6 Nach dem Trocknen den Rand mit Anlegemilch einstreichen. Nach rund 10 Minuten rundum Blattmetall auflegen und sanft mit den Fingern andrücken. Überschüssiges Metall mit einem großen Pinsel abpinseln. Mit mehreren Schichten Klarlack versiegeln.

Papier & Pappe • Scrapbooking

Scrapbooking TECHNIKEN

Schon in der Vergangenheit haben Menschen Papierreste, Eintrittskarten, Postkarten und andere Andenken in Alben geklebt. Scrapbooks sind eigentlich nichts anderes, als sehr liebevoll und persönlich gestaltete Fotoalben. Heute ist dafür eine große Auswahl an speziellen Deko-Materialien im Bastelbedarf erhältlich, da sich das Hobby wieder großer Beliebtheit erfreut. Hier einige Tipps, wie Sie eine Scrapbookseite anfertigen und ihr einen ganz persönlichen Touch geben können.

Das Material auswählen

1 Ein Foto oder ein Bild bilden das Zentrum oder den Blickfang einer Albumseite. Die Auswahl des Hintergrunds sollte von Farbe oder Thema des Bilds inspiriert sein. Papiere und Pappen mit hohem Säuregehalt verblassen mit der Zeit stark. Für eine lange Haltbarkeit sollten säurefreie Papiere, Pappen und Klebstoffe verwendet werden.

2 Ist keine passende Papierfarbe erhältlich, kann man den Hintergrund auch entsprechend kolorieren – etwa mit Gouache, Aquarell- oder Acrylfarben.

Bilder zuschneiden

1 Das oder die Fotos, die als Blickfang dienen, sollten richtig in Szene gesetzt werden. Zwei L-förmige Pappstreifen können bei der Auswahl des richtigen Bildausschnitts helfen.

2 Das Bild auf eine Schneidematte legen. Das Metalllineal an die Ränder des gewählten Bildausschnitts anlegen und überschüssige Bildteile mit dem Skalpell abschneiden.

3 Eine einfache Methode, einem Bild einen Rahmen zu geben, ist, es auf ein etwas größeres Stück farbiges Papier oder Pappe aufzukleben. Der Rand kann mit einer Konturenschere verziert werden.

Scrapbooking • Techniken

Ein Bild rahmen

1 Es gibt Spezialpapiere mit gedruckten Rändern und Bordüren zum Verzieren besonderer Bilder. Sie sollten farblich mit dem Bild harmonieren.

2 Feine Formen mit einer Silhouettenschere ausschneiden. Den vollständig zugeschnittenen Rahmen auf das Foto legen, um zu sehen, ob er weiter angepasst werden muss.

3 Das Foto mit einem geeigneten säurefreien Klebstoff auf den Hintergrund kleben. Dann den Rahmen daraufkleben. Gegebenenfalls überlappende Rahmenteile abschneiden.

Seiten und Motive verzieren

Im Bastelbedarf ist eine große Auswahl an Zierrat speziell fürs Scrapbooking erhältlich, Sie können aber auch eigene Dekorationen anfertigen, indem Sie Papierformen zuschneiden oder Motivstanzer nutzen. So lassen sich kleinere Papierreste sehr dekorativ aufbrauchen.

Motivstanzer

Brads und Eyelets anbringen

Ein Loch durch alle Papierlagen stanzen, wo das Brad oder Eyelet sitzen soll. Brads (Musterklammern) werden schlicht durchgesteckt und auf der Rückseite aufgebogen. Eyelets (Zierösen) werden mit Eyelet-Setter oder Lochstanzer und Hammer eingesetzt.

Etwas Aufklappbares einfügen

Einen Streifen Papier, der an einer Seite mit Klebeband auf dem Hintergrund fixiert ist, lässt sich von beiden Seiten dekorieren. Mehrere Seiten entstehen, wenn er wie ein Leporello gefaltet wird. Hier finden z. B. eine Bildserie oder ein längerer Text Platz.

Versteckte Botschaften

In Alben werden häufig Kommentare eingefügt oder Bilder mit Namen, Orten und Daten beschriftet. Manchmal werden aber auch Briefe oder Gedichte beigefügt. Beim Scrappen spricht man von »Journaling«. Ein kleiner aufgeklebter Umschlag ist der perfekte Ort, um längere oder sehr persönliche Botschaften zu »verstecken«.

Papier & Pappe • Scrapbooking

Scrapbook-Seite PROJEKT

Alte Familienfotos bilden einen guten Einstieg für ein Scrapbook-Projekt. Mithilfe von bedrucktem Papier und verschiedenen einfachen Techniken können Sie ein wunderbares Erinnerungsstück schaffen. Die folgende Anleitung möchte Ihnen nur einige Anregungen liefern. Nutzen Sie Ihre eigenen kreativen Ideen, um Ihr Scrapbook ganz individuell zu gestalten.

SIE BRAUCHEN

- Ringordner-Album mit Blanko-Seiten
- alte Familienfotos oder Postkarten
- bedrucktes oder unbedrucktes Papier
- Metalllineal
- Skalpell
- Schneidematte
- Klebestift
- selbstklebende Papierspitze
- Fotoecken (nach Wunsch)
- 3D-Scrapbooking-Aufkleber
- Band
- kleine Umschläge
- Gummistempel und Stempelkissen

1 Zunächst alle Materialien ausbreiten. Ein Foto oder Bild als Thema auswählen und dann Papier und andere Materialien, wie Aufkleber, Bänder, Etiketten und Stempel, so auswählen, dass sie zum Thema und zur vorherrschenden Farbe passen.

2 Bedrucktes Papier in der Größe der Albumseite zuschneiden und aufkleben. Um den Hintergrund lebhafter zu gestalten, können auch mehrere kleinere Papiere versetzt aufgeklebt werden. Das verleiht dem Bild Tiefe.

3 Zum Rahmen des Fotos selbstklebende Papierspitze etwas länger zuschneiden, als der Rahmen groß ist. An den Ecken überlappend aufkleben. Dann die Ecken diagonal durchtrennen und die überschüssigen Teile abziehen. So entstehen glatte Stoßkanten.

4 Die Bilder in die fertig vorbereiteten Rahmen einkleben. Originalfotos können auch mit Fotoecken befestigt werden, um sie nicht zu beschädigen. Alternativ können Fotokopien der Originale eingeklebt werden. Die Rahmenecken mit Aufklebern verzieren.

5 Weiteren Zierrat aufkleben und ein handgemachtes Etikett mit einer Schleife an den obersten Ring der Ringbindung knoten. Einen kleinen Umschlag mit der Vorderseite aufkleben und eine »Geheime Botschaft« (siehe S. 111) darin verstecken. Zum Schluss ein kleines Herz auf die Klappe stempeln.

Papier & Pappe • Linoldruck

Linoldruck TECHNIKEN

Der Linoldruck ähnelt dem Holzschnitt, ist aber einfacher zu schneiden. Beim Druck färben die stehen gelassenen Bereiche, was weggeschnitten wird, behält die Farbe des Druckgrunds. Denken Sie beim Anlegen Ihres Bilds auf Linoleum daran, dass der Druck seitenverkehrt erscheint. Beim Schneiden sollten klare erhabene Bereiche und Stege entstehen. Zu schmale Kerben setzen sich mit Farbe zu und sind im Druck wahrscheinlich undeutlich.

Ein Motiv auf Linoleum übertragen

1 Ein einfaches Motiv kann mit Bleistift direkt auf die Linoleumplatte aufgezeichnet werden. Das Linoleum sollte fett- und staubfrei sein. Alternativ wird eine Vorzeichnung auf Papier erstellt – so kann z. B. ein Foto oder Ähnliches auf Papier durchgepaust werden. Dünnes, glattes Papier, wie etwa Transparentpapier, ist gut geeignet.

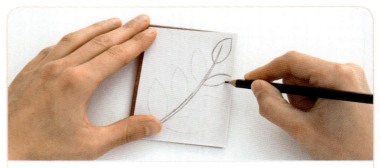

2 Ein Blatt Kohlepapier mit der Beschichtung nach unten auf das Linoleum legen und die Vorzeichnung ebenfalls mit dem Gesicht darauflegen. Die Linien sollten durch das Papier durchscheinen. Die Linien mit einem harten Bleistift auf das Linoleum übertragen.

Linoleum schneiden

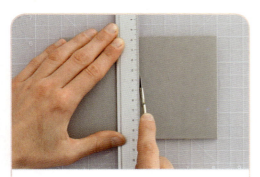

1 Linoleum ist vorgeschnitten erhältlich. Für ein eigenes Format das Linoleum auf eine Schneidematte legen und mit dem Skalpell mehrfach gerade am Metalllineal entlang schneiden, bis das Material durchtrennt ist.

2 Linoleum hat einen Juterücken. Bricht man es, wird es noch von der Jute zusammengehalten, die mit Skalpell oder Schere durchtrennt werden kann.

3 Zum Schneiden feiner Linien dient eine V-förmige Klinge, der Geißfuß. Dünne Linien müssen tief genug eingeschnitten werden, damit sie sich beim späteren Druck nicht mit Farbe zusetzen und unsauber werden.

Linoldruck • Techniken

4 Größere Flächen werden mit U-förmigen Hohleisen weggeschnitten. Sobald das Motiv fertig bearbeitet ist, alle Schnittreste abbürsten und die Linolfläche bei Bedarf von Staub und Fett reinigen.

SICHERHEIT GEHT VOR

Arbeiten Sie beim Schneiden immer auf einer rutschfesten Unterlage. Schneiden Sie immer vom Körper weg und halten Sie die zweite Hand immer hinter dem Schneidewerkzeug.

Drucken

1 Die Linoleumdruckfarbe zunächst auf einer abwaschbaren Unterlage, wie einer Glasplatte oder Fliese, ausrollen. Wasserbasierte Farben sind fast immer geeignet und die Farben können vermischt werden.

2 Sobald die Walze rundum mit Farbe bedeckt ist, die Farbe gleichmäßig auf die Linoleumplatte aufrollen.

3 Ein Blatt Papier auf die eingefärbte Linoleumplatte legen und vorsichtig mit einem Löffelrücken oder mit einer sauberen Walze andrücken.

4 Das Papier vorsichtig vom Linoleum abheben und umdrehen. Nun sieht man, ob der Druck gelungen ist oder ob die Platte nachbearbeitet werden muss.

Eine weitere Farbe hinzufügen

1 Ist die gewünschte Anzahl von Drucken in der ersten Farbe erstellt, kann eine zweite Farbe hinzukommen. Die Linoleumplatte säubern und neue Schnitte setzen.

2 Die zweite Farbe sollte dunkler sein. Das Druckmotiv mit der Walze einfärben.

3 Den Druck auf dem Papier genau über dem Motiv auf der Linoleumplatte ausrichten und andrücken. Anschließend vorsichtig abheben und das Druckergebnis kontrollieren.

Papier & Pappe • Linoldruck

Bedrucktes Briefpapier PROJEKT

Linoldruck eignet sich hervorragend, um Einladungen, Platzkarten oder auch das eigene Briefpapier mit hübschen Motiven zu verzieren. Sie können Ihr Motiv frei wählen, selbst erstellen und so oft auf Briefbögen und Umschläge drucken, wie Sie es wünschen oder benötigen. Sie müssen nur vor jedem Druck neue Farbe auftragen. In einem hübschen Karton verpackt, ist das Briefpapier auch ein elegantes Geschenk.

SIE BRAUCHEN
- Transparentpapier
- Bleistift
- Kohlepapier
- Linoleumquadrat, 7,5 cm groß
- V-förmige und U-förmige Linoleumklingen (Geißfüße und Hohleisen)
- Linoldruckfarbe in Blau auf Wasserbasis
- kleine Glasplatte oder Fliese
- Farbwalze
- Briefbögen in DIN-A5
- Löffel (oder zweite Farbwalze)
- Briefumschläge in DIN-A6

1 Wie in **Ein Motiv auf Linoleum übertragen** auf S. 114 beschrieben, das Vogelmotiv (siehe Vorlage auf S. 309) auf die Linoleumplatte übertragen.

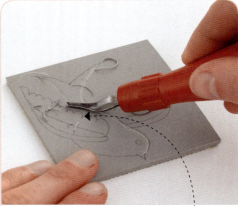

2 Die Linien zunächst mit dem schmalen Geißfuß vorschneiden und dann mit dem breiteren Geißfuß noch einmal nachschneiden, damit sie breit und tief genug sind. Dies verhindert, dass sie sich beim Drucken mit Farbe zusetzen.

3 Mit einem breiteren Hohleisen überschüssiges Linoleum aus Motiv und Umgebung wegschneiden (alle weißen Bereiche der Vorlage), damit das Motiv erhaben wird.

4 Ein wenig Farbe auf die Glasplatte oder Fliese geben und mit der Walze verteilen. Ist sie rundum bedeckt, die Linoleumplatte gleichmäßig mit der Farbwalze einfärben.

5 Ein Blatt Briefpapier so auf die Linoleumplatte drücken, dass der gewünschte Bereich (hier die obere rechte Ecke) bedruckt wird. Das Papier mit einem Löffelrücken (oder einer sauberen Farbwalze) andrücken. Die Schritte 4 und 5 so lange wiederholen, bis alle Briefbögen und Umschläge bedruckt sind.

Papier & Pappe • Papierdekorationen

Papierdekorationen TECHNIKEN

Überall auf der Welt schmücken die Menschen Partys und Feiern mit Dekorationen für eine besonders festliche Atmosphäre. Papier und Pappe sind dafür die idealen Materialien. Es ist erstaunlich, wie sehr man einen Raum mit Seidenpapier, Kordel, Pappe und ein paar gezielten Scherenschnitten verwandeln kann. Mit ein wenig Fantasie und den hier gezeigten Techniken können Sie zu jeder Gelegenheit wunderschöne Dekorationen zaubern.

Der Leporellofalz

1 Diese Faltung, auch Zickzackfalz genannt, ist für viele Projekte nützlich, wie etwa für die Papierpompons auf S. 120–121. Ein Lineal quer über das Papier legen, um die Breite der Faltung zu markieren. Das Papier entlang der Linealkante hochfalten. Die Falte von außen mit einem stumpfen Gegenstand flach andrücken.

2 Das Papier umdrehen und die Faltung wiederholen. So fortfahren, bis das gesamte Papier zickzackartig gefaltet ist. Daraus lassen sich viele hübsche Dekorationen anfertigen, indem man den gefalteten Streifen beispielsweise an einer Stelle mit einem Band zusammenbindet und fächerartig aufbiegt.

Eine Papiergirlande anfertigen

1 Eine tolle Gelegenheit, bunte Papierreste oder auch farbenfrohe Seiten aus Magazinen oder Broschüren aufzubrauchen. Das Papier an einer Kante umschlagen, auf eine Schneidematte legen und dann mit Metalllineal und Skalpell Dreiecke ausschneiden.

Doppelklebeband

2 Die Falte aufklappen und mit einem Streifen Doppelklebeband bekleben. Die Kordel für die Girlande genau oberhalb des Klebebands quer über das Dreieck legen, dann die Falte wieder zuklappen und fest andrücken.

Papierdekorationen • Techniken

Pappformen ausschneiden

1 Auch mit unscheinbaren Materialien wie Pappe lassen sich Dekorationen basteln, indem man hübsche Formen auf die Pappe zeichnet und mit dem Skalpell ausschneidet.

2 Ein Loch in die Pappform stanzen. Band oder Kordel durch das Loch ziehen und verknoten, um die Dekoration aufhängen zu können.

3 Die Formen mit 3-D-Relieffarben und Schmucksteinen dekorieren.

Ablösbare Dekorationen

1 Eine einfache Form, wie etwa eine Blüte, als Schablone ausschneiden. Die Form auf die Rückseite dekorativer selbstklebender Papiere oder Folien übertragen und ausschneiden.

2 Die Trägerfolie abziehen und z. B. Spiegel, Vasen oder Fensterscheiben mit den selbstgemachten Aufklebern verzieren. Sie können später wieder abgelöst werden.

Papierstroh herstellen

1 Seidenpapier mehrfach zusammenfalten, sodass es gut in der Hand liegt, aber noch mit der Schere schneidbar ist. In dünne Streifen schneiden.

2 Die Streifen ausrollen, anschließend sanft zusammenrollen und -knüllen, dann wieder etwas auflockern. Mit dem Stroh lassen sich beispielsweise bunte Geschenkkartons (siehe S. 140–141) oder Osternester hübsch auspolstern.

Papier & Pappe • Papierdekorationen

Papierpompons PROJEKT

Seidenpapier wirkt fragil, ist aber robuster als es aussieht und eignet sich perfekt für farbenfrohe Party-Dekorationen. Diese Pompons erinnern an riesige Löwenzahnblüten und können an unsichtbaren Fäden von der Decke oder an Baumästen hängen oder dienen als schöne Tischdeko. Sie überstehen eine sanfte Brise und Zug im Zimmer, aber keine Böen oder Regengüsse. Achten Sie auf ein einheitliches Farbthema.

SIE BRAUCHEN

- 76 × 50 cm großes Seidenpapier in verschiedenen Farben
- Schere oder Skalpell
- Lineal
- Löffel oder einen ähnlich glatten Gegenstand
- 50 cm lange Stücke Blumendraht
- Nylonfaden

1 Für einen kleinen Pompon ein Blatt Seidenpapier insgesamt drei Mal so in der Mitte falten, dass ein 25 × 19 cm großes Rechteck mit acht Lagen entsteht. Die Falten mit Schere oder Skalpell aufschneiden. Die acht Rechtecke gerade zu einem Stapel zusammenlegen.

2 Den Blattstapel von einer Schmalseite beginnend in einem 1,2 cm breiten Zickzackfalz falten. Jede einzelne Falte mit Druck mit dem Löffelrücken oder dem Griff der Schere glatt streichen.

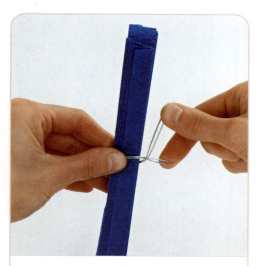

3 Den entstandenen Streifen in der Mitte mit einem Blumendraht fest zusammenbinden, aber nicht knüllen. Den Draht zur Schlaufe biegen und die Drahtenden eindrehen.

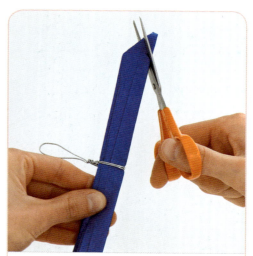

4 Je nachdem, wie der Pompon aussehen soll, die Enden des Papierstreifens zu einer Spitze oder Rundung schneiden.

5 Die Falten von außen nach innen arbeitend mit den Fingern auseinanderziehen, sodass eine kugelige, buschige Form entsteht. Zum Aufhängen ein Stück Nylonschnur durch die Drahtschlaufe fädeln.

6 Für größere Pompons acht ganze Blätter Seidenpapier zu einem Stapel aufeinanderlegen. Die Falzbreite etwas breiter wählen – rund 2,5 cm sind ideal. Die restlichen Arbeitsschritte bleiben unverändert.

Papier & Pappe • Découpage

Découpage TECHNIKEN

Découpage ist das kunstvolle Verzieren von Gegenständen mit aufgeklebten Papiermotiven. Mit mehreren Schichten Klarlack versiegelt, wirken die Papierstücke nicht mehr aufgeklebt, sondern scheinen mit dem verzierten Gegenstand zu verschmelzen. Hübsche Papiermotive finden sich überall, sei es auf Geschenkpapier, in Zeitschriften, Katalogen oder Broschüren. Im Bastelbedarf sind zudem spezielle Découpage-Papiere erhältlich.

Die Materialien auswählen

Suchen Sie nach Papier mit separaten Einzelmotiven, die sich nicht mit anderen Motiven überlappen. Solche Motive lassen sich gut einzeln ausschneiden. Falls auf einem Papierbogen nicht genügend Einzelmotive vorhanden sind, um das gewünschte Muster zu erstellen, benötigen Sie mehrere Bögen.

Die Motive ausschneiden

1 Die Motive zunächst grob ausschneiden, d. h. einen Rand um das Motiv stehen lassen.

2 Mit einer Silhouettenschere (oder einer anderen kleinen, spitzen Schere) vorsichtig an den Konturen des Motivs entlang schneiden. Dabei am besten die Schere ruhig halten und das Papier drehen, nicht umgekehrt.

3 Auch die Hintergrundteile wegschneiden, die innerhalb des Motivs liegen. Dies ist besonders wichtig, wenn der Bildhintergrund z. B. weiß ist, das Motiv aber auf einen farbigen Untergrund aufgeklebt wird.

Découpage • Techniken

Die Ausschnitte arrangieren und aufkleben

1 Zunächst ausprobieren, wo die Einzelmotive am besten wirken. So lange verschieben, bis das Gesamtmuster gefällt.

2 Jedes einzelne Motiv von hinten mit Découpage-Kleber oder mit Weißleim, der mit Wasser zu flüssiger Konsistenz verdünnt ist, einstreichen. Die Rückseite sollte vollständig bedeckt sein.

3 Die Einzelmotive an ihre vorgesehene Stelle auflegen und mit dem klebstoffgetränkten Pinsel glatt streichen, damit unter dem Papier keine Luftblasen zurückbleiben.

Das Objekt lackieren

Die aufgeklebten Papiermotive zunächst trocknen lassen, dann eine Schicht Découpage-Lack auftragen. Er ist – je nach gewünschtem Effekt – in matt und in glänzend erhältlich. Mehrere Schichten auftragen und jede Lackschicht zunächst vollständig trocknen lassen.

Weitere Verzierungen anbringen

1 Für kleine Highlights eignen sich flache, selbstklebende Ziersteine. Sie glitzern und verleihen Motiven Textur.

2 Mit Glitzer können Motive zum Funkeln gebracht werden. Klebstoff dünn mit dem Zahnstocher auf die Bereiche auftupfen, die betont werden sollen.

Glitzer

3 Den Glitzer darüberstreuen. Überschüssigen Glitzer abschütteln und dann das Ganze trocknen lassen.

123

Pappe & Papier • Découpage

Schatzkiste PROJEKT

Mit Découpage lassen sich verschiedenste Gegenstände hübsch verzieren. Eine einfache Pappschachtel wird so schnell zur Schatztruhe für Ihre Andenken. Die Schachtel sollte stabil und nicht zu klein sein. Wählen Sie dekoratives Papier mit schönen Blumen- und Blattmustern aus – wie etwa diese Stiefmütterchen – und dekorieren Sie damit den Deckel und die Seiten der Schachtel.

SIE BRAUCHEN
- bedruckte Papierbögen
- Silhouettenschere (oder eine andere kleine, spitze Schere)
- Pappschachtel mit Deckel
- weichen Pinsel
- Découpage-Kleber oder mit Wasser zu flüssiger Konsistenz verdünnten Weißleim
- Découpage-Lack auf Wasserbasis, glänzend

1 Die Motive mit der Silhouettenschere grob aus den Papierbögen ausschneiden. Dann entlang der Konturen sauber schneiden und Hintergrundbereiche ausschneiden.

2 Die Motive auf der Schachtel arrangieren, bis das Design stimmig ist. Falls nötig, weitere Motive aus den Papierbögen ausschneiden und nochmals arrangieren.

Motivrückseite

3 Die Rückseite eines Motivs, das als Anfangspunkt für das Arrangement dient, mit dem Pinsel mit verdünntem Kleber oder Leim einstreichen.

4 Das Motiv an der gewünschten Stelle auflegen und mit dem klebstoffgetränkten Pinsel glatt streichen. Die restlichen Motive nacheinander aufkleben.

5 Die Motive auf den Seiten der Schachtel auf dieselbe Weise aufkleben. Oben einen Rand frei lassen, damit der Deckel die Dekoration nicht verdeckt.

6 Idealerweise mindestens sieben Schichten Klarlack auf die Schachtel auftragen, um die Motive zu schützen. Jede Lackschicht zunächst vollständig trocknen lassen, bevor die nächste aufgetragen wird.

Papier & Pappe • Stanzen

Stanzen TECHNIKEN

Durch Stanzen können Sie Papier oder dünnere Pappe mit dekorativen Mustern verzieren. Allerdings sind nicht alle Papiersorten zum Stanzen geeignet. Maulbeerbaumpapier, Seidenpapier und einige Naturfaserpapiere sind zu weich. Durch zu dicke Pappe und Papier kommt der Stanzer nicht hindurch. Machen Sie daher immer erst eine Stanzprobe.

Eine Lampenschirmschablone anfertigen

1 Einen Lampenschirm mit der Naht nahe der Längskante auf einen großen Papierbogen legen. Die Position der Naht anzeichnen, dann den Lampenschirm rollen und mit dem Bleistift seine Oberkante dabei markieren, bis die Naht wieder den Papierbogen berührt. Die Position der Naht erneut markieren. Den Schirm nochmals rollen, um die Unterkante zu markieren.

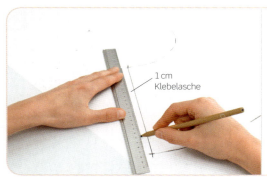

2 Ober- und Unterkantenmarkierungen je mit einer geschwungenen Linie verbinden. Die Nahtmarkierungen mit dem Lineal verbinden und 1 cm für eine Klebelasche dazugeben. Ausschneiden.

3 Die Lampenschirmschablone um den Lampenschirm legen, um ihre Größe zu kontrollieren. Falls nötig, nacharbeiten. Dann die Form auf farbiges Papier übertragen.

Stanzen

1 Bei den meisten Stanzern wird das Papier in einen Schlitz eingeführt und nur am Rand gestanzt. Daneben gibt es Langarm-Stanzer mit mehr Reichweite. Das Papier auf einer flachen Oberfläche in den Stanzer einführen und den Hebel des Stanzers kräftig herunterdrücken.

2 Um in gleichmäßigen Abständen auszustanzen, die Kanten des Stanzers als Hilfslinien nutzen (die Kante z. B. an den Rand der vorherigen Stanzung anlegen) oder zuvor Markierungen anzeichnen. Zur besseren Orientierung eine Mittelmarkierung auf dem Stanzer anbringen.

Stanzen • Techniken

3 Um farbige Elemente oder Teile einer Schrift aus bedrucktem Papier auszustanzen, den Stanzer einfach umdrehen. Den Stanzer so positionieren, dass sein Ausschnitt über der gewünschten Stelle liegt, dann stanzen.

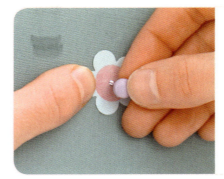

4 Neben Löchern entstehen beim Stanzen auch Papierformen. Sie können als Verzierungen aufgeklebt werden oder auf einen Untergrund gelegt, gemeinsam mit ihm gelocht und dann mit Eyelets oder Brads befestigt werden.

Einen Mittelstanzer verwenden

1 Bei größeren Mittelstanzern helfen Magnete bei der Positionierung. Den unteren Teil des Stanzers auf eine Schneidematte stellen und das Papier darüberlegen. Das Oberteil des Stanzers absenken, bis die Magneten es in Position ziehen.

2 Das Oberteil des Stanzers mit dem Handballen – oder mit beiden Händen – kräftig herunterdrücken. Der Stanzer stanzt nur, wenn das Oberteil richtig aufsitzt. Dann das Oberteil wieder abheben.

3 Mittelstanzer können überall platziert und frei gedreht werden. Soll ein Muster in engen Abständen mehrfach ausgestanzt werden, den Stanzer so aufsetzen, dass er nicht in das bestehende Muster hinein stanzt.

4 Löcher können mit Hammer und Lochstanzer ausgestanzt werden, die mit austauschbaren Spitzen für verschiedene Lochgrößen erhältlich sind. Eine spezielle Stanzmatte verwenden. Der Lochstanzer beschädigt die Schneidematte zu stark.

5 Auch mit Eyelet-Settern lassen sich Löcher stanzen. Sie werden über eine Feder ausgelöst. Das Papier auf eine Stanzmatte legen, den Stanzer aufsetzen, den Spanner betätigen und dann auslösen. Der Stanzkopf schnellt vor und stanzt ein Loch.

Pflegeanleitung für Stanzer

Stanzer sind einfach zu pflegen. Klemmende Stanzer können geschmiert werden, indem man mehrfach durch mehrere Lagen Wachspapier stanzt. Ein stumpfer Stanzer wird durch wiederholtes Stanzen durch mehrere Lagen Aluminiumfolie wieder scharf.

Papier & Pappe • Stanzen

Sternen-Lampenschirm PROJEKT

Verwandeln Sie einen schlichten weißen Lampenschirm mit einem Überzug aus farbigem, gestanztem Karton in ein Schmuckstück. Der weiße Lampenschirm scheint durch das ausgestanzte Muster hindurch. Hier wurde ein Sternstanzer verwendet, was mit dem dunklen Karton wie ein Nachthimmel wirkt. Es gibt aber unzählige Stanzmotive und viele Kartonfarben, die Sie nutzen können.

SIE BRAUCHEN
- weißen Lampenschirm
- weißes Papier für die Schablone
- Bleistift
- Lineal
- nicht zu dünnes Papier in Dunkelblau
- Schere
- Mittellocher mit Sternmuster
- Radiergummi
- doppelseitiges Klebeband

1 Die Schablone, wie in **Eine Lampenschirmschablone anfertigen** auf S. 126 beschrieben, anfertigen und auf die rechte Seite des Kartons übertragen. An einem der Enden eine 1 cm breite Lasche stehen lassen, um den Schirm verkleben zu können.

2 Das Muster entlang der Unterkante, wie in **Einen Mittelstanzer verwenden** auf S. 127 beschrieben, in 4 cm-Abständen ausstanzen – oder die linke Kante des Stanzers da ansetzen, wo zuvor seine rechte Kante lag.

Randmarkierung 1. Drittel

3 Die Schablone auf ein Drittel falten und die Drittelfaltungen mit Bleistift auf dem blauen Karton anzeichnen. 4 cm große Quadrate ausschneiden und in einem regelmäßigen und/oder zufälligen Muster auf dem ersten Kartondrittel anordnen. Die Konturen mit Bleistift markieren.

Markierungen

4 Den Stanzer auf einem der angezeichneten Quadrate positionieren. Alternativ kann auch die Grundplatte des Stanzers aufgezeichnet werden. Das Papier beim Aufsetzen des Oberteils festhalten, damit es nicht verrutscht. Das Muster austanzen. Die restlichen Quadrate ebenso ausstanzen.

5 Das Muster auf dem zweiten Drittel anzeichnen und stanzen und dann auf dem dritten. Sind alle Muster gestanzt, die Markierungen mit dem Radiergummi entfernen. Den Kartonschirm mit doppelseitigem Klebeband zusammenkleben und über den weißen Lampenschirm stülpen.

Papier & Pappe • Quilling

Quilling TECHNIKEN

Quilling, im Französischen »paperolles« genannt, ist eine jahrhundertealte Kunst, Papierstreifen in raffinierte Formen zu verwandeln. Die schmalen Streifen werden eng aufgerollt, dann wieder leicht entrollt und an bestimmten Stellen zusammengedrückt. So entstehen verschiedenste Formen, mit denen sich Muster oder Figuren kreieren lassen. Sie können für das Aufrollen einen Zahnstocher verwenden, um den Sie die Papierstreifen wickeln. Allerdings erleichtern ein Quilling-Stift und fertige Streifen die Arbeit.

Die Papierstreifen zuschneiden

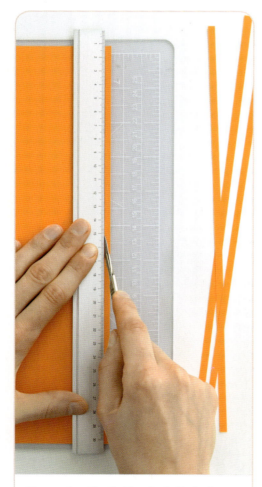

Verwenden Sie ein Lineal, ein Skalpell und eine Schneidematte, um aus farbigen Papierbögen Streifen zuzuschneiden. Die Streifen können beliebig breit sein, 3 mm ist allerdings die übliche Breite.

Die Quilling-Grundtechnik

1 Ein Ende des Papierstreifens in den Schlitz des Quilling-Stifts einlegen (oder um die Spitze des Zahnstochers wickeln).

2 Den Stift mit einer Hand drehen und das Papier mit der anderen Hand führen, damit es sich fest aufrollt.

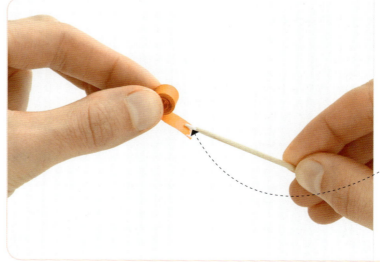

3 Die Papierrolle vom Quilling-Stift abheben. Soll die Rolle eng gewickelt verwendet werden, mit einem Zahnstocher Papierkleber auf dass äußere Ende des Streifens tupfen und festdrücken.

Quilling • Techniken

Quilling-Formen

1 Für einen Kreis die Rolle nach dem Eindrehen leicht entrollen lassen, sodass sie locker gewickelt ist, dann das Ende festkleben.

2 Eine Tropfenform entsteht, wenn die fertige Kreisform an einer Seite zwischen Daumen und Zeigefinger fest zusammenkniffen wird. Die Form kann für Blatt- und Blütenmotive genutzt werden.

3 Für eine Augen- oder Blattform die fertig geklebte Kreisform an zwei gegenüberliegenden Seiten – wie gezeigt – zwischen Daumen und Zeigefinger zusammenkneifen.

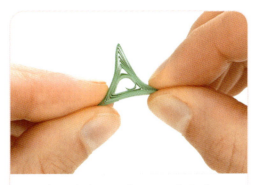

4 Ein Dreieck entsteht, wenn die fertige Kreisform an drei Stellen eingekniffen wird. Auch diese Form kann für Blatt- und Blütenmotive genutzt werden.

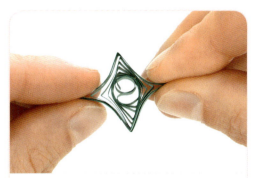

5 Kneift man den Kreis an vier Stellen ein, ergibt sich ein Rechteck oder Quadrat. Schiebt man es etwas zusammen, entsteht ein Stern.

6 Für ein Herz einen Streifen in der Mitte falten und die Enden dann aufeinander zu aufdrehen und die Rollen in der Mitte zusammenkleben.

Motive und Bilder zusammensetzen

1 Die einzelnen Formen mit kleinen Tropfen Papierkleber (der transparent trocknet) auf einen Untergrund aufkleben.

2 Aus den verschiedenen Formen Motive erstellen. Mit ihnen können dann z. B. Grußkarten, Etiketten, Bilder oder Buchumschläge verziert werden.

Papier & Pappe • Quilling

Quilling-Bild PROJEKT

Für dieses hübsche Papierbild benötigen Sie nur ganz einfache Materialien: bunte Papierstreifen, einen Quilling-Stift oder Zahnstocher und einen Karton als Untergrund. Um Ihr Bild aufhängen zu können, nutzen Sie einen recht tiefen Rahmen und hinter Glas ein Passepartout, das etwas dicker ist als die Breite der Papierstreifen, damit sie nicht anstoßen.

SIE BRAUCHEN
- 3 mm breite Papierstreifen in Blau, Gelb, Rot, Grün und Hellgrün
- Quilling-Stift
- Papierkleber
- Zahnstocher
- 25 × 20 cm großen Karton

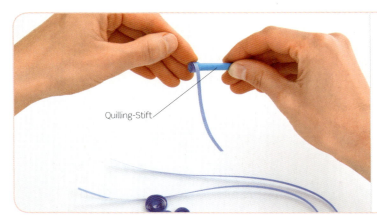
Quilling-Stift

1 Aus blauen Papierstreifen drei enge, acht leicht entrollte und vier noch stärker entrollte Kreise erstellen und die Enden festkleben.

2 Aus gelben Streifen drei eng gewickelte Kreise kleben, dann aus rotem Papier sieben Tropfenformen wickeln und verkleben.

3 Die grünen Streifen zu sechs Blattformen verarbeiten und verkleben.

4 Die hellgrünen Streifen in der Mitte falten und als Blumenstängel verwenden. Mit einem Zahnstocher ein wenig Klebstoff auf die Papierkanten geben und aufkleben. Ein gelber Kreis dient als Blütenmitte.

5 Die restlichen Formen wie im Bild gezeigt arrangieren. Wenn das Bild gefällt, die Formen an den entsprechenden Stellen aufkleben.

Papier & Pappe • Grußkarten

Grußkarten TECHNIKEN

Es macht Spaß, Grußkarten selbst zu basteln und dem Empfänger damit eine besondere Freude zu machen. Sie können Grußkarten zu allen möglichen Gelegenheiten anfertigen, zu Geburtstagen oder zu Weihnachten, als Dank, oder um »Viel Glück« zu wünschen. Und das Schönste ist, Sie benötigen dazu kein Spezialwerkzeug oder besondere Materialien. Mit Papier, Schere und Klebstoff können Sie Ihre Ideen nur so sprudeln lassen.

Grundform der Grußkarte

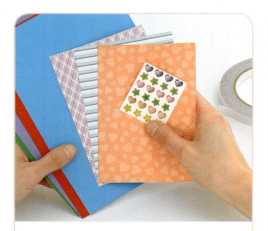

1 Karton ist in vielen Farben und Mustern erhältlich. Für Grußkarten ist besonders Karton geeignet, der stabil, aber nicht zu dick ist.

2 Ein in der Mitte gefaltetes Kartonrechteck ergibt die Grundform der Faltkarte. Den Falz mit Lineal und Schere leicht anreißen und am Lineal entlang falten. So wird der Falz sauber und gerade.

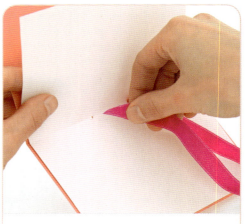

3 Ein Blatt Papier in der Größe der Faltkarte oder etwas kleiner zuschneiden, in der Mitte falten und als Schreibeinlage in die Karte einlegen. Zwei Löcher durch die aufeinanderliegenden Falze stanzen.

4 Ein Band durch die beiden Löcher fädeln und auf der Außenseite zu einer Schleife binden.

5 Mit weiteren Falzen sind andere Kartenformen möglich: Eine zweifach gefaltete Karte bietet sechs Flächen zum Verzieren (drei vorne und drei hinten). Abgerundete Ecken wirken ebenfalls sehr dekorativ.

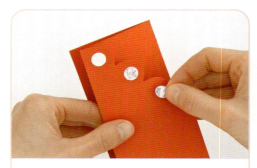

6 Eine hübsche Idee ist dieser Rand mit Bögen, die mit Aufklebern weiter verziert werden können.

Grußkarten • Techniken

Pop-up-Karten

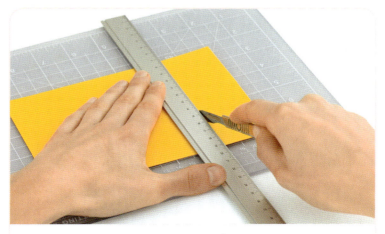

1 Pop-up-Karten bergen eine besondere Überraschung. Im rechten Winkel zum Falz zwei parallele Schnitte führen, dann zwischen den inneren Enden der Schnitte jeweils einen Falz anreißen, sodass eine rechteckige Klappe entsteht.

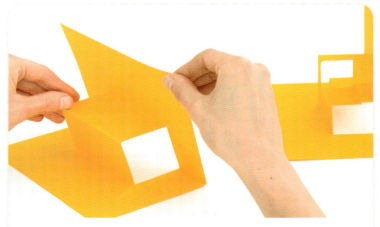

2 Den inneren Teil der Karte zum Pop-up nach innen falten. Durch ein weiteres Einschneiden dieses Bereichs entsteht eine zweite Pop-up-Ebene. Die verschiedenen Schnitte zunächst an Kartonresten austesten, damit sie korrekt sitzen.

Weitere Verzierungen

1 Papierformen aus einfarbigem oder bedrucktem Papier können als weitere Verzierungen dienen.

2 Konturenscheren schneiden dekorative Ränder. Im Bastelbedarf sind solche Scheren in unterschiedlichsten Schnittformen erhältlich.

Konturenschere

3 Die Karten mit weiteren Figuren aus Papier verzieren. Mit Schaumklebepads aufgeklebte Formen oder Figuren scheinen über dem Papier zu schweben und ergeben einen 3-D-Effekt.

135

Papier & Pappe • Grußkarten

Pop-up-Geburtstagskarte PROJEKT

Diese Karte mit Pop-up-Torte passt natürlich auch zu anderen Anlässen, wie etwa einer Hochzeit oder einem Hochzeitstag. Sie sieht sehr aufwändig aus, lässt sich aber ganz leicht und mit alltäglichen Materialien herstellen. Alles, was Sie benötigen, sind bunte Kartonreste, eine ruhige Hand und ein Skalpell. Variieren Sie je nach Anlass die verwendete Farbkombination.

SIE BRAUCHEN
- 2 Stück einfarbigen Karton, 24 × 17 cm
- Metalllineal
- Schere
- Bleistift
- Schneidematte
- Skalpell
- bedruckte und weiße Kartonreste
- Konturenschere
- Lochstanzer oder Locher
- schmales Band
- doppelseitiges Klebeband
- Aufkleber
- Klebestift

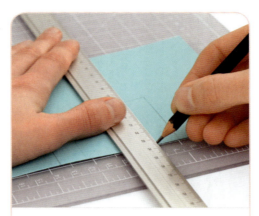

1 In der Mitte einer Karte einen Falz anreißen und die Karte falten. Von den Schmalseiten jeweils 5 cm nach innen und vom Falz im rechten Winkel 5,5 cm in die Karte einschneiden. Von diesen Schnitten je 1,5 cm nach innen abmessen und 3,5 cm lange Einschnitte machen.

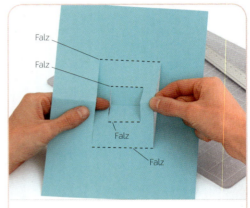

2 Zwischen den Enden der parallelen Schnitte jeweils einen Falz anreißen. Die Karte aufklappen und – wie im Bild oben gezeigt – die größere Klappe nach innen und die kleinere nach außen falten.

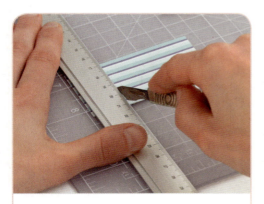

3 Aus gestreiftem Karton ein 10 × 5,8 cm großes Rechteck für die untere Ebene und ein 7 × 4,5 cm großes Rechteck für die obere Ebene zuschneiden. Für die Kerzen Einzelstreifen abschneiden. Ein 8 × 4,5 cm großes Rechteck dient als Mittelebene. Die beiden unteren Ecken rechtwinklig abschneiden, sodass es senkrecht in die Mittelklappe passt.

4 Aus dem Streifenkarton ein Stück als Abdeckung der unteren Klappe zuschneiden. Aus andersfarbigem Karton schmale Streifen schneiden, die quer auf die Tortenteile passen. Mit der Konturenschere weiße Streifen als Ränder zuschneiden. In der Mitte der bunten Streifen je zwei Löcher einstanzen, Bänder durchfädeln und zu Schleifen binden.

5 Die Streifen mit den Schleifen mit doppelseitigem Klebeband auf die Tortenebenen kleben, dann die Tortenebenen aufkleben. Testen, ob die Karte sich noch zuklappen lässt. Aufkleber als Kerzenflammen und für weitere Verzierungen nutzen.

6 In der Mitte der zweiten Karte genau wie bei der ersten Karte einen Falz anreißen und falten. Die Karte mit Klebestift von außen auf die erste Karte kleben, die Pop-up-Bereiche dabei aussparen.

Papier & Pappe • Kartons

Kartons TECHNIKEN

Es gibt unterschiedliche Methoden zur Herstellung von Kartons und Schachteln, im Französischen »cartonnage« genannt. Die einfachste Variante ist, aus Karton mithilfe einer Schablone eine Form auszuschneiden, zu falzen und zu einer Schachtel zu falten. Natürlich können Sie im Handel fertige Geschenkkartons kaufen, aber selbst das Design zu bestimmen und zu basteln macht weit mehr Spaß – und ist preiswerter.

Das Material auswählen

Wählen Sie Ihr Material sorgfältig. Für kleine Schachteln ist dünner Karton geeignet, für größere sollte er stärker sein. Kopieren (vergrößern/verkleinern) Sie die Vorlage von S. 310 auf die Rückseite des Kartons oder übertragen Sie sie mit Pauspapier.

Ausschneiden

1 Den Karton auf die Schneidematte legen und mit Lineal und Skalpell entlang der Konturen ausschneiden. Darauf achten, nicht die Falze einzuschneiden.

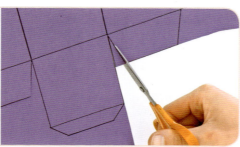

2 Man kann natürlich auch eine Schere zum Schneiden verwenden.

Falzen

1 Zum einfacheren Falten die Falze anreißen. Die gedruckten/gezeichneten Linien sollten dabei auf der Innenseite der Schachtel liegen. Das Metalllineal an die Falze anlegen und sie mit der stumpfen Seite des Skalpells anreißen.

2 Sobald alle Falze angerissen sind, alle Schachtelteile nach innen falten.

3 Die Falze von außen mit der Rückseite eines Löffels oder einem anderen stumpfen Gegenstand flach drücken. Wenn vorhanden, kann natürlich auch ein spezielles Falzbein verwendet werden.

Kartons • Techniken

Etiketten anfertigen

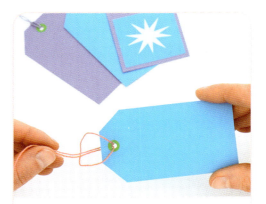

Kartonreste sind ideal für Etiketten. Kleine Rechtecke ausschneiden, dann zwei Ecken schräg abschneiden. Einen runden Aufkleber aufbringen und ein Loch einstanzen. Eine Schlaufe durch- und festziehen. Nach Lust und Laune unifarben belassen oder verzieren.

Dekorative Schleifen binden

1 Zwei Streifen Krepppapier quer zur Faser abschneiden. Ein Band zu einer Schlaufe legen, das andere an den Enden V-förmig einschneiden. Die Schlaufe auf das eingeschnittene Band legen.

2 Einen dritten Streifen zuschneiden und die Längskanten zur Mitte falten. Den Streifen zweimal um die Mitte der »Schleife« wickeln, auf der Rückseite festkleben und den Überschuss abschneiden.

Dekorative Papierblüten basteln

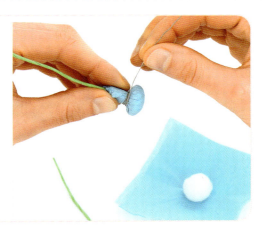

1 Für eine Blütenmitte aus Watte eine kleine Kugel formen und mit zwei bis drei Lagen Seidenpapier umwickeln. Mit feinem Draht an einem Ende eines Papierdrahts befestigen.

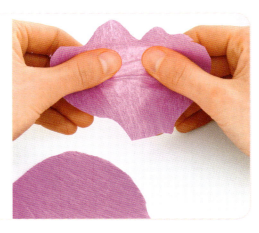

2 Blütenblätter so aus Krepppapier zuschneiden, dass die Faser längs verläuft. Die Ränder der Blätter kräuseln und die Mitte vorsichtig auseinanderziehen, sodass sie sich wölben.

3 Die unteren Ränder der Blütenblätter einzeln um die Blütenmitte drehen und mit feinem Draht befestigen. Zehn bis zwölf Blütenblätter verwenden.

4 Einen Streifen Seidenpapier auf doppelseitiges Klebeband kleben und die unteren Ränder der Blütenblätter damit umwickeln. Dann den gesamten Stiel mit dem Seidenpapierstreifen umwickeln.

Papier & Pappe • Kartons

Kleiner Geschenkkarton PROJEKT

Dieser Geschenkkarton eignet sich wunderbar für kleinere Geschenke. Mit der Schablone auf S. 310 können Sie ihn in verschiedenen Größen und Farben jederzeit nachbasteln. Karton ist in DIN-A3-Bögen (und größer) und in vielen Farben und Mustern erhältlich. Als hübsche Polsterung kann man farbiges Papierstroh aus Seidenpapier (siehe S. 119) verwenden.

SIE BRAUCHEN

- DIN-A3-Karton, unifarben oder gemustert
- Schneidematte
- Skalpell
- Metalllineal
- Schere
- doppelseitiges Klebeband
- Seidenpapier für Papierstroh (nach Wunsch)

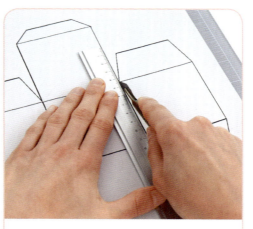

1 Die Vorlage von S. 310 auf die Rückseite des DIN-A3-Kartons übertragen und die Falze mit dem Metalllineal und der stumpfen Seite des Skalpells anreißen.

2 Den Karton mit dem Skalpell – oder nach Wunsch mit der Schere – ausschneiden. Darauf achten, nicht die Falze einzuschneiden.

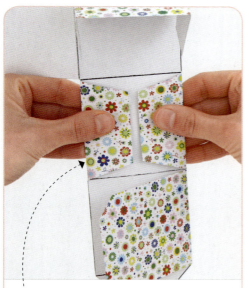

3 Alle Kartonteile entlang der Falze vorsichtig nach innen falten, sodass scharfe, saubere Kanten entstehen.

4 Doppelseitiges Klebeband auf die Klebelasche der Seitenwände aufkleben.

5 Das obere Trägerpapier abziehen und den Karton mit der Lasche so zusammenkleben, dass die Seitenteile stehen.

6 Ein Paar der größeren Laschen für den Boden nach innen klappen und an den Innenkanten mit doppelseitigem Klebeband bekleben. Die Bodenklappe so daraufdrücken, dass ihre vordere Lasche in den Karton eingesteckt ist. Die oberen Seitenlaschen und der Deckel bleiben zum Befüllen offen.

Papier & Pappe • Siebdruck

Siebdruck TECHNIKEN

Siebdruck ist eine schöne Möglichkeit, ein Motiv mehrfach anzufertigen. Schneiden Sie aus dünner Folie eine Schablone Ihres Motivs aus und legen Sie sie zwischen Sieb und Druckgrund. Dann drücken Sie die Farbe mit der Rakel durch das Sieb, um das Motiv zu drucken.

Das Sieb vorbereiten

1 Das Sieb mit warmem Wasser, Spülmittel und einer Nylonbürste von beiden Seiten sorgfältig reinigen, aber nicht einweichen. Gründlich auswaschen, mit Küchenpapier trocken tupfen und liegend trocknen lassen.

Zwei Streifen Malerkrepp

Rahmenoberkante

2 Den Siebrand an den Längsseiten mit einem Streifen Malerkrepp abkleben. Auch an der Ober- und Unterkante des Siebrahmens je zwei Streifen Malerkrepp aufkleben. So entsteht eine breite Fläche, auf der die Farbe vorbereitet werden kann. Der nicht abgeklebte Bereich ist der Druckbereich.

Die Schablone vorbereiten

Zweite Schablone

Erste Schablone

1 In diesem Beispiel wird das Motiv zweifarbig gedruckt, mit zwei roten und drei gelben Blättern. Pro Farbe wird eine Schablone benötigt. Den ersten Teil des Motivs (zwei Blätter) mit einem Marker von der Vorlage auf eine Folie übertragen. Die zweite Folie darüber legen und den zweiten Teil des Motivs (drei Blätter) auf diese Folie aufzeichnen.

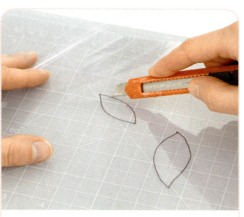

2 Die Folien einzeln auf die Schneidematte legen und die Blattformen mit dem Cutter ausschneiden. Die Folien dabei nicht wellen. Beim Schneiden immer auf die Finger achten.

Die Druckposition markieren

Eckmarkierungen der ersten Karte dienen zum genauen Ausrichten weiterer Karten.

Grundplatte

1 Die Position des Druckgrunds auf der Grundplatte markieren, damit die Drucke bei mehreren Druckdurchgängen immer an derselben Stelle landen. Dazu die erste Karte auflegen und die Lage der Ecken mit Malerkrepp markieren (die Karte sollte kleiner als die Schablone sein, damit am Rand keine Farbe überlaufen kann).

Siebdruck • Techniken

Eckmarkierungen der Schablone erleichtern das erneute Ausrichten bei weiteren Druckvorgängen.

Eckmarkierungen

2 Die erste Schablone so über der Karte positionieren, dass das Motiv mittig sitzt. Die Position der Schablone ebenfalls mit Malerkrepp markieren.

3 Das Sieb wieder an der Grundplatte befestigen und absenken. Darauf achten, dass sich die Lage von Schablone und Karte dabei nicht verändert. Sie sollten innerhalb der Markierungen liegen.

Die erste Farbe drucken

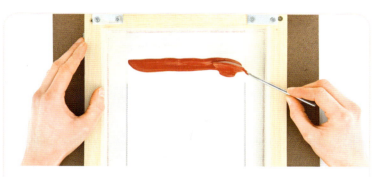

1 Die Siebdruckfarbe gründlich durchrühren. Einen Löffel Farbe auf den oberen abgeklebten Bereich des Siebs streichen. Die Farbe mit der Rakel durch das Sieb streichen. Die Rakel sollte dabei gerade sitzen und in einer Bewegung nach unten gezogen werden. Die Rakel erneut über das Sieb ziehen, damit wirklich genügend Farbe durchtritt.

2 Die überschüssige Farbe mit der Rakel wieder auf den oberen Siebteil übertragen. Den Siebrahmen öffnen und die Karte herausnehmen. Eine neue Karte einlegen und so lange weiterdrucken, bis die gewünschte Kartenzahl mit der ersten Schablone erreicht ist.

Das Sieb säubern

Die zweite Farbe drucken

Bevor mit der zweiten Farbe gedruckt werden kann, muss die Ausrüstung gereinigt werden. Überschüssige Farbe mit der Rakel vom Sieb abziehen, dann das Malerkrepp abziehen. Zügig arbeiten, damit die Farbe nicht eintrocknet. Sieb, Rakel und Schablone mit Spülmittel und Nylonbürste reinigen. Mit Küchentüchern trocken tupfen, dann trocknen lassen.

Eine der bedruckten und getrockneten Karten mit dem ersten Blattmotiv an den Eckmarkierungen ausrichten und einlegen. Die zweite Schablone an den Eckmarkierungen der ersten Schablone ausrichten, sodass sie dieselbe Position hat. Die Kanten des Siebs wie zuvor mit Malerkrepp abkleben und den Druckvorgang mit der zweiten Farbe wiederholen, bis alle Karten mit dem vollständigen Motiv bedruckt sind. Zum Schluss die Ausrüstung wie beschrieben reinigen.

Papier & Pappe • Siebdruck

Bedruckte Postkarten PROJEKT

Mit dem Siebdruck können Sie relativ einfach beliebig viele Kopien eines Motivs anfertigen. In diesem Beispiel werden Postkarten bedruckt. Sie können das Motiv auch auf eine Doppelkarte drucken, sie knicken und als Geburtstagskarte nutzen oder die Postkarte rahmen und als Bild verschenken.

SIE BRAUCHEN
- 90T Siebdruckgewebe, 36 × 25 cm groß
- Nylon-Scheuerbürste
- Spülmittel
- 2,5 cm breites Malerkrepp
- Schere
- 2 Folien (DIN A4)
- Permanent-Marker
- Schneidematte
- Cutter
- weiße Postkarten, 15 × 10 cm
- Grundplatte (Basisplatte) mit Scharnieren
- 2 Siebdruckfarben auf Wasserbasis
- Löffel
- 18 cm-Rakel mit Gummilippe
- Küchenpapier

1 Das Sieb wie in **Das Sieb vorbereiten** auf S. 142 beschrieben reinigen und trocknen lassen. Dann den Druckbereich mit Malerkrepp zunächst auf der Ober-, dann auf der Unterseite abkleben. Dabei über und unter dem Druckbereich zwei Streifen nebeneinander kleben, auf die die Farbe aufgetragen wird.

2 Die Vorlagen von S. 311 auf je eine Folie übertragen. Die Motive, wie in **Die Schablonen vorbereiten** auf S. 142 beschrieben, übertragen. Die Folien glatt übereinanderlegen, um sicherzustellen, dass sie gemeinsam ein Bild ergeben, damit sie an dieselben Eckmarkierungen angelegt werden können.

3 Eine Postkarte auf die Grundplatte legen und die Position aller Ecken markieren. Beide Schablonen über die Postkarte legen, sodass das Motiv in der Mitte der Karte liegt, und die Position der Ecken markieren. Die obere Schablone wieder abheben.

4 Die Farbe gut umrühren, dann etwas Farbe auf dem oberen, breit abgeklebten Bereich des Siebs verteilen. Die Farbe mit der Rakel durch das Sieb drücken, wie in **Die erste Farbe drucken** auf S. 143 beschrieben.

5 Sobald genügend Drucke mit der ersten Schablone gemacht wurden, das Malerkrepp abziehen und Sieb, Rakel und Schablone reinigen. Mit Küchenpapier trocken tupfen und trocknen lassen.

6 Wenn die Drucke trocken sind, das Sieb wieder mit Malerkrepp vorbereiten und den Druckvorgang mit der zweiten Schablone und einer zweiten Farbe wiederholen.

Schmuck

Schmuck

PERLENSCHMUCK • SILBERDRAHT • KALTEMAILLE • PERLENWEBEN

MODELLIERMASSE OFEN • MODELLIERMASSE LUFT • KNETSILBER

Es ist erstaunlich, wie einfach sich traumhafter Schmuck mit einfachem Zubehör und Werkzeug herstellen lässt. Auf den folgenden Seiten erfahren Sie, wie Sie aus Perlen eine Kette zaubern und sogar, wie Sie die Perlen selbst machen können.

Schon die Suche nach den geeigneten Materialien für das gewünschte Projekt ist der halbe Spaß beim Fertigen von Schmuck. Läden mit Schmuckzubehör wie Perlen aus Glas, Emaille, Metall und vielem mehr sind die reinsten Schatzkammern. Schier endlos ist die Vielfalt·der Angebote im Internet.

Neben Perlen und Silberdraht gibt es viele wunderbare Modelliermassen, zum Beispiel ofenhärtende, lufttrocknende oder Knetsilber, mit denen man experimentieren und aufregende Accessoires gestalten kann.

Für ein ganz besonderes Schmuckstück eignen sich Halbedelsteine, die sehr edel aussehen und recht preiswert sind. Oder verhelfen Sie den Perlen eines kaputten Schmuckstücks zu neuem Leben, indem Sie daraus ein neues Stück mit ganz besonderem Charme kreieren.

Dieses Kapitel bietet Ihnen die Möglichkeit, Neues auszuprobieren. Wer gerne mit Nadel und Faden arbeitet, für den ist das Armband auf S. 172–173 genau das Richtige, denn die Perlen werden mithilfe der Nadel auf dem Perlenwebrahmen verwoben. Für alle, die lieber modellieren, finden sich Projekte, in denen Perlen, Anhänger und Broschen mit verschiedenen Modelliermassen selbst hergestellt werden. Diese modernen Kneten haben nichts mit dem zu tun, womit früher in der Schule gearbeitet wurde.

Alle Projekte lassen sich leicht anpassen – so wird aus einer kürzeren Version einer Kette schnell das passende Armband. Oder Sie gestalten Ihre Ketten, Armbänder und Ohrringe mit selbst gemachten Perlen. Nutzen Sie die Techniken auch, um eigene Modelle zu entwerfen. Handgefertigter Schmuck ist immer ein schönes Geschenk, das eine ganz persönliche Note erhält, wenn es beispielsweise in den Lieblingsfarben des Beschenkten gehalten ist.

Schmuck MATERIALIEN

Einige der Materialien und Werkzeuge werden Sie bereits im Haus haben. Arbeiten Sie immer bei hellem Licht, auf einer sauberen, ebenen Arbeitsfläche und bewahren Sie scharfe Gegenstände außerhalb der Reichweite von Kindern und Tieren auf.

Perlenschmuck und Silberdraht

Schmuckdraht Nylonbeschichteter flexibler Draht in verschiedenen Dicken. Mit dem Drahtschneider schneiden und aufgerollt lagern, um Knicke zu verhindern.

Juwelierdraht In verschiedenen Dicken und Ausführungen erhältlich (z. B. gold- oder silberbeschichtet, Silberdraht, beschichteter Kupferdraht). Recht universell einsetzbar ist eine Stärke von 0,6 mm.

Perlfaden Flexibler, sehr reißfester, synthetischer Faden. Meist auf Spulen oder Karten aufgerollt und in verschiedenen Farben und Dicken erhältlich.

Perlen-Reibahle Diamantbesetzte Reibahle zum Vergrößern oder Glätten der Löcher von Perlen aus verschiedensten Materialien. Am besten ist es, Ahle und Perle vor der Bearbeitung mit Wasser anzufeuchten.

Klebstoff Knoten und Nahtstellen von Biegeringen oder Ösen mit Sekundenkleber, klarem Nagellack oder Zement-Vielzweckkleber fixieren, Strasssteine und Zubehörteile mit Zweikomponentenkleber ankleben.

Stickschere Nur für Stoff und Fäden geeignete, kleine, scharfe Schere. Papier macht sie schnell stumpf. Niemals zum Schneiden von Draht verwenden.

Fädelnadeln Sehr dünne Nadeln mit langem Nadelöhr, die leicht biegen oder brechen können. Sie sind in verschiedenen Längen erhältlich. Eine kleine Auswahl ist ratsam.

Kordeln, Riemen, dünne Bänder Perlen mit großem Loch auf Velours-, Leder- oder Baumwollkordel oder schmale Bänder fädeln. Wunderschöne glitzernde Dekokordeln sind in verschiedenen Dicken und Farben erhältlich.

Schmuck • Materialien

Endkappen mit Öse Werden um das Ende von Bändern, Kordeln oder Ketten herumgebogen. Die Öse dient zur Befestigung an Biegeringen oder Schließen.

Ohrhaken In verschiedenen Formen, von einfach gerundet bis Fischhaken oder als Stifte mit Schlaufen zum selbst Biegen erhältlich. Für Ohren ohne Loch gibt es auch Clips.

Verschlüsse Große Vielfalt an Formen, Stilen und Ausführungen, vom einfachen Federring bis hin zu Ring-Stab-Verschluss und aufwändigen, mit Steinen besetzten Schließen.

Biegeringe Dienen zum Anbringen von Verschlüssen oder von Zwischenteilen, wie Anhängern. Öffnen und Schließen durch seitliches Biegen. Niemals aufziehen, da sie sonst brechen.

Bandenden mit mehreren Ösen Zur Befestigung der Stränge mehrsträngiger Ketten mit Endstücken oder dem Schmuckdraht. Können auch für größere Ohrgehänge genutzt werden.

Kalotten Klappkapseln mit Ösen für die Enden von Ketten auf Perlfaden. Bestehen aus zwei Kapselhälften und einer Öse. Die Kapseln werden um das geknotete Fadenende gebogen.

Collierschlaufen Die Dorne fassen seitlich in die Löcher einer Perle. Sie sind von schlicht bis sehr dekorativ erhältlich – jeweils zum Stil der Perle passend.

Nietstifte Erinnern an lange Stecknadeln. In verschiedenen Längen (2,5–5,5 cm) erhältlich. Man fädelt Perlen darauf und befestigt diese mit einer Öse, sodass sie angehängt werden können.

Kugelstifte Werden wie Nietstifte verwendet, tragen aber am Ende eine Kugel oder eine andere dekorative Form (Kopfstifte), die zum Schmuckdesign beiträgt.

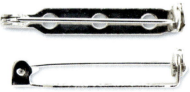

Broschennadeln Dienen beispielsweise als Träger für hübsche Designs aus Knetsilber. Mit Epoxidharzklebstoff befestigen und Kleber aushärten lassen.

Quetschperlen Kleine Metallperlen (oder Röhrchen), die am Ende eines Kettendrahts befestigt werden. Man drückt sie mit einer Crimp- oder Flachrundzange zusammen.

Achterösen Können beispielsweise verwendet werden, um Fassungen mit seitlichen Ösen zu einem Armband zu verbinden oder um Biegeringe zu ersetzen.

Schmuck • Materialien

Charms Kleine figurative Anhänger, meist aus Metall, mit Öse, um sie an Schmuckstücke anhängen zu können.

Ketten Sind als Meterware in verschiedensten Dicken und Stilen erhältlich. Ein kurzes Kettenstück, Charms an Collierschlaufen oder Biegeringen und eine Schließe ergeben so schnell ein hübsches Armband.

Zwischenteile Auch Spacer genannte Metallteile, die zum Bilden eines Musters oder zum Füllen der Kette zwischen Glasperlen oder Steinen eingefügt werden.

Strass und Chatons In Modelliermassen oder Knetsilber gedrückt, lassen sie Schmuckstücke funkeln. Chatons haben goldene oder silberne Rücken. Strass mit flachem Rücken kann aufgeklebt werden.

Perlen Als echte und Zuchtperlen seit Jahrhunderten als Schmuck beliebt. Preiswerte Kunstperlen sind in sanften Farben und verschiedenen Formen erhältlich.

Kleine Perlen Rocailles, Miyuki Delica und andere kleine Perlen eignen sich gut für Perlenweberei. Als Abstandhalter zwischen größeren Perlen sorgen sie dafür, dass Ketten geschmeidig fallen.

Glas- und Kunststoffperlen Sind in unendlich vielen Formen, Größen und Farben erhältlich. Durch ihr geringes Gewicht sind Kunststoffperlen besonders bei großen Ohrgehängen von Vorteil.

Kristallperlen Swarovski-Perlen sind von höchster Qualität und funkeln so enorm, dass bereits wenige Steine ein Schmuckstück erstrahlen lassen. Facettierte Formen, wie Doppelkegel, sind besonders dekorativ.

Tropfenperlen und Anhänger Haben ein Loch an einem Ende, sodass sie mit Collierschlaufen angehängt werden können. Größere geschliffene Glastropfen eignen sich gut als Blickfang einer Kette.

152

Schmuck • Materialien

Schmuck-Drahtschneider Schmuckdrähte am besten immer mit Drahtschneidern oder Seitenschneidern schneiden. Das kleinere Schmuckwerkzeug ermöglicht präzisere Schnitte als die größeren Handwerker-Versionen.

Schmuck-Rundzange Zum Formen von Schlaufen und Ösen und zum Öffnen und Schließen von Biegeringen – dabei greift die Rundzange in den Ring und mit der Flachrundzange wird er seitlich aufgebogen.

Schmuck-Flachrundzange Halbrunde Flachzange zum Zusammendrücken von Quetschperlen, Collierschlaufen und Endkappen, sowie zur Arbeit mit Biegeringen. Quetschperlen werden mit der Spitzzange flach.

Schmuck-Crimpzange Nicht absolut notwendig, aber eine hübsche Ergänzung. Runde Ausbuchtungen sorgen dafür, dass Quetschperlen beim Zusammendrücken ihre runde Form behalten.

Kaltemaille

Kaltemaille-Farben Kaltemaille (Kunstharz) muss nicht gebrannt werden sondern härtet mit einem Härter. Die Farben sind mischbar.

Kaltemaille-Härter Kaltemaille wird mit einem Härter angerührt, sodass sie an der Luft trocknet. Für das Mischverhältnis immer die Angaben des Herstellers beachten und 24 Stunden trocknen lassen.

Schmuckrohlinge und -fassungen Sehr elegant wirkt Kaltemaille auf Schmuckrohlinge aufgetragen oder in eine Fassung eingesetzt. Eine Fassung ist ein Trägerring, der Rohling eine Platte.

Schmuck • Materialien

Perlenweben

Perlwebrahmen Kleiner Webrahmen mit Holzwalzen, die die Kettfäden beim Weben unter Spannung halten. Die Anzahl der Kettfäden ist immer um eins höher als die Zahl der Perlen in einer Reihe.

Nylonfaden Zum Perlenweben eignen sich kräftige Nylonfäden aus mehreren Einzelfäden. Sie sind in verschiedenen Farben erhältlich.

Modelliermassen

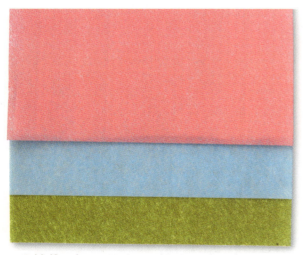

Schleifwerkzeug Kanten und Grate an der gehärteten Modelliermasse mit feinem Schleifpapier oder Schleifblöcken glätten. Für enge Stellen eignen sich feine Reibahlen.

Gummistempel und Strukturformen Sind im Bastelbedarf mit verschiedensten Motiven erhältlich. Mit ihnen kann man Modelliermassen formen und ihnen ein hübsches Muster verleihen.

Haftfreie Unterlage Eine Seite aus einem DIN-A4 Kunststoffregister ist ideal, um Modelliermasse darauf zu verarbeiten. Für Knetsilber eignen sich sogar Dauerbackfolien oder Spielkarten.

Ofenhärtende Modelliermasse Härtet im Backofen aus. Es gibt eine große Farbpalette, unter anderem mit Glitter, durchscheinend und in Metall-Optik.

Lufttrocknende Modelliermasse Härtet bei Raumtemperatur aus. Manche Modelliermassen schrumpfen beim Trocknen leicht. Reste in Frischhaltefolie eingeschlagen in einem luftdichten Behälter aufbewahren.

Schmuck • Materialien

Flexible Klinge Dünne Klingen, die hervorragend durch Modelliermassen schneiden. Sie lassen sich biegen und schneiden so auch Rundungen. Die Klingen immer in einem stabilen Behälter aufbewahren.

Ausstecher Kleine Metallausstecher erlauben das präzise Ausstechen von Formen. Sie sind in Bastel- und Haushaltswarenläden erhältlich.

Cutter Schmale Cutter erlauben das saubere Zuschneiden mit einer Schablone. Stumpfe Klingen austauschen, da die Schnitte sonst nicht gerade werden.

Modellierstäbchen Erleichtern das Ausformen und Glätten der Modelliermasse. Häufig auch als Set passend zur Masse erhältlich. Für sehr feine Details eignen sich auch Stecknadeln.

Feuerfeste Platte und Brennsieb Beim Härten des Knetsilbers mit dem Handgasbrenner die Arbeitsfläche schützen. Dafür ein Brennsieb aus Edelstahl auf eine Mineralfaserplatte legen. Zudem kann man beim Brennen ein Brenngitter über das Schmuckstück stülpen.

Pinzette Zum Aufnehmen und Einsetzen kleiner Objekte – wie etwa Strasssteine – in die Modelliermasse. Die Steine mit der Pinzettenspitze in die Modelliermasse drücken.

Holzspieße Perlen aus ofenhärtender Modelliermasse im Ofen auf Spieße gesteckt aushärten lassen. Die Spieße dabei auf den Rändern des Backblechs auflegen.

ZUDEM BRAUCHEN SIE ...

Bandmaß Zum Abmessen von Ketten- und Armbandlängen ist ein flexibles Bandmaß oder ein Maßband geeignet. Bei Ketten sind Längen von 40 cm, 45 cm sowie 52–63 cm recht gängig und beliebt.

Malerkrepp Um das Ende eines Schmuckdrahts oder Fadens gewickelt, verhindert es, dass Perlen beim Auffädeln heruntergleiten.

Millimeterpapier Sehr hilfreich zum Anlegen von Mustern beim Perlenweben. Jedes Kästchen des Papiers repräsentiert eine Perle, jede Linie einen Faden.

Messbecher Zum Anrühren von Kaltemaille sind kleine Plastikbecher ideal. Für das genaue Abmessen von Mengen sind geeichte Messbecher aber besser geeignet.

Holzspatel oder Cocktailstäbchen Praktisch zum Anrühren von Kaltemaillefarben mit Härter. Die Stäbchen eignen sich auch zum Stechen von Löchern in Modelliermasse und zum Auftragen von Sekundenkleber oder Klarlack auf Schmuckfassungen.

Polier- und Glättwerkzeuge Knetsilber nach dem Brennen mit Edelstahl- oder Messingbürste, Poliervlies, Polierpapier oder Poliertuch glänzend aufpolieren. Mit einer Metallhäkelnadel oder dem Rücken eines Teelöffels glätten.

Frischhaltefolie Unbenutzte Modelliermasse in Frischhaltefolie einschlagen, damit sie nicht austrocknet. In luftdichten Behältern gelagert, ist sie doppelt geschützt.

Haftfreie Rollen Modelliermassen mit haftfreien Rollen ausrollen. Kleine Spezialroller aus Kunststoff sind im Bastelbedarf erhältlich. Nach Verwendung immer reinigen.

Vaseline oder Olivenöl Hände und Werkzeuge bei der Arbeit mit Knetsilber mit einem leichten Film Vaseline oder Olivenöl einreiben, damit die Knete nicht haften bleibt.

Talkumpuder Bestäuben von ofenhärtender und lufttrocknender Modelliermasse, Werkzeugen und Händen verhindert, dass die Masse festklebt.

Schmuck • Perlenschmuck

Perlenschmuck TECHNIKEN

Um Schmuck selbst anzufertigen, müssen Sie nur ein paar einfache Techniken beherrschen. Die nützlichsten Schmuckwerkzeuge sind Drahtschneider, Flachrundzange und Rundzange. Mit ein wenig Übung gelingen saubere Ösen und Schlaufen, mit denen man wunderbar Perlen, Steine und andere traumhafte Schmuckutensilien anhängen oder auffädeln kann.

Eine einfache Schlaufe formen

1 Eine Perle auf einen Niet- oder Kugelstift stecken – oder zunächst eine Rocaille aufstecken, falls ihr Loch zu groß ist. Den Draht mit dem Drahtschneider etwa 8 mm über der Perle abschneiden.

2 Das Drahtende mit der Rundzange fassen und den Draht am oberen Ende der Perle im rechten Winkel nach außen biegen.

3 Den Draht mit einer Drehung des Handgelenks zu einer Schlaufe biegen. Das Drahtende loslassen, erneut greifen und zu einem geschlossenen Kreis weiter eindrehen. Ein Tropfen Sekundenkleber verschließt die Nahtstelle.

Eine umwickelte Schlaufe formen

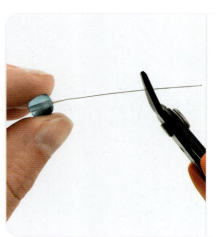

1 Eine Perle auf einen Niet- oder Kugelstift stecken und den Draht mit dem Drahtschneider rund 4 cm oberhalb der Perle abschneiden.

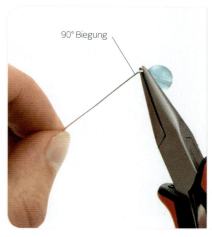

2 Den Draht direkt oberhalb der Perle mit der Flachrundzange greifen. Den Draht dahinter mit den Fingern im rechten Winkel umbiegen.

Perlenschmuck • Techniken

3 Den Draht mit der Rundzange zu einem geschlossenen Kreis biegen, sodass der Drahtrest im rechten Winkel zum aus der Perle ragenden Draht steht.

4 Mit der Rundzange in die Schlaufe greifen und gut festhalten. Dann mit den Fingern das Drahtende eng um das gerade aus der Perle ragende Drahtstück wickeln.

5 Den überschüssigen Draht mit dem Drahtschneider nahe der Perle abknipsen. Das Drahtende mit der Rundflachzange eng andrücken.

Eine Collierschlaufe befestigen

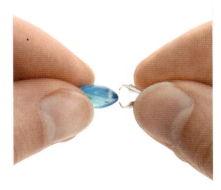 

1 Eine Collierschlaufe hat zwei Dorne, mit denen sie in Perlen oder Anhänger greift. Die offene Seite der Collierschlaufe aufbiegen, bis die Lücke zwischen den Dornen groß genug für den Anhänger ist. Dann den Anhänger auf einen Dorn setzen.

2 Die Collierschlaufe mit der Flachrundzange zudrücken. Hat die Collierschlaufe keine Öse, wird sie nun an einen Biegering gehängt (siehe unten), damit der Anhänger nicht zur Seite weist.

Einen Biegering befestigen

1 Mit Biegeringen werden Schließen und Anhänger an Ketten befestigt. Einen Biegering mit zwei Zangen greifen und den Ring vorsichtig seitlich so weit aufbiegen, dass die Öse des anzubringenden Teils durch die Öffnung passt.

2 Den Ring wieder mit beiden Zangen greifen und vorsichtig seitlich zubiegen, bis die Öffnung wieder geschlossen ist. Ein mit einem Zahnstocher aufgetupfter Tropfen Sekundenkleber oder klarer Nagellack verschließt den Spalt an der Nahtstelle.

Schmuck • Perlenschmuck

Perlen auffädeln

Malerkrepp

Den Draht oder Perlfaden an einem Ende mit Malerkrepp umwickeln, damit die Perlen nicht herunterrutschen. Dann die Perlen auffädeln. Dabei von der Kettenmitte nach außen arbeiten. So kann die Kettenlänge durch Zugeben oder Wegnehmen von Perlen auf beiden Seiten angepasst werden.

Eine Quetschperle anbringen

1 Eine Quetschperle ist eine kleine Metallperle, die das Drahtende fixiert. Den flexiblen Kettendraht durch die Quetschperle, dann durch einen Biegering und dann zurück durch die Quetschperle fädeln. Den Draht so ziehen, dass die Quetschperle 4 mm hinter den Perlen und 4 mm vor der Schließe sitzt.

2 Die Quetschperle in die hintere Kerbung der Crimpzange legen und zusammendrücken. Die Quetschperle hat nun eine halbrunde Form. Wer keine Crimpzange hat, kann sie einfach mit der Flachrundzange flach drücken.

3 Die Quetschperle nun in die vordere Einkerbung legen und zusammendrücken, um sie wieder zu runden. Durch leichtes Drehen der Perle kann die Form perfektioniert werden.

4 Den überschüssigen Draht mit dem Drahtschneider möglichst nah hinter der Quetschperle abkneifen. Am anderen Kettenende wiederholen.

Kalotten anbringen

1 Kalotten bestehen aus zwei verbundenen Halbschalen mit einer Öse. Mit ihnen lassen sich die verknoteten Enden von Perlfäden kaschieren. An beiden Fadenenden eine Kalotte aufziehen und einen kräftigen Knoten machen. Überschüssigen Faden abschneiden und die Knoten jeweils in die Halbschale einer Kalotte kleben.

2 Die Kalotten mit der Flachrundzange zusammendrücken. Durch die Ösen der Kalotten jeweils einen Biegering einführen und fest verschließen. Daran können nun Schließen befestigt werden.

Perlenschmuck • Techniken

Kettenschließen befestigen

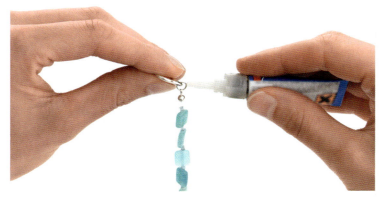

1 Den Biegering an einem Kettenende mit Hilfe von zwei Zangen aufbiegen. Die Öse einer Schließenhälfte auf den Biegering setzen.

2 Den Biegering mit den Zangen wieder zubiegen und die Nahtstelle mit einem Tropfen Sekundenkleber oder klarem Nagellack fixieren. Das zweite Schließenteil am anderen Ende ebenso befestigen.

Endkappen befestigen

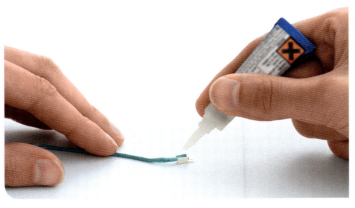

1 Mit Endkappen werden die Enden von dickeren Fädelmaterialien fixiert. Kordel, Riemen oder schmales Band in das offene Ende einer Endkappe legen und mit Sekundenkleber fixieren. Den Klebstoff trocknen lassen.

2 Die beiden Flügel der Endkappe mit der Flachrundzange nach innen über die Kordel biegen und die Endkappe zusammendrücken. Dann an der Öse der Endkappe einen Biegering befestigen

Einen Ohrhaken bestücken

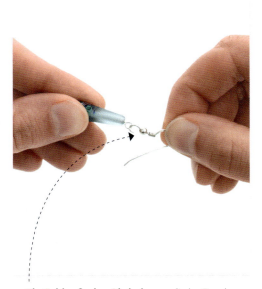

Die Schlaufe des Ohrhakens mit der Rundzange aufbiegen und einen Anhänger auf den Draht stecken. Die Schlaufe mit der Rundzange wieder zusammenbiegen.

Schmuck • Perlenschmuck

Perlenkette PROJEKT

Zwei zarte Herzformen bilden den Blickfang dieser zweifarbigen Perlenkette aus Zuchtperlen und führen ihre beiden Stränge zusammen. Da Zuchtperlen häufig sehr kleine Löcher haben, benötigen Sie für dieses Projekt eine sehr feine Fädelnadel. Achten Sie darauf, zu beiden Seiten der Herzen die gleiche Anzahl Perlen aufzufädeln.

SIE BRAUCHEN

- 1,60 m weißen Perlfaden
- Stickschere
- Malerkrepp
- 2 kurze, feine Fädelnadeln
- 2 herzförmige Perlmuttperlen, je 1,2 cm
- 128 runde, naturweiße Süßwasserzuchtperlen, 3 mm
- 104 längliche, aprikosenfarbene Süßwasserzuchtperlen, 4 mm
- 6 runde, naturweiße Perlen, 7 mm
- 2 goldene Kalotten
- Flachrundzange
- 2 goldene Biegeringe, 4 mm
- Rundzange
- Ring-Stab-Verschluss, goldfarben

1 Zwei 80 cm lange Stücke Perlfaden zuschneiden. Die Fäden in der Mitte mit Malerkrepp zusammenkleben, damit die Perlen nicht abrutschen. Wenn von innen nach außen aufgefädelt wird, kann das Muster einfach nach Wunsch variiert werden. Die Fäden durch das Öhr je einer kurzen Fädelnadel ziehen. Beide Nadeln von der Herzspitze her durch die erste Herzperle führen.

2 Die Fäden trennen und 16 runde 3 mm-Perlen auf den einen Faden und 13 aprikosenfarbene Perlen auf den anderen fädeln. Danach beide Fäden durch eine der 7 mm-Perlen fädeln. Diese Abfolge noch dreimal wiederholen: Die Fäden trennen und 16 runde 3 mm-Perlen auf einen Faden fädeln und 13 aprikosenfarbene Perlen auf den anderen.

3 Die Länge der Kette und den Sitz der Perlen vor dem Spiegel kontrollieren. Nach Wunsch Perlen zugeben oder entnehmen. Die offenen Fadenenden dann mit einem Stück Malerkrepp fixieren und das Malerkrepp in der Fadenmitte entfernen. Nun für die andere Kettenhälfte mit der zweiten Herzperle beginnen und den zweiten Doppelstrang auffädeln.

4 Die Fäden der fertigen Kette an beiden Enden mit einer Kalotte fixieren und jeweils einen Biegering an den Ösen befestigen. Den Ring der Schließe an einem der Biegeringe und den Stabverschluss am Biegering am anderen Kettenende befestigen.

Schmuck • Silberdraht

Silberdraht TECHNIKEN

Mit Silberdraht und Perlen lassen sich schlichte Schmuckstücke oder Accessoires wie Haarkämme, Haarreifen oder Armreifen auf einfache Weise wunderschön verzieren. Oder Sie fertigen mit dieser Technik hübsche Anhänger für Ketten und Armbänder. Verwenden Sie Draht mit 0,4 mm oder 0,6 mm Stärke. Achten Sie darauf, dass die Drahtenden immer außen liegen, damit Sie sich nicht verletzen.

Verdrillte Perlenstäbe herstellen

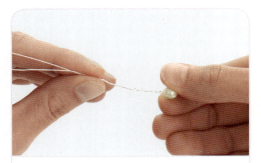

1 Eine Perle auf einen Draht aufziehen. Die Perle festhalten und die beiden Drahtenden zu einem 5 cm langen Stab verdrillen. Auf einer Seite dahinter ein 5,5 cm langes Drahtende stehen lassen.

2 Das andere (längere) Drahtende nach oben biegen und eine zweite Perle aufziehen, bis sie etwas unterhalb der ersten Perle sitzt. Den Draht hinter der Perle zu einem Stab verdrillen, der genau am Fuß des ersten Stabs endet.

3 Das lange Drahtende wieder umbiegen und eine dritte Perle so aufziehen, dass sie unterhalb der zweiten Perle sitzt. Den Draht dahinter wieder zu einem Stab verdrillen, der ebenfalls am Fuß der beiden anderen Stäbe endet.

Einen Haarkamm mit Perlenstäben verzieren

1 Das kurze Drahtende der Perlenstäbe um den Haarkamm biegen, sodass sie auf der Außenseite enden. Überschüssigen Draht abschneiden. Die Enden mit der Flachrundzange flachdrücken.

2 Das lange Drahtende mehrfach um die Zinken des Haarkamms schlingen und den Draht dabei fest anziehen.

3 Das Drahtende durch die Zinken flechten und dabei nach Wunsch Perlen aufziehen. (Siehe **Mit Perlen umwickeln**, Schritt 2 und 3, gegenüber.)

Silberdraht • Techniken

Mit Perlen umwickeln

1 Ein 5 cm langes Drahtende stehen lassen. Den Draht viermal um den Armreif schlingen, mit dem Drahtschneider auf der Außenseite abschneiden und flach andrücken.

2 Eine Perle auffädeln und gegen den Armreif drücken. Den Draht dahinter wieder fest um den Armreif schlingen. Auf diese Weise weitere Perlen am Armreif fixieren.

3 Wird der Draht zu kurz, das Ende viermal um den Armreif schlingen und auf der Außenseite abschneiden. Das Drahtende mit der Flachrundzange fest an die Außenseite andrücken. Dann ein neues Drahtstück genau an dieser Stelle ansetzen und weitere Perlen aufziehen.

Einen durchgängigen Perlenstrang fixieren

Am Ende des Perlenstrangs den Draht viermal um den ersten Drahtansatz schlingen. Auf der Außenseite abschneiden und das Drahtende mit der Flachrundzange flach andrücken.

Eine Perlenreihe beenden

Am Ende der Perlenreihe den Draht viermal um den Haarkamm schlingen und den überstehenden Draht auf der Außenseite abschneiden. Das Drahtende mit der Flachrundzange flach andrücken.

Einen Anhänger fertigen

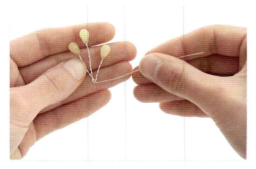  

1 Das kurze Drahtende der verdrillten Perlenstäbchen auf Höhe der Stäbchenfüße abschneiden und das andere Drahtende im rechten Winkel abbiegen.

2 Den Draht direkt hinter dem Winkel mit der Rundzange fassen und um die Rundzange herum zu einer Öse formen. Das Drahtende steht im rechten Winkel ab.

3 Das Drahtende oberhalb der Öse eng um die verdrillten Stäbe wickeln und den Überschuss abschneiden. Das Drahtende mit der Flachrundzange fest anrücken.

Schmuck • Silberdraht

Glitzernder Haarreif PROJEKT

Dieser hübsche Haarreif ist ein Kopfschmuck für besondere Gelegenheiten. Er ist mit kleinen Perlenstäben verziert und auf beiden Seiten mit Perlen umwickelt. Schmale Haarreifen zum Verzieren sind im Bastelbedarf oder auch in Drogeriemärkten erhältlich. Für diesen Haarreif wurde eine Mischung aus Kristall- und Glasperlen sowie Süßwasserzuchtperlen verwendet, was sehr edel wirkt.

SIE BRAUCHEN
- 8 m Silberdraht in 4 mm Stärke
- Drahtschneider
- Auswahl an 3–6 mm großen Perlen in verschiedenen Farben (Kristall, Glas, Halbedelsteine und Zuchtperlen)
- Haarreif, versilbert
- Flachrundzange

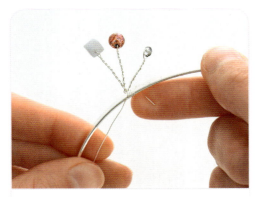

1 Ein 1 m langes Stück Draht zuschneiden und wie auf S. 162 beschrieben **Verdrillte Perlenstäbe herstellen**. Die Perlenstäbe in der Mitte auf den Haarreif setzen und das kurze Drahtende so um den Reif schlingen, dass es außen endet. Bei Bedarf einkürzen. Das Drahtende mit der Flachrundzange fest an den Haarreif andrücken.

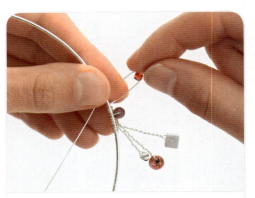

2 Das lange Drahtende viermal fest um den Reif schlingen. Dann eine Perle aufstecken, sodass sie direkt auf dem Reif sitzt. Den Draht erneut viermal um den Reif schlingen. Das Drahtende hochbiegen, eine Perle aufstecken und 2 cm über dem Reif festhalten, dann den Draht bis zum Reif hinunter verdrillen. Anschließend den Schritten 2 und 3 unter **Verdrillte Perlenstäbe herstellen** auf S. 162 folgen.

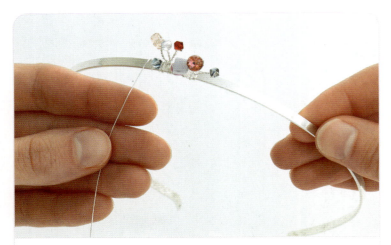

3 Den Draht viermal um den Reif schlingen und auf die gleiche Weise weiterhin Einzelperlen und Perlenstäbe von der Mitte nach außen arbeitend an den Haarreif anbringen.

4 Wird das Drahtende zu kurz, wie in Schritt 3 unter **Mit Perlen umwickeln** auf S. 163 beschrieben ein neues Stück Draht ansetzen. Auf diese Weise etwa 8,5 cm des Reifs verzieren.

5 Ein 1,50 m langes Drahtstück abschneiden. Den Reif dann, wie auf S. 163 beschrieben **Mit Perlen umwickeln**. Etwa 2 cm vor dem Ende des Reifs enden. Das Drahtende wie in **Eine Perlenreihe beenden** auf S. 163 beschrieben befestigen. Die zweite Hälfte des Haarreifs auf dieselbe Weise verzieren. Dazu in der Reifmitte erneut einen Draht ansetzen.

Schmuck • Kaltemaille

Kaltemaille TECHNIKEN

Für Kaltemaille benötigen Sie keine Spezialausrüstung. Mit ein wenig Härter versetzt werden die Farben steinhart und entwickeln einen schönen Glanz. Kaltemaille ist in vielen Farben erhältlich, die sich auch mischen lassen. Mit Kaltemaille kann man wunderbar Metallfassungen und Schmuckrohlinge gestalten. Besonders attraktiv wirken verschlungene Muster in Kontrastfarben oder auch eingearbeiteter Glitter.

Verschiedene Farben mischen

Zum Mischen eigener Farben die Farben erst anrühren, dann den Härter beigeben. Die Farben dazu in einen Mischbecher gießen oder tropfen und dann mit einem Mischstab oder Zahnstocher verrühren.

Den Härter zugeben

1 Die Menge des Härters muss genau abgemessen werden: Auf zwei Teile Farbe kommt ein Teil Härter. Zwei Teile Farbe in einen Mischbecher und einen Teil Härter in einen zweiten Becher geben.

2 Den Härter zur Farbe gießen und vermischen. Etwa zehn Minuten ruhen lassen und darauf achten, dass sich keine Blasen bilden. Die Masse bleibt etwa eine Stunde formbar. Gleichzeitig eine zweite Farbe anrühren.

Das Metall säubern

Während die Farben ruhen, die Fassung mit Reinigungsbenzin und einem weichen Tuch von Fett und Staub säubern.

Die Kaltemaille auftragen

1 Die Fassung oder den Rohling flach hinlegen. Die Kaltemaille mit dem Mischstab oder Zahnstocher in die Vertiefung tropfen.

2 Die Kaltemaille mit dem Stäbchen gleichmäßig auf dem Rohling bis an den Rand verteilen. 24 Stunden trocknen lassen.

Kaltemaille • Techniken

Rohlinge gerade positionieren

Eine zweite Farbe auftragen

Stütze aus Knetmasse

Oft kann ein Rohling nicht flach hingelegt werden. Dann benötigt er zum Auftragen der Emaille und zum Trocknen eine Stütze. Diese lässt sich ganz einfach aus Knetmasse bauen.

1 Wird eine zweite angerührte Farbe direkt nach ihrer Ruhezeit auf die erste aufgetragen, verläuft sie auf der ersten Farbe. Trägt man sie mit dem Zahnstocher auf, kann man hübsche Wirbel erzeugen.

2 Alternativ die zweite Farbe noch einmal zehn Minuten ruhen lassen und dann auftragen. Sie verläuft nun nicht mehr so bereitwillig.

Kaltemaille als Relief

Glitter auftragen

1 Eine Hintergrundfarbe auf den Rohling auftragen und zwei Stunden trocknen lassen. Den Rohling auf ein Stück Papier legen und mit Glitter bestreuen. Überschüssigen Glitter nicht abschütteln. 24 Stunden trocknen lassen.

Eine Hintergrundfarbe auftragen und 24 Stunden trocknen lassen. Dann mit einem Zahnstocher kleine Tropfen in verschiedenen Farben auf den Hintergrund tupfen. Sie stehen erhaben auf dem Untergrund. 24 Stunden trocknen lassen.

2 Klare Hartemaille mit Härter anrühren (siehe **Den Härter zugeben**, gegenüber). Nach der Ruhezeit über den Glitter und die Hintergrundfarbe auftragen. Nochmals 24 Stunden trocknen lassen.

167

Schmuck • Kaltemaille

Armband PROJEKT

Dieses hübsche Armband ist ein wunderbares Einsteigerprojekt in die Kaltemaille-Technik. Die Kaltemaille wird auf Fassungen aufgetragen, die an beiden Seiten Ösen tragen und mit Achterösen verbunden werden können. Das Armband besteht aus fünf Fassungen und ist etwa 18 cm lang. Wenn Sie es kürzer oder länger arbeiten möchten, müssen Sie nur eine Fassung weglassen oder an einem Ende ein paar Biegeringe anfügen.

SIE BRAUCHEN
- Kaltemaille in Hellblau und Mintgrün
- 3 Mischbecher
- Härter für Kaltemaille
- Mischstäbchen (nach Wunsch)
- Zahnstocher
- 5 ovale silberfarbene Fassungen mit je zwei Ösen, 3 cm lang
- Reinigungsbenzin
- weiches Tuch
- 6 silberfarbene Achterösen
- Flachrundzange
- 2 silberfarbene Biegeringe
- silberfarbene Ring-Stab-Schließe
- Rundzange

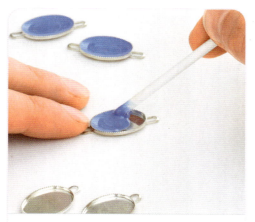

1 Die beiden Kaltemaillefarben wie in **Den Härter zugeben** auf S. 166 beschrieben vorbereiten. Während sie ruhen, die Fassungen mit Reinigungsbenzin und weichem Stoff säubern. Die hellblaue Farbe mit dem Mischstäbchen oder Zahnstocher gleichmäßig auf den Fassungen verteilen.

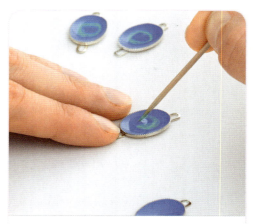

2 Die Fassungen und die mintgrüne Farbe weitere zehn Minuten ruhen lassen. Dann mit dem Zahnstocher einen mintgrünen Kreis auf den blauen Hintergrund auftragen. Das Ganze 24 Stunden trocknen lassen.

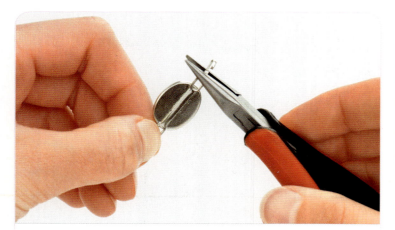

3 Eine Seite einer Achteröse an einer Öse der Fassung befestigen. Diese Seite der Achteröse mit der Flachrundzange zusammendrücken. An der anderen Seite der Achteröse eine zweite Fassung befestigen. Alle Fassungen auf diese Weise verbinden.

4 Nun Achterösen an den noch freien Ösen der ersten und letzten Fassung befestigen und mit der Flachrundzange fest zudrücken. An der freien Seite der Ösen jeweils einen Biegering anhängen.

5 Den Stabteil der Schließe an einen der Biegeringe anhängen und den Ring mit zwei Zangen schließen. An den Biegering am anderen Ende des Armbands den Ringteil der Schließe anhängen und ihn ebenfalls fest zubiegen.

Schmuck • Perlenweben

Perlenweben TECHNIKEN

Beim Perlenweben entsteht ein schmales Perlenband. Sie benötigen immer einen Kettfaden mehr als Perlen in einer Reihe sind. Fertigen Sie sich auf Millimeterpapier ein Webmuster an. Jedes ausgemalte Kästchen steht für eine Perle. Nähen Sie das Band auf ein Leder- oder Kunstlederband auf oder versehen Sie es wie auf S. 172–173 mit Knebelknöpfen, und schon können Sie sich mit einem zauberhaften Armband schmücken.

Den Webrahmen vorbereiten

1 Die Kettfäden 30 cm länger als die Länge des Perlenbandes zuschneiden. Die Fäden an einem Ende verknoten. Das Bündel in der Mitte teilen und den Knoten um den Nagel in einer der Walzen legen.

Flügel-
schraube
anziehen

2 Die Fäden spannen und auf die Walze aufrollen, bis hinter der zweiten Walze nur noch 15 cm überstehen. Die Walze mit der Flügelschraube feststellen. In jeden Spalt der Spirale einen Faden einlegen.

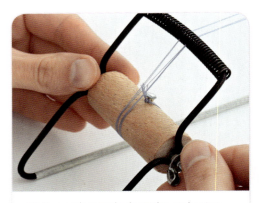

3 Das andere Ende der Fäden verknoten und um den Nagel der zweiten Walze legen. Die zweite Walze lösen und drehen, bis die Fäden gespannt sind. Die Flügelschraube wieder anziehen.

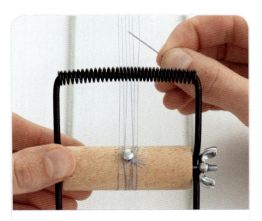

4 Die Fäden mit einer Nadel separieren und einzeln in die Spalten der Spirale einlegen. Falls nötig, die Flügelschraube erneut lösen und die Fäden durch Drehen der Walze spannen. Die Flügelschraube anschließend wieder festziehen.

Mit Perlen weben

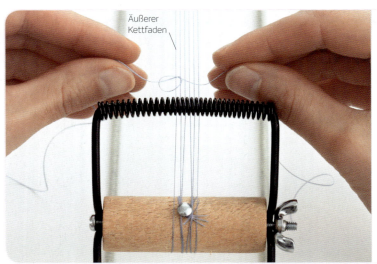

Äußerer
Kettfaden

1 Einen langen Faden auf eine Perlenwebnadel fädeln. Dies wird der Schussfaden. Den Schussfaden an einen der äußeren Kettfäden nahe der Spirale anknoten und etwa 15 cm Faden stehen lassen.

Perlenweben • Techniken

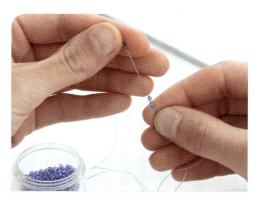

2 Mithilfe der Nadel die Perlen für die erste Reihe auffädeln. Bei komplizierten Mustern nach Vorlage arbeiten. Hier wurden sechs Kettfäden gespannt, also werden fünf Perlen verwendet.

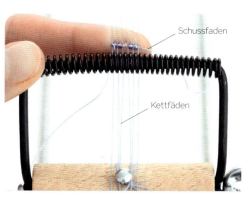

3 Den Schussfaden mit den Perlen quer unter die Kettfäden legen und die Perlen mit dem Finger hochdrücken, sodass jeweils eine Perle zwischen zwei Kettfäden liegt.

4 Die Nadel mit dem Faden oberhalb der Kettfäden durch die Perlen führen, sodass die erste Reihe Perlen an den Kettfäden hängt. Die Perlen für die zweite Reihe auffädeln und dies wiederholen.

Einen neuen Schussfaden ansetzen

Wird der Schussfaden zu kurz, fädelt man ihn durch ein paar Perlenreihen zurück. Einen neuen Faden an einem äußeren Kettfaden verknoten und 15 cm Faden überstehen lassen. Wie zuvor Perlenreihen anfügen.

Die obere Spirale ist erreicht

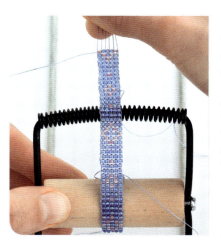

Wenn das Perlenband die obere Spirale erreicht, die Flügelschrauben an beiden Walzen lösen und das Band auf die untere Walze aufwickeln. Die Fäden wieder spannen und bis zur gewünschten Bandlänge weiterweben.

Die Fäden verweben

1 Die Flügelschrauben an den Walzen lösen und das Band abwickeln. Die überstehenden Enden der Schussfäden mit der Nadel durch mehrere Perlenreihen hin- und zurückführen und so verweben. Überstehenden Faden abschneiden.

2 Mit einer kurzen Nadel die Kettfäden einzeln vom Ende her abwechselnd unter und über die Schussfäden führen und so verweben. Überstehenden Faden nahe am Band abschneiden.

Schmuck • Perlenweben

Perlenarmband PROJEKT

Weben Sie aus Perlen in passenden Farben schicke Armbänder, die Sie über den Manschetten Ihrer Lieblingsbluse tragen können. Auf Seite 309 finden Sie die Vorlage für das dezente Streifenmuster dieses Armbands. Das hier gezeigte Armband ist 18 cm lang. Für ein längeres oder kürzeres Band müssen Sie nur die Anzahl der Reihen von beiden Enden her erhöhen oder verringern.

SIE BRAUCHEN
- Perlenwebrahmen
- Nylonfaden in Flieder (z. B. Nymo-Faden)
- Schere
- 10 g Miyuki Delica-Perlen der Größe 15/0 in Flieder
- 4 g Miyuki Delica-Perlen der Größe 15/0 in Grün
- 10 g Miyuki Delica-Perlen der Größe 15/0 in Violett
- lange Fädelnadel
- kurze Fädelnadel
- 2 Perlen mit 8 mm Durchmesser in Flieder

1 Wie auf S. 170 in **Den Webrahmen vorbereiten** beschrieben, 17 Kettfäden à 45 cm aufspannen. Mit einem 1 m langen Schussfaden das Muster von S. 309 wie in **Mit Perlen weben**, **Einen neuen Schussfaden ansetzen** und **Die obere Spirale ist erreicht** auf S. 170-171 beschrieben weben. Dann wie auf S. 171 beschrieben **Die Fäden verweben**, nur die Fäden drei, vier, 13 und 14 an beiden Enden unverwebt lassen.

2 Für die Knebelknöpfe den dritten und vierten Kettfaden in eine kurze Nadel fädeln. Vier fliederfarbene Perlen auffädeln: erst zwei Delica-Perlen, dann eine 8 mm-Perle und wieder eine Delica-Perle. Den Faden durch die 8 mm-Perle und die zwei Delica-Perlen wieder zurückführen. Den Faden so anziehen, dass die Perlen fest am Ende des Perlenbands anliegen.

3 Die Fäden teilen. Einen Faden in eine kurze Nadel fädeln und durch die vierte Perle der untersten Perlenreihe ziehen. Den Faden dann noch einmal durch die Perlen für den Knebel führen, um ihn zu sichern.

4 Nun den Faden mit der Nadel vom Webende her über und unter den Schussfäden durchführen und das Fadenende abschneiden. Den zweiten Faden in die Nadel fädeln und durch dieselbe Perle führen wie in Schritt 3, aber in entgegengesetzter Richtung. Den Faden wie zuvor verweben und das überschüssige Ende abschneiden.

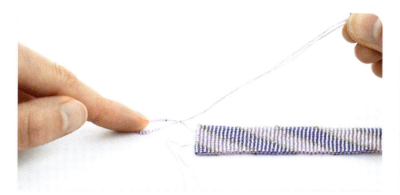 

5 Den zweiten Knebel auf dieselbe Weise mit dem dreizehnten und vierzehnten Faden anfertigen. Für die Schlaufen am anderen Bandende den dritten und vierten Faden in eine kurze Nadel fädeln. 22 fliederfarbene Delica-Perlen auffädeln und die Fäden wieder durch die erste Perle zurückführen.

6 Die Fäden anziehen, sodass die Schlaufe am Ende des Bands anliegt. Austesten, ob die Schlaufe über den Knebel passt und ihn festhält. Die beiden Fäden trennen und einen in eine kurze Nadel fädeln. Die Nadel durch die vierte Perle der letzten Reihe und dann erneut durch die Schlaufe führen. Den Faden wie in Schritt 4 beschrieben verweben. Die zweite Schlaufe auf dieselbe Weise mit den Fäden 13 und 14 anfertigen.

Schmuck • Modelliermasse Ofen

Modelliermasse Ofen TECHNIKEN

In Millefiori-Technik lassen sich aus ofenhärtender Modelliermasse (z. B. Fimo®) schöne Perlen herstellen. Die Technik ist der venezianischen Glaskunst entliehen. Dabei werden Trägerperlen mit dünnen Scheiben gemusterter Rollen bedeckt. Die Modelliermasse zunächst weich kneten und regelmäßig die Hände waschen, um die Farben nicht zu mischen.

Farben mischen

Würste aus Modelliermasse in verschiedenen Farben verkneten. Für einen Marmoreffekt die Masse mehrfach strecken, verdrillen und zusammenlegen. Durch weiteres Verkneten entsteht eine einheitliche Mischfarbe.

Modelliermasse ausrollen

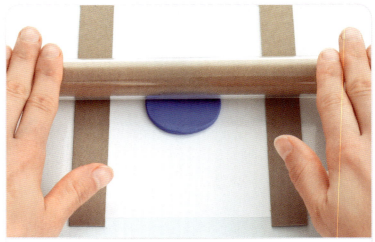

Um eine bestimmte Dicke zu erhalten, die Masse mithilfe von Kartonstreifen ausrollen. Die Dicke kann durch unterschiedlich dicken Karton oder mehrere Lagen Modelliermasse variiert werden.

Ein Spiralmuster fertigen

1 Modelliermasse in zwei verschiedenen Farben 1 mm dünn ausrollen. Aufeinanderlegen und mit einer Klinge zu einem 5 cm großen Quadrat schneiden. Zwei gegenüberliegende Kanten mit der Rolle abflachen.

2 Die beiden Lagen von einer der abgeflachten Kanten her eng aufrollen. Die fertige Rolle auf einer glatten Oberfläche hin- und herrollen, um die Naht zu glätten. Die Enden gerade abschneiden.

Modelliermasse Ofen • Techniken

Ein Blütenmuster fertigen

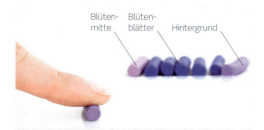

1 Modelliermasse in drei Farben zu 6 mm dicken Rollen formen – eine für die Blütenmitte, fünf für die Blütenblätter und zwei für den Hintergrund. Auf 3 cm Länge kürzen.

2 Modelliermasse in einer vierten Farbe für den Rand der Blütenblätter 1 mm dünn ausrollen. In fünf 3 × 2 cm große Rechtecke schneiden und um die Blütenblattrollen wickeln.

3 Die Blütenblattrollen mit dem helleren Rand nach außen um die Blütenmitte anordnen. Die Hintergrundrollen längs vierteln und je ein Viertel zwischen zwei Blütenblattrollen legen. Mit der Hand hin- und herrollen, um die Rolle zu glätten.

Eine Trägerperle formen

4 In der Hintergrundfarbe einen 2 mm dünnen Streifen ausrollen und um die Blüte wickeln. Hin- und herrollen, um die Naht zu glätten. Die Rolle weiter rollen, um sie zu strecken oder, wie unten erklärt, Anhänger fertigen. Die Enden glatt abschneiden.

1 Aus Modelliermasse eine Perle rollen und mit einer dicken Nadel ein Loch hindurchstechen. Das Loch mit der Nadel vergrößern und formen. Für Perlen, die bedeckt werden, eignen sich Modelliermassenreste.

2 Mit der Klinge dünne Scheiben von der Spiralmusterrolle abschneiden und auf die Perle drücken, sodass ihre Ränder aneinanderstoßen. Lücken mit farblich passenden Resten füllen. Die Perle glätten und das Loch nachstechen.

Anhänger fertigen

Von der Blütenmusterrolle 4 mm dicke Scheiben abschneiden. Mit einer dicken Nadel am Rand ein Loch einstechen. Die Anhänger auf Backpapier gelegt nach Herstellerangaben im Ofen aushärten. Die fertigen Anhänger an Collierschlaufen befestigen (siehe S. 157).

Perlen backen

Perlen zum Backen auf Holzspieße oder kräftigen Draht fädeln. Die Spieße oder den Draht über eine ofenfeste Form legen und die Perlen so im Backofen nach Herstellerangaben aushärten.

175

Schmuck • Modelliermasse Ofen

Handgemachte Perlen PROJEKT

Machen Sie aus Ihren selbstgemachten Perlen eine tolle Kette. Darunter sind auch gepunktete Perlen, die schnell und einfach zu fertigen sind. Durch schlichte Zwischenperlen kommt das hübsche Muster noch mehr zur Geltung und die Kette fällt geschmeidiger. Zwischenperlen aus Glas oder Metall sorgen für eine interessante Optik.

SIE BRAUCHEN

- Kunststoff-Unterlage
- ofenhärtende Modelliermasse in Hellgrau, Dunkelblau, Türkis und Mittelblau, plus Reste
- 2 Kartonstreifen, je 2 mm dick
- Kunststoffrolle
- Klinge und dicke Nadel
- Holzspieße zum Backen der Perlen
- 80 cm langen Schmuckdraht
- Klebeband
- 2 silberne Quetschperlen
- 2 silberne Biegeringe
- Crimp- oder Flachrundzange
- Kettenschließe

1 Auf der Unterlage eine 3,5 cm große hellgraue Kugel und eine 1,5 cm große dunkelblaue Kugel aus Modelliermasse zu Mittelgrau verkneten. Je eine 2 cm große Kugel aus hellgrauer und türkisfarbener Modelliermasse zu hellem Türkis verkneten.

2 Wie auf S. 175 beschrieben **Ein Blütenmuster** fertigen, das eine dunkelblaue Mitte und hell türkisfarbene Blätter mit grauen Rändern vor mittelblauem Hintergrund hat. Die Rolle 8 mm dick rollen. Aus Resten eine 2 cm dicke Trägerperle rollen und mit der Nadel ein Loch hindurchstechen. Ein Band aus Blumenmusterscheiben um die Mitte der Perle legen.

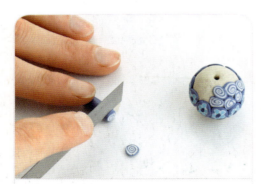

3 Wie auf S. 174 beschrieben **Ein Spiralmuster** fertigen, das innen hellgrau und außen mittelblau ist. 4 cm der Rolle abschneiden und 6 mm dünn ausrollen. Den Rest der Rolle 8 mm dünn rollen. Von der dünneren Rolle Scheiben abschneiden und über und unter dem Band aus Blumenmuster auf die Perle drücken. Die Perle durch Rollen glätten und das Loch nachstechen.

4 Aus Resten eine 2 cm dicke, vier 1,5 cm dicke und vier 1,2 cm dicke Perlen formen Zwei Perlen jeder Größe mit Blumenmusterscheiben und die restlichen Perlen mit Scheiben der 8 mm dicken Spiralmusterrolle bedecken.

5 Für die gepunkteten Perlen aus mittelblauer Modelliermasse vier 1,5 cm dicke, vier 1,2 cm dicke und vier 1 cm dicke Perlen formen und Löcher hindurchstechen. Die mittelgraue Modelliermasse zu einer 1 mm dünnen Rolle formen, Scheiben abschneiden und in die mittelblauen Perlen drücken. Die Perlen glätten und die Löcher nachstechen. 26 hellgraue Zwischenperlen formen.

6 Wie auf S. 175 beschrieben die **Perlen backen**, dann auf den Kettendraht fädeln. Die größte Perle bildet die Mitte, nach außen hin werden die Perlen immer kleiner. Zwischen zwei gemusterten Perlen sitzt je eine Zwischenperle. Wie auf S. 158 beschrieben **Eine Quetschperle anbringen** und, wie auf S. 159 beschrieben, eine **Kettenschließe befestigen**.

Schmuck • Modelliermasse Luft

Modelliermasse Luft TECHNIKEN

Einige lufttrocknende Modelliermassen werden mit Härter versetzt. Mischen Sie hier die Farben erst, nachdem Sie den Härter eingearbeitet haben. Stechen Sie dann die benötigte Menge ab und bewahren Sie den Rest luftdicht auf. Achtung: Modelliermassen schrumpfen beim Härten!

Arbeit mit zwei Komponenten

Bei zwei Komponenten Modelliermasse und Härter zu gleichen Teilen nach Angabe des Herstellers miteinander verkneten. Eine der Komponenten glänzt normalerweise. Nach dem Verkneten sollten keine glänzenden Streifen mehr sichtbar sein.

Farben mischen

Die Farben nach dem Verkneten der Komponenten mischen. Dazu Rollen verschiedener Farbe miteinander verdrillen und zusammenkneten, bis eine einheitliche Farbe erreicht ist. Reste in Frischhaltefolie einschlagen und in luftdichten Behältern aufbewahren.

Die Modelliermasse ausrollen

Die Modelliermasse zwischen zwei Kartonstreifen auf eine Unterlage legen. Damit die Masse nicht kleben bleibt, die Rolle vor dem Ausrollen mit ein wenig Puder bestreuen. Die Dicke der Kartonstreifen bestimmt die Dicke der ausgerollten Modelliermasse.

Mit Schablonen arbeiten

1 Aus Backpapier eine Schablone ausschneiden und auf die ausgerollte Masse legen. Mit dem Cutter um die Schablone herumschneiden, dann die Schablone abheben.

2 Die überschüssige Modelliermasse abheben und in Frischhaltefolie eingeschlagen in einem luftdichten Behälter aufbewahren, damit sie nicht austrocknet.

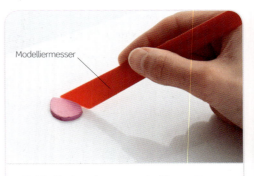

3 Die Kanten der ausgeschnittenen Form mit einem Modelliermesser glatt drücken. Dann die Klinge flach hinlegen, von der Seite unter die Form schieben und sie vorsichtig vom Untergrund lösen.

Modelliermasse Luft • Techniken

Mit Ausstechern arbeiten

Den Ausstecher fest durch die ausgerollte Modelliermasse drücken. Die überschüssige Masse wegnehmen und in Frischhaltefolie eingeschlagen in einem luftdichten Behälter aufbewahren. Den Ausstecher abheben und die Form mit einem Messer lösen.

Ein Loch stechen

Die Form glatt hinlegen und mit einer dicken Nadel ein Loch durchstechen. Bei dreidimensionalen Formen die Form vorsichtig in der Hand halten und dann das Loch mit der Nadel durchstechen.

Mit Schmuckrohlingen arbeiten

Eine nicht schrumpfende Modelliermasse und einen Rohling mit Rand wählen. Die Modelliermasse in der Mitte auf den Rohling setzen und dann mit dem Daumen nach außen an den Rand heran drücken.

Strass und Chatons aufsetzen

Strasssteine oder Chatons mit der Pinzette oder der angefeuchteten Fingerspitze auf die Modelliermasse setzen. Die Position bei Bedarf vorsichtig korrigieren. Die Steine sachte mit der Pinzette in die Masse drücken.

Dreidimensionale Formen fertigen

Für dreidimensionale Formen die Modelliermasse auf geeignete Objekte, wie etwa einen Strohhalm oder einen Löffel, legen, um ihr z. B. eine Wölbung zu geben. Alternativ zusammengeknüllte Frischhaltefolie verwenden.

Die Modelliermasse trocknen

Die Masse an der Luft nach den Angabe des Herstellers vollständig aushärten lassen. Normalerweise dauert dies 24 Stunden. Die gehärtete Masse kann nach Wunsch mit feinem Schleifpapier oder einer Feile nachbearbeitet werden.

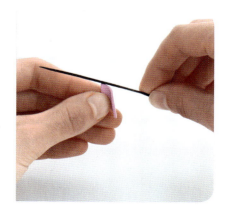

Schmuck • Modelliermasse Luft

Blütenanhänger PROJEKT

Modellieren Sie zarte Blüten und schmücken Sie damit eine lange Kette. Die Blütenmitte gestalten Sie mit glitzernden Kristall-Chatons und hängen die Blüten dann an Nietstiften an eine Kette aus Silber- und Kristallperlen. Am besten arbeiten Sie nie an mehr als drei Blüten gleichzeitig, damit die Modelliermasse auch formbar bleibt.

SIE BRAUCHEN

- Backpapier
- Bleistift
- Schere
- je 20 g lufttrocknende Modelliermasse in Weiß und Violett
- Cutter
- Frischhaltefolie
- Kunststoff-Arbeitsunterlage
- 1 mm dicke Kartonstreifen
- Talkumpuder
- Kunststoffrolle
- Modelliermesser
- Modellierstab, gerundet
- 18 hellviolette Chatons, 1 mm Durchmesser
- Pinzette
- dicke Nadel
- silbernen Nietstift, 5 cm
- 2 silberne Nietstifte à 2,5 cm
- Drahtschneider
- Rundzange
- Klebstoff
- 90 cm langen Kettendraht
- 32 hellviolette Doppelkegel-Kristallperlen, 4 mm Durchmesser
- 260 silberne Rocailles
- 2 silberne Quetschperlen
- 2 Biegeringe
- Crimp- oder Flachrundzange
- Kettenschließe

1 Die Blütenvorlage von S. 309 auf Backpapier übertragen und ausschneiden. Bei der **Arbeit mit zwei Komponenten** zunächst die Komponenten wie auf S. 178 beschrieben, verkneten. Eine 1,5 cm große Kugel weißer mit einer 1 cm großen Kugel violetter Modelliermasse zu hellvioletter Masse verkneten und in drei Teile teilen. Zwei Teile in Frischhaltefolie einschlagen.

2 Den dritten Teil, wie auf S. 178 in **Die Modelliermasse ausrollen** beschrieben, 1 mm dünn ausrollen. Mit Hilfe der Schablone eine Blüte ausschneiden. Überschüssige Modelliermasse entfernen, die Schablone abziehen und die Ränder mit dem Modelliermesser glätten. Aus der überschüssigen Masse eine 5 mm große Kugel rollen und zu einem Kegel formen. Den Rest wieder in Frischhaltefolie einschlagen.

3 Die Blüte mit der Klinge vorsichtig vom Arbeitsuntergrund abheben und mit Hilfe eines gerundeten Modellierstabs in die gewünschte Form bringen. Dann die Kegelform aufsetzen, andrücken und die Naht mit dem Modelliermesser glatt verstreichen.

4 Die Blüte vom Modellierstab lösen und die Blütenblätter aufbiegen. Die Blüte mit einer Hand halten, mit einer Pinzette drei Chatons in die Mitte setzen und mit der Pinzettenspitze leicht andrücken.

5 Mit einer dicken Nadel ein Loch durch den Kegel stechen. Aus den beiden in Schritt 1 beiseitegestellten Kugeln zwei weitere Blüten formen. Alle Schritte mit einem frisch verkneteten Stück Modelliermasse wiederholen. Die Blüten trocknen lassen. Wie in **Eine einfache Schlaufe formen** auf S. 156 beschrieben, vier Blüten an dem langen Nietstift und die beiden restlichen Blüten je an einem der kurzen Nietstifte befestigen.

6 Den langen Nietstift, drei Kristallperlen, einen kurzen Nietstift und dann 13 Reihen aus einer Kristallperle und zehn silbernen Rocailles auf eine Hälfte des Kettendrahts fädeln. Die Reihenfolge ab den drei Kristallperlen auf der anderen Hälfte wiederholen. Zum Schluss, wie auf Seite 158 und 159 beschrieben, **Eine Quetschperle anbringen** und **Eine Kettenschließe befestigen**.

Schmuck • Knetsilber

Knetsilber TECHNIKEN

Knetsilber sieht zunächst völlig unspektakulär aus, verwandelt sich beim Brennen aber in schönstes Edelmetall. Das Material gehört zu den Art-Clay-Modelliermassen und ist auch als Knetgold, Knetkupfer und Knetbronze erhältlich. Es besteht aus feinem Edelmetallstaub, Bindemittel und Wasser und kann auf dem Gasherd oder mit dem Lötbrenner gebrannt werden.

Das Knetsilber vorbereiten

Nur so viel Knetmasse abtrennen, wie benötigt wird. Den Rest in Frischhaltefolie einschlagen und in einem luftdichten Behälter lagern. Die Knetmasse in Frischhaltefolie eingeschlagen weich kneten.

Das Knetsilber ausrollen

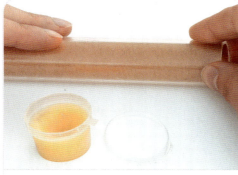

1 Die Rolle dünn mit Vaseline oder Olivenöl einreiben, damit die Knete nicht daran kleben bleibt.

2 Die Knete auf eine Kunststoff-Arbeitsunterlage legen und mithilfe von Kartonstreifen 2 mm dünn ausrollen. Die Rolle dazu auf beiden Seiten auf die Kartonstreifen auflegen.

Eine Struktur einprägen

Einen Gummistempel oder eine Strukturschablone mit etwas Vaseline oder Olivenöl bestreichen und fest auf die ausgerollte Knete drücken. Vorsichtig wieder abheben.

Das Knetsilber ausstechen

1 Den Ausstecher mit Vaseline oder Olivenöl bestreichen und fest durch die ausgerollte Knete drücken. Überschüssige Knete entfernen und den Ausstecher abheben.

2 Die überschüssige Knete sofort in Frischhaltefolie einschlagen und in einen luftdichten Behälter legen. Die Ränder der Knetform mit dem Modelliermesser glätten.

Knetsilber • Techniken

Ein Loch einstechen

Die Knetmasse schrumpft beim Brennen um 8–10 %. Daher sollte das Loch ausreichend groß ausgestochen werden. Eine dicke Nadel oder ein Trinkhalm eignen sich gut zum Ausstanzen des Lochs.

Die Knetmasse schleifen

1 Die Knetmasse mehrere Tage trocknen lassen. Weil sie dadurch spröde wird, die Ränder vorsichtig mit Schleifpapier glätten.

2 Das Loch bei Bedarf mit einer Rundfeile erweitern. Dies ist auch nach dem Brennen noch möglich, dann aber schwieriger.

Auf dem Gasherd brennen

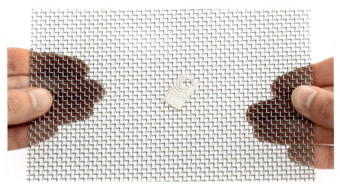

Das Stück auf ein Brennsieb legen. Das Brennsieb über einen Gasbrenner legen, die Flamme zünden und auf höchste Stufe drehen. Die Knete raucht ein paar Sekunden. Zehn Minuten brennen, die Gasflamme löschen und das Stück abkühlen lassen.

Das Metall polieren

1 Das Schmuckstück nach dem Erkalten mit einer weichen Messingbürste seidenmatt polieren. Für starken Glanz erst mit feuchtem groben und dann mit feuchtem feinen Polierpapier polieren.

2 Abschließend mit einem Poliertuch bearbeiten. Dies lässt erhabene Stellen besonders stark glänzen. Auch das Reiben mit einer Metallhäkelnadel oder einem Löffelrücken sorgt für Glanz.

SICHERHEITSHINWEIS

Die Herstellerangaben genau beachten. Schmuckstücke nur bis zu einem Durchmesser von 3 cm auf dem Gasherd brennen. Die Knetmasse muss durchgetrocknet sein, sonst platzt sie beim Brennen. Zur Sicherheit noch ein Brenngitter darüber legen.

Alternative zum Gasherd: Beim Brennen mit dem Handgasbrenner das Schmuckstück auf dem Brennsieb auf eine Mineralfaserplatte legen. Den Handgasbrenner im 45°-Winkel so halten, dass er 5 cm Abstand zum Schmuckstück hat. Die Flamme um das Schmuckstück bewegen und die Angaben des Herstellers beachten. Für weitere Tipps siehe auch S. 301 unter SCHMUCK, PERLEN, SILBERDRAHT – Knetsilber brennen.

Schmuck • Knetsilber

Knetsilberbrosche PROJEKT

Diese hübsche Vogelbrosche besteht aus 99,9-prozentigem Silber und eignet sich gut als Geschenk – sollten Sie sich denn davon trennen können! Der Vogel wird seidenmatt, der Flügel hochglänzend aufpoliert. Für die Verzierungen benötigen Sie nur ein paar Stecknadeln. Zum Schluss hängen Sie zwei mit Perlen besetzte Kugelstifte an und geben dem Vogel so Beinchen.

SIE BRAUCHEN

- Backpapier
- Stift
- Schere
- 12 g Knetsilber
- Frischhaltefolie
- Kunststoff-Arbeitsunterlage
- 2 Streifen Karton à 2 mm Stärke
- Vaseline oder Olivenöl
- Kunststoffrolle
- Cutter
- Künstlerpinsel, mittlere Stärke
- Glas mit Wasser
- dicke Nadel
- Modelliermesser
- Rundkopfstecknadel
- etwas dickere Stecknadel
- feines Schleifpapier
- Rundfeile
- Brennsieb
- weiche Messingbürste
- Polierpapiere
- Poliertuch
- 2 Kugelstifte aus Sterlingsilber à 3,5 cm Länge
- 2 blaue Perlen, 5 mm Durchmesser
- 2 Reisperlen aus Sterlingsilber, 4 mm Durchmesser
- Rundzange
- Broschennadel
- Zweikomponentenkleber

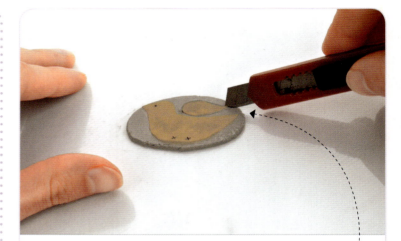

1 Die Vorlagen für Vogel und Flügel von S. 309 auf Backpapier übertragen und ausschneiden. Wie auf S. 182 beschrieben **Das Knetsilber vorbereiten**, dann 2 mm dünn ausrollen. Die Schablone auf die Knete legen und mit dem Cutter ausschneiden. Die Schablone abheben. Die überschüssige Knete abziehen und sofort in Frischhaltefolie eingeschlagen in einen luftdichten Behälter legen.

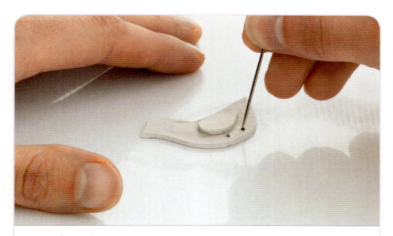

2 Die Flügelform vorsichtig mit dem Cutter von der Unterlage lösen. Die Unterseite mit Wasser anfeuchten und den Flügel auf den Vogel legen. An den in der Vorlage angegebenen Stellen mit der Stecknadel zwei Löcher einstechen. Die Löcher mit der Nadel erweitern, da die Knete beim Brennen schrumpft.

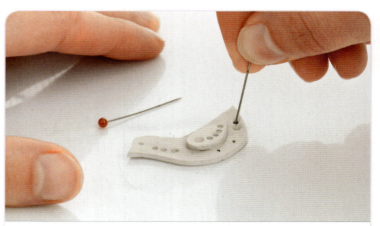

3 Die Ränder der Vogelform mit dem Modelliermesser glätten. Die Augen des Vogels mit dem Kopf der Stecknadel eindrücken. Auch die anderen Löcher auf diese Weise eindrücken. Größere runde Vertiefungen erhält man mit der Kugel der Rundkopfstecknadel.

4 Wie auf S. 183 beschrieben, **Die Knetmasse schleifen** und **Auf dem Gasherd brennen**. Beide Seiten mit der weichen Messingbürste seidenmatt polieren, dann den Flügel mit feuchtem Polierpapier auf Hochglanz bringen. Dem Flügel abschließend mit dem Poliertuch den letzten Schliff geben.

5 Je eine blaue und eine silberne Perle, wie auf S. 156 unter **Eine einfache Schlaufe formen** beschrieben, auf einen Kugelstift fädeln. Die Schlaufe eines Stifts öffnen, in eines der Beinlöcher einhängen und mit der Rundzange wieder verschließen. Den zweiten Kugelstift anhängen. Zum Schluss den Vogel auf eine Broschennadel kleben.

Keramik & Glas

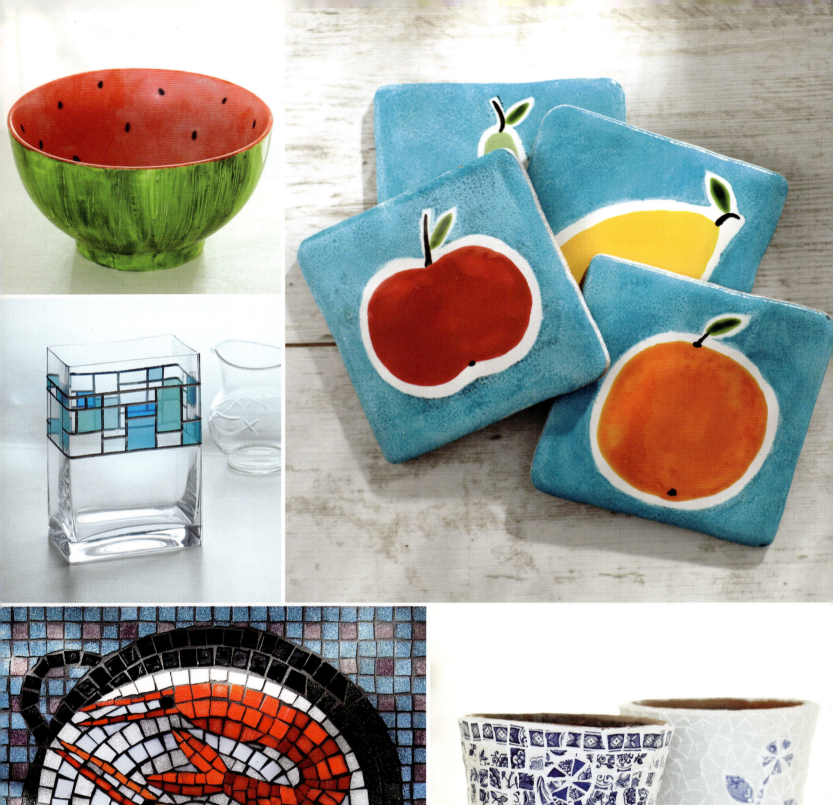

Keramik & Glas

KLEBEBLEIVERGLASUNG • GLASMALEREI • PORZELLANMALEREI • FLIESENMALEREI • MOSAIK

Die Art, wie wir uns einrichten, sagt viel über uns aus und ist ein Ausdruck unseres persönlichen Stil. Dieses Kapitel bietet Ihnen dazu wunderbare Möglichkeiten: verschiedenste Techniken zum Verzieren von Glas, Porzellan und Keramik, die einfach zu erlernen sind und fantastische Ergebnisse liefern.

Die hier gezeigten Techniken fallen definitiv unter die Kategorie »Design-Handwerk«. Denn mit Klebebleiverglasung, beim Bemalen von Glas, Porzellan oder Fliesen und mit Mosaiken schaffen Sie einzigartige Deko-Objekte für Ihr Zuhause.

Mit ein wenig Geschick und viel Kreativität können Sie einfachen Gläsern und Porzellanstücken eine farbige oder strukturierte Oberfläche verleihen und sie in kleine Kunstwerke verwandeln – Einzelstücke, die Ihre Handschrift tragen.

Ein Muster aus bunten Folien und Bleiband ist schnell und einfach aufgebracht, gibt einer schlichten Vase einen neuen Look und wirkt wie eine edle Bleiverglasung. Das Gleiche gilt für unscheinbare Windlichter. Peppen Sie sie auf und kreieren Sie mit frohen Farben Blickfänge, die sich nahtlos in das Farbschema Ihres Wohnzimmers einfügen.

Schlichtes weißes Porzellan und simple Gläser sind fast überall preiswert zu bekommen. Mit ein wenig Übung können Sie einfache Schüsseln in herrliche Obstschalen und schlichte Kacheln in dekorative Glasuntersetzer umgestalten – und wer weiß, vielleicht sind Sie von Ihrem neuen Hobby ja so begeistert, dass Sie irgendwann ein ganzes Porzellanservice nach Ihren Vorstellungen designen.

Für die Blumentöpfe auf S. 216–217 müssen Sie allerdings erst einmal Porzellan zerschlagen. Wir zeigen Ihnen zwei verschiedene Mosaiktechniken – die direkte und die indirekte –, mit deren Hilfe wunderbare Muster entstehen.

Dank der eindeutigen Schritt-für-Schritt-Anleitungen werden Sie im Handumdrehen faszinierende Deko-Objekte herstellen, mit denen Sie Ihre Wohnung schmücken oder Freunde mit einem ganz persönlichen Präsent überraschen können.

Keramik & Glas • Materialien

Keramik & Glas MATERIALIEN

Mit Glas, Porzellan, Keramik und Mosaiktechnik werden aus schlichten Haushaltsgegenständen ganz einfach dekorative Objekte. Sie benötigen dafür ein wenig Spezialzubehör, aber die kleine Investition zahlt sich später allemal aus.

Klebebleiverglasung

Selbstklebende Bleibänder Auf Rollen oder Doppelrollen mit verschiedenen Profilen (flach oder halboval) und in verschiedenen Breiten und Metallfarbtönen erhältlich. Um gut biegsam und verarbeitbar zu sein, müssen die Bänder hochflexibel sein. Daher ist der Umgang damit nicht ganz einfach und erfordert ein wenig Übung.

Selbstklebende Farbfolien Folien mit einer abziehbaren Trägerfolie, die sich einfach mit Schere oder Cutter zuschneiden lassen. Sie können mit einem Folienanreiber oder mit Schwamm und Daumennagel angerieben werden.

Klebepads Knetbarer, wieder ablösbarer Klebstoff, mit dem die Papiervorlage an Glas geklebt werden kann.

Feiner Permanent-Marker Zum Übertragen der Motive auf die Farbfolien. Erleichtert das genaue Zuschneiden der Folie.

Kunststoff-Andrücker Im Fachhandel erhältliches Spezialwerkzeug, mit dem das Klebebleiband angedrückt wird. Es gibt auch Andrückwalzen.

ZUDEM BRAUCHEN SIE ...

Schere Zum Zuschneiden der Farbfolien und Bleibänder. Für Folien gibt es auch spezielle Schablonenscheren, für Bleibänder spezielle Bleimesser.

Schwämme Können zum Andrücken bzw. Anreiben der Farbfolien verwendet werden, damit keine Luftblasen zurückbleiben.

Klebeband Fixiert die Folienausschnitte an der Schablone, bis das Muster vollständig zugeschnitten ist.

Skalpell und Schneidematte Zum Zuschneiden kleinerer Stücke von Bleiband oder feinerer Folienformen.

Keramik & Glas • Materialien

Glasmalerei

Schlichte Gläser Farbloses Glas eignet sich am besten zum Bemalen. Farbiges oder Milchglas ergibt interessante Effekte. Beliebte Objekte sind Wassergläser, Windlichter, Papiergewichte, Flaschen und Vasen.

Spiritus Zum Reinigen und Entfetten des Glases vor dem Bemalen, damit Malerkrepp und Glasmalfarbe auch wirklich haften können. Man kann auch Reinigungsbenzin verwenden.

Schere Zum Zuschneiden von Schablonen und zum Abschneiden von Malerkrepp. Die Schere sollte auf jeden Fall scharf sein.

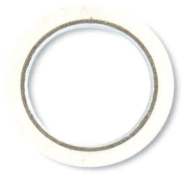

Pauspapier Zum Durchpausen von Vorlagen, die dann als Schablonen hinter Glas geklebt werden. So lassen sich Muster ganz einfach auf Glas übertragen.

Malerkrepp Hält die Schablonen hinter dem Glas in Position, bis die gewünschten Muster auf die Glasoberfläche übertragen sind.

Küchenpapier Dient in mehreren Lagen ausgelegt als praktische Malunterlage, die verhindert, dass die Gläser wegrollen, wischt Fehler und Vergossenes weg und reinigt zwischenzeitlich das Glas.

Glasmalfarbe Ist in vielen leuchtenden Farben und auf Wasser- sowie Lösungsmittelbasis erhältlich. Einige wasserbasierte Farben können im Backofen fixiert werden und sind dann spülmaschinenfest.

Cutter Zum Nacharbeiten zu stark geratener, bereits getrockneter Konturlinien. Die Linien nicht zu stark nacharbeiten, sonst verlieren sie ihren handgearbeiteten Charme.

Alter Teller oder weiße Fliesen Zum Mischen der Farben. Nur Farben der gleichen Art (z. B. wasserbasiert) mischen, nie verschiedene Farbarten.

Künstlerpinsel Hochwertige mittlere bis feine Pinsel sind gut für Glasmalerei geeignet. Nach der Nutzung immer sofort reinigen. Wasserbasierte Farbe in Wasser auswaschen. Bei lösungsmittelbasierter Farbe einen vom Hersteller empfohlenen Pinselreiniger verwenden.

Glaskonturenpaste Acrylpaste, die in Tuben erhältlich ist. Sie erzeugt eine erhabene Kontur, die die Farbe am Verlaufen hindert. Sie ist in Gold, Silber, Schwarz und Kupfer erhältlich.

Keramik & Glas • Materialien

Porzellanmalerei/Fliesenmalerei

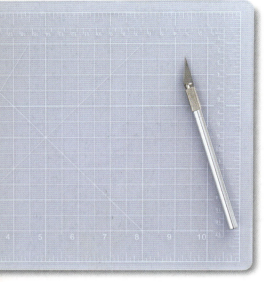

Skalpell und Schneidematte Zum Zuschneiden von Papierschablonen mit feinen Details. Die Schneidematte schützt die Arbeitsfläche. Es kann auch ein Cutter genutzt werden.

Karton/dickes Papier Gut zum Zuschneiden von Schablonen oder zum Anlegen von Musterbögen geeignet. Zu dünnes Papier weicht zu schnell durch.

Malerkrepp Dient zum Festkleben der Schablone auf Porzellan oder Keramik und zum Abkleben jener Bereiche, die nicht bemalt werden sollen.

Porzellanmalfarben Sind in einer großen Auswahl an Farben und auch als Stifte erhältlich. Manche Farben sind selbst ohne Einbrennen spülmaschinenfest. Die Herstellerangaben beachten.

Weiße Fliese Eine alte Badezimmerfliese kann als Palette genutzt werden. Kleine Farbmengen darauf geben und farbrein verwenden oder mischen.

Schwämme Kleine Schwammstücke oder Schminkschwämme sind praktisch zum Einfärben größerer Flächen und zum Erzeugen von Strukturen.

Pinsel Mit einer Auswahl von Pinseln in verschiedenen Größen und Formen lassen sich unterschiedliche Texturen und Strukturen erzielen.

Schraubglas mit Wasser Dient zum Auswaschen der nicht mehr benutzten Pinsel und verhindert, dass sie austrocknen.

Stoffrest/Lumpen Zum Reinigen von Pinseln und Abstreichen überschüssiger Farbe einen alten Putzlumpen verwenden.

Zahnstocher Dienen zum feinen Farbauftrag oder zum Kratzen in der noch feuchten Farbe.

Keramik & Glas • Materialien

Mosaik

Fliesenschwamm Ein besonders dichter Schwamm. Dient zum Abwaschen überschüssiger Fugenmasse und zum Reinigen der Mosaikoberfläche.

Zahnspachtel und gezahnte Glättkelle Mit dem Zahnspachtel wird bei der indirekten Methode Klebstoff aufgetragen, die gezahnte Glättkelle dient für größere Flächen. Eine Zahnung von 3 mm sorgt dafür, dass fast die gesamte Fläche mit Klebstoff bedeckt ist und auch kleinere Teile haften.

Stukkateureisen Kleines Werkzeug, das bei der direkten Methode zum Auftragen von Klebstoff auf flache und gewölbte Untergründe genutzt werden kann. Mit dem spitzen Ende können auch enge Stellen erreicht oder überschüssiger Klebstoff entfernt werden.

Schraubenzieher Leistet gute Dienste beim Ausrichten einzelner Mosaiksteine oder beim Ablösen der Steine von ihrem Trägermaterial.

Ausfugbrett (auch Reibbrett) Dient zum Verteilen der Fugenmasse, besonders über größere Flächen, oder zum Aufdrücken auf ein Mosaik, um Unebenheiten auszugleichen und für gute Haftung zu sorgen.

Mosaikzange Das wichtigste Werkzeug zum Schneiden von Mosaiksteinen. Damit sie für alle Materialien geeignet ist, müssen die Schneiden aus Hartmetall sein. Die zusätzliche Investition lohnt sich.

Mosaik-Schneidzange Spezialzange, die vorwiegend zum Schneiden von Glas genutzt wird. Erzeugt gerade Kanten. Die Klingen können gedreht werden, wenn sie stumpf werden, und sie sind austauschbar.

Fliesen-Schneid- und Brechzange Eine Spezialzange mit einem Schneiderad und einer Vorrichtung zum Brechen der Fliesen. Geeignet, um Fliesen von einer Größe über 25 mm im Quadrat in Steifen zu schneiden.

Keramik & Glas • Materialien

Fundstücke Beliebte Fundobjekte beim Anfertigen von Mosaiken sind Porzellan- und Glasscherben, Kieselsteine und andere kleine Objekte, wie Muscheln, Perlen oder Knöpfe. Aufgrund ihrer meist unregelmäßigen Form sollten sie am besten mit der direkten Methode in das Bett aus Fugenmasse eingesetzt werden.

Glasierte Keramik Keramik-Mosaiksteine sind in vielen Farben erhältlich. Für Spezialfarben können größere Fliesen mit Mosaikzange oder Mosaik-Schneidzange zerkleinert werden. Glasiert sind sie meist nicht frostbeständig und nur auf einer Seite farbig. Am besten mit der indirekten Methode verarbeiten.

Weißleim Flüssiger, milchig weißer Klebstoff auf Polyvinylacetat-Basis (PVAc). Bei der indirekten Methode werden Mosaikstücke mit Weißleim in 50:50-Verdünnung mit Wasser auf Papier geklebt.

Mosaikkleber auf Zementbasis Basiert auf dem traditionellen Zementbett für Fliesen. Zusatzstoffe sorgen für gute Haftkraft und Verarbeitbarkeit. Sie sind für verschiedene Anwendungen erhältlich, daher immer die Herstellerangaben beachten.

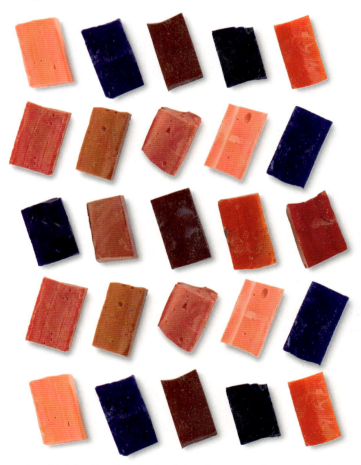

Smalti Kleine Mosaiksteine (auch Smalten genannt) aus emailliertem Glas mit unebener Oberfläche und sehr dichter, meist intensiver Färbung. Meist 10 × 15 mm groß. Können mit der Mosaikzange halbiert werden.

Keramik & Glas • Materialien

Fugenmasse Neben Mosaik-Fugenmasse, die in verschiedenen Farben erhältlich ist, kann handelsüblicher Fugenmörtel verwendet werden. Daneben gibt es abbindenden Mörtel für Natursteine oder Fugenmasse ohne Quarzmehl für Marmor.

Unglasiertes Steinzeug Strapazierfähiges Material, das sich zur Gestaltung von Böden und Wänden eignet. Die Steine sind oft in 20 × 20 mm oder auch 24 × 24 mm und in einer großen Auswahl an gedeckten Farben erhältlich.

Buntglas-Mosaiksteine Beliebtes und überall erhältliches Material in vielen leuchtenden und gedeckten Farben. Fast immer in Größe 20 × 20 × 4 mm erhältlich und für Innen- wie Außenräume geeignet.

Gold, Silber und Spiegel Glitzerndes, strapazierfähiges Glas, bei dem Blattgold oder -silber zwischen zwei Glasschichten aus Bunt- und Klarglas eingeschmolzen wird. Eine preiswertere Alternative sind Spiegelmosaiksteine mit goldener oder silberner Spiegelfolie, die den Effekt imitieren.

Marmor Relativ weicher Stein, der sich mit der Mosaikzange (besonders mit langen Griffen) zerteilen lässt. Häufig werden größere Fliesen in Streifen und dann in Quadrate zerlegt, es gibt aber auch fertigen Mosaik-Marmor. Er kann beidseitig genutzt werden, da er meist eine polierte und eine matte Seite hat.

Packpapier Dient bei der Indirekten Methode als Trägermaterial für die Mosaiksteine. Kräftiges Papier mit 90 g oder mehr verwenden.

195

Keramik & Glas • Klebebleiverglasung

Klebebleiverglasung TECHNIKEN

Mit farbigen Folien und selbstklebendem Bleiband werden aus einfachen Glasscheiben wunderbare Fensterbilder und aus Vasen kleine Kunstwerke, die wie edles Bleiglas wirken. Sie benötigen dazu noch nicht einmal Spezialwerkzeug. Mit Folien in unzähligen Farben und Bleiband in verschiedenen Breiten, Farben und Profilen bieten sich unendliche Möglichkeiten.

Das Glas reinigen

Eine Vorlage zeichnen und kolorieren

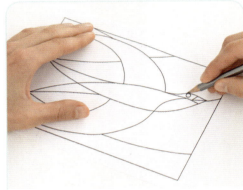

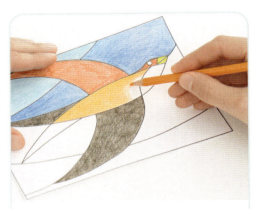

Das Glas mit Spiritus reinigen, um Fingerabdrücke, Fett oder Flecken zu entfernen. Anschließend mit Spülmittel waschen, mit klarem Wasser abspülen und gründlich trocknen.

1 Den Umriss der Glasscheibe auf Papier anzeichnen. Das Motiv passend zur Größe der Glasfläche wählen. Für später ein Duplikat des Entwurfs anfertigen (siehe unten).

2 Das Bild kolorieren. Es kann hilfreich sein, mehrere Farbkombinationen auszutesten. Das überschüssige Papier um das Bild herum abschneiden.

Die einzelnen Folienstücke zuschneiden

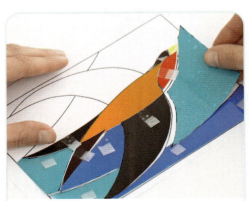

1 Die Folien entsprechend der gewählten Farben zusammenstellen. Das Bild ans Fenster halten und einen Umriss mit Permanent-Marker auf Folie durchpausen.

2 Mit einer kleinen scharfen Schere die Form entlang der Konturlinie ausschneiden. Die restlichen farbigen Felder des Bilds auf die gleiche Weise zuschneiden.

3 Die Farbfolien auf dem Duplikat des Bildes anordnen, um zu kontrollieren, dass alle Teile vorhanden sind und passen. Falls nötig, Teile nachschneiden oder korrigieren.

Klebebleiverglasung • Techniken

Die Farbfolien andrücken

1 Den Entwurf mit Klebepads hinter das Glas kleben, sodass er beim Arbeiten stets sichtbar ist. Den ersten Zuschnitt vorsichtig von der Trägerfolie abziehen.

2 Das Folienstück an einer Seite aufsetzen und mit dem Schwamm oder Daumen nach und nach vollständig auf das Glas drücken. Alle Luftblasen herausdrücken.

3 Die restlichen Folienzuschnitte auf die gleiche Weise auf das Glas aufbringen.

Das Bleiband zuschneiden und aufkleben

1 Das Bleiband mit der Schere etwas länger zuschneiden als benötigt. Auf das Bild legen und die Schnittstellen markieren.

2 Das Band mit Schere oder Cutter und Schneidematte in dem Winkel abschneiden, in dem es an das nächste Feld stößt.

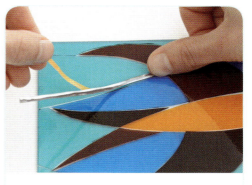

3 Die Trägerfolie stückweise lösen und das Band nach und nach auf die Linie zwischen zwei Farbfeldern aufdrücken.

4 Das Band am Rand der Glasplatte sauber abschneiden. Die restlichen Grenzlinien ebenfalls mit Bleiband abdecken.

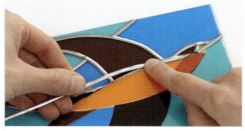

5 Wo Bleibänder sich treffen, den Winkel beachten, in dem sie aneinander anliegen. Darauf achten, dass keine Lücken entstehen.

6 Alle Bleibänder sorgfältig mit dem Andrücker andrücken, damit sie fest an der Glasplatte haften. Die Hände gründlich waschen.

197

Keramik & Glas • Klebebleiverglasung

Bunte Vase PROJEKT

Mit verschieden großen Quadraten und Rechtecken aus Farbfolie wurde diese schlichte Glasvase in ein edles, bleiverglastes Objekt verwandelt. Auf einer sonnigen Fensterbank wird das Licht die Farben, die Sie für dieses Mondrian-Muster verwenden, zum Leben erwecken und erstrahlen lassen. Auf runden Vasen oder einem Fensterbild wirkt ein solches Muster ebenso hübsch.

SIE BRAUCHEN
- rechteckige Glasvase
- 2 Blatt Papier
- Bleistift und Buntstifte
- Lineal
- Schere
- Marker
- selbstklebende Farbfolien in mehreren Blautönen
- Malerkrepp
- Klebepads
- Rolle Bleiklebeband mit halbovalem Profil, 3 mm breit

1 Die Vase reinigen (siehe S. 196). Einen Papierstreifen zuschneiden, der genau auf die Innenseite der Vase passt. Herausnehmen, ein Muster anlegen, kolorieren und duplizieren. Die Konturen entsprechend mit dem Marker auf die Farbfolien übertragen.

2 Alle benötigten Folienstücke mit einer kleinen scharfen Schere entlang der Konturlinien ausschneiden und mit Malerkrepp auf das Duplikat des Musters kleben.

Folienstücke, deren Farbfeld um eine Ecke herum verläuft, müssen beim Anzeichnen und Zuschneiden um die Dicke des Glases verlängert werden.

3 Zum Schluss beim Zuschnitt kontrollieren, ob alle farbigen Felder auf dem Duplikat mit farbigen Folien beklebt sind. Falls nötig, nachschneiden.

4 Die Vorlage mit Klebepads in die Vase kleben. Die Folienzuschnitte einzeln von der Trägerfolie lösen und andrücken, bis das Muster vollständig ist.

5 Zunächst die kurzen Stücke Bleiband zuschneiden, stückweise von der Trägerfolie lösen und andrücken. So fortfahren, bis alle Linien bedeckt sind.

Trägerfolie

Oberes und unteres Bleiband zum Schluss ankleben.

6 Zwei lange Bleibänder für den oberen und unteren Rand des Musters schneiden, um die Vase legen und abschneiden. Fest andrücken und die Hände gründlich waschen.

Keramik & Glas • Glasmalerei

Glasmalerei TECHNIKEN

Glasmalerei ist ein preiswertes Hobby, für das Sie nur wenige Materialien benötigen. Mit Glasmalfarben hauchen Sie alten Gläsern mühelos neues Leben ein. Am vielseitigsten ist dabei farbloses, klares Glas. Auf Bunt- oder Milchglas lassen sich dagegen interessante Effekte erzielen. So wird Milchglas durchsichtig, wo Sie es bemalen. Üben Sie ein wenig auf Folie oder einer Glasscherbe, bevor Sie mit dem eigentlichen Projekt beginnen.

Eine Vorlage für ein Gefäß mit senkrechten oder konischen Seiten zuschneiden

1 Ein Stück Pauspapier leicht einrollen, in das Glasgefäß geben, so weit aufrollen, dass es von innen an den Glaswänden anliegt, und ankleben. Markieren, wo das Papier überlappt und wo die Oberkante des Glases verläuft.

2 Das Pauspapier aus dem Glas nehmen und entlang der Markierungen zuschneiden. Das gewünschte Motiv oder Muster mit schwarzem Stift auf das Pauspapier zeichnen. Die Vorlage wieder in das Glas stecken und mit Malerkrepp in Position kleben.

Eine Vorlage in ein nach außen gewölbtes Gefäß einkleben

1 Das Motiv auf Pauspapier aufmalen und etwa auf Höhe des Glases zuschneiden. Dann rundum einschneiden, damit sich die Vorlage der Glaswölbung anpassen kann.

2 Die Vorlage oben und unten von innen an das Glas kleben. An den Einschnitten legt sich das Papier übereinander oder spreizt sich, um sich der Wölbung anzupassen.

Glasmalerei • Techniken

Das Motiv auf das Glas übertragen

1 Ist die Öffnung zu klein, um die Vorlage innen anzukleben, kann das Motiv mit Hilfe eines Fettstifts auf die Glasoberfläche übertragen werden. Das Pauspapier umdrehen und die Linien mit Fettstift nachziehen.

2 Die Vorlage mit der Fettstiftzeichnung nach unten auf das Glas kleben. Die Linien von außen mit einem HB-Bleistift nachziehen, sodass der Fettstift sich auf das Glas überträgt. Die Vorlage abziehen.

Die Konturenpaste auftragen

1 Das Glas mit der Vorlage auf Küchenpapier legen, und mit der Konturenpaste die Linien sorgfältig auf das Glas übertragen. Die Paste trocknen lassen. Das Glas drehen und weitere Konturen auftragen.

2 Größere Fehler sofort mit Küchenpapier abwischen. Kleinere Fehler nach dem Trocknen der Paste mit dem Cutter korrigieren. Zu viel Präzision ist aber überflüssig, denn die farbigen Flächen fallen später stärker ins Auge als die Konturen.

Das Glas bemalen

1 Das Glas auf Küchenpapier legen und die Farbe mit einem mittleren Pinsel großzügig auftragen. Mit einem feinen Pinsel die Konturränder innen abfahren. Das Glas bei der Arbeit auf Wölbungen so ruhig wie möglich halten, damit die Farbe nicht über die Kontur läuft.

2 Für einen Farbverlauf beide Farben auftragen und dort, wo sie aufeinander treffen, miteinander vermischen. Die Farbe immer bis an die Kontur heran verteilen. Trocknen lassen. Das Glas drehen, falls weitere Motive aufgetragen werden sollen.

201

Keramik & Glas • Glasmalerei

Windlichter PROJEKT

Bemalen Sie ein Set kleiner Windlichter in warmen Orange- und Rottönen mit einem zarten goldenen Rand. Das Kerzenlicht lässt die hübschen Blüten aus Glasfarbe in noch wärmerem Licht leuchten. Kombinieren Sie die einfachen Motive unterschiedlich, um jedes Windlicht individuell zu gestalten. Die kleinen Zierpunkte werden einfach mit Konturenpaste auftragen.

SIE BRAUCHEN

- durchsichtige, farblose Windlichter für Teelichte (mit senkrechten Seiten)
- Pauspapier
- Schere
- Bleistift
- Lineal
- schwarzen Filzstift
- Malerkrepp
- Küchenpapier
- goldene Konturenpaste
- weißes Papier
- transparente Glasmalfarbe in Orange, Rot und Gelb
- mittleren und feinen Pinsel

1 Eine Vorlage zuschneiden und in fünf gleiche Bereiche einteilen. Das Blüte-Blatt-Motiv von S. 309 mit dem Filzstift so auf jeden Bereich durchpausen, dass es 6 mm unterhalb der Oberkante sitzt. Die Vorlage in das Teelicht kleben.

2 Das Teelicht mit der Seite auf Küchenpapier legen. Das oben liegende Motiv mit Konturenpaste nachzeichnen und trocknen lassen. Das Windlicht ein wenig drehen und das nächste Motiv nachziehen. Die Vorlage entfernen, sobald alle Konturen getrocknet sind.

3 Weißes Papier in das Glas einlegen, damit der zu bemalende Bereich besser zu sehen ist. Orange mit dem mittleren Pinsel an den Blattspitzen der Blüte, Rot mit dem feinen Pinsel am Blattgrund auftragen. In der Blattmitte die beiden Farben mischen. Trocknen lassen und die Pinsel reinigen.

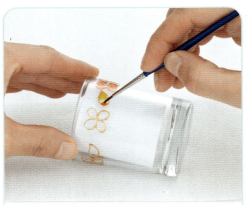

4 Mit dem sauberen feinen Pinsel Gelb auf die Spitze und mit dem mittleren Pinsel Orange auf das gerundete Ende des Einzelblatts auftragen. Die Farben in der Blattmitte mischen. Trocknen lassen, dann das Glas ein wenig drehen und die nächste Blüte einfärben.

5 Wenn alle Blüten und Blätter eingefärbt sind, in der Blütenmitte mit Konturenpaste einen Punkt auftragen. Dann in die Mitte jedes Blütenblatts drei und in die Mitte jedes Einzelblatts fünf kleine Punkte tupfen. Die Konturenpaste trocknen lassen.

Keramik & Glas • Polzellanmalerei

Porzellanmalerei TECHNIKEN

Mit Porzellanmalfarben können Sie Porzellan und Keramik wunderhübsch gestalten, ohne sich teure Spezialausrüstung, wie etwa einen Brennofen, kaufen zu müssen. Die Farben, die in vielen Farbtönen erhältlich sind, werden einfach auf Porzellan oder glasierte Keramikfliesen aufgetragen und müssen nur im Backofen fixiert werden.

Die Oberfläche vorbereiten

Ein weiches Tuch in Spiritus tunken und die Porzellanoberfläche gründlich reinigen, sodass sie fettfrei ist. Anschließend trocknen lassen.

Das Motiv vorzeichnen und übertragen

1 Die Motividee auf Papier vorzeichnen. Damit das Motiv wirklich passt, das Porzellanstück zunächst auf das Papier setzen und die Konturen nachzeichnen.

2 Das entworfene Motiv auf das Porzellanstück übertragen. Da man mit Bleistift schwer auf Porzellan vorzeichnen kann, das Motiv einfach mit dem feinen Pinsel und der Porzellanfarbe vormalen. Fehler mit Küchenpapier abwischen.

Die Farben ausprobieren

Eine weiße Kachel zum Mischen von Farben und zum Austesten verschiedener Effekte verwenden. Die Kachel dient praktisch als Malerpalette. Durch Beimischen von Weiß werden die Farben weniger transparent.

Porzellanmalerei • Techniken

Verschiedene Effekte mit dem Pinsel erzielen

Unterschiedliche Pinsel ergeben verschiedene Effekte: Ein feiner Pinsel hat einen weichen, zarten Pinselstrich, bei einem groben Pinsel wird er streifig. Durch die Wahl unterschiedlich breiter Pinsel lässt sich die Breite des Pinselstrichs variieren.

Die Pinsel auswaschen

Die Pinsel nach Gebrauch immer sofort in kaltem Wasser auswaschen.

Die Schwammtechnik

1 Ein wenig Porzellanmalfarbe in eine flache Schale geben. (Den Schwamm nicht direkt in den Farbbehälter eintunken.)

Trockener Schminkschwamm

2 Einen trockenen Schminkschwamm in die Farbe tunken und die Farbe auftupfen. Für eine intensivere Färbung die Farbe trocknen lassen und noch einmal darübertupfen. Den Schwamm mit Wasser auswaschen.

Die Sgraffito-Technik

Bei dieser Maltechnik wird die Farbe an einigen Stellen abgekratzt, um den Untergrund freizulegen. Der Begriff geht auf das italienische Verb »sgraffiare« zurück, was kratzen bedeutet. Dazu mit einem Zahnstocher oder dem Griffende eines Pinsels ein wenig nasse Farbe abkratzen.

DIE PORZELLANFARBEN FIXIEREN

Wenn die Porzellanfarbe trocken ist, das bemalte Porzellanstück nach den Angaben des Farbherstellers im Backofen erhitzen. Nach Ablauf der angegebenen Zeit den Ofen abschalten und das Porzellan darin abkühlen lassen. Das Teil nicht heiß aus dem Ofen holen. Der plötzliche Temperaturunterschied könnte dazu führen, dass das Porzellan reißt.

Keramik & Glas • Porzellanmalerei

Obstschale PROJEKT

Dieses einfache Projekt verwandelt eine schlichte weiße Schüssel in eine auffällige Obstschale, die jeder Küche eine fröhliche Note gibt. Als Inspiration diente hier eine Wassermelone, aber Sie können natürlich auch einen Apfel als Vorbild nehmen. Bemalen Sie die Schüssel dazu einfach außen rot oder grün und innen cremefarben und malen Sie die Apfelkerne auf den Boden der Schüssel.

SIE BRAUCHEN
- weiße Porzellanschüssel
- weiches Tuch
- Spiritus
- groben Pinsel, 1–2 cm breit
- Porzellanmalfarben in Olivgrün, Korallenrot und Dunkelbraun
- Zahnstocher
- flache Schale
- Schminkschwamm
- Keramikfliese
- feinen Pinsel

1 Ein weiches Tuch in Spiritus tunken und die Schüssel innen und außen reinigen. Die Schüssel anschließend vollständig trocknen lassen.

2 Die Außenseite der Schüssel mit dem groben Pinsel in zügigen, geraden Pinselschwüngen grün anmalen. Dabei vom Boden zum Schüsselrand arbeiten und die Farbe lückenlos auftragen.

3 Die gesamte Außenseite einfärben, dann die Schüssel herumdrehen und den trockenen Pinsel noch einmal durch die feuchte Farbe ziehen, um ihr Struktur zu geben. Zügig arbeiten, da die Farbe schnell trocknet und sich ablösen könnte, wenn sie zu zäh wird.

4 Um die Struktur der Melonenschale noch deutlicher nachzubilden, mit einem Zahnstocher vom Rand bis zum Boden gerade Linien in die noch feuchte Farbe kratzen. Die Schüssel 24 Stunden trocknen lassen.

5 Die rote Farbe in die flache Schale geben und den Schminkschwamm hineintunken. Überschüssige Farbe auf der Fliese abtupfen. Die rote Farbe vom Grund bis zum Rand der Schüssel hinauf und bis an die grüne Farbe heran auftupfen. Bei Bedarf neue Farbe aufnehmen. Die Schüssel 15 Minuten trocknen lassen.

6 Für die Melonekerne den feinen Pinsel in die dunkelbraune Farbe tunken und ovale Punkte auf die Innenseite der Schüssel malen. Nicht zu viel Farbe aufnehmen, da sie sonst verläuft. Die Schüssel erneut 24 Stunden trocken lassen, dann nach Herstellerangaben im Backofen fixieren. Vor dem Herausnehmen vollständig auskühlen lassen.

Keramik & Glas • Fliesenmalerei

Fliesenmalerei TECHNIKEN

Einfache weiße Küchen- oder Badfliesen sind in jedem Baumarkt preiswert erhältlich. Mit bunten Porzellanfarben koloriert bekommen Sie im Handumdrehen dekorative Untersetzer für Gläser oder Töpfe, oder Sie gestalten einen Fliesenspiegel mit hübschen Motiven.

Eine Schablone entwerfen und zuschneiden

1 Mit Bleistift und Lineal ein Quadrat genau in der Größe der zu bemalenden Fliese auf Karton oder dickes Papier aufzeichnen. In diesen Rahmen muss das gewünschte Motiv hineinpassen.

2 Ein Motiv nach Wahl in den Rahmen zeichnen. Das Motiv mittig anlegen und außen herum genügend Rand als Hintergrund lassen.

3 Den Karton mit dem fertigen Motiv auf eine Schneidematte legen und mit einem Skalpell vorsichtig an den Konturen entlangschneiden. So erhält man zwei Schablonen, eine Negativ- und eine Positivform.

Die Schablone befestigen

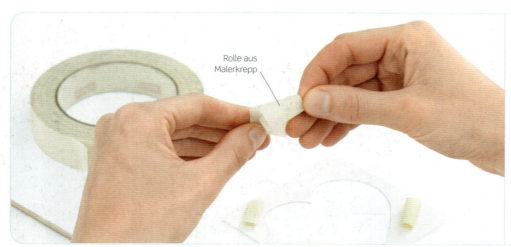

Rolle aus Malerkrepp

Die Oberfläche der Fliese mit einem weichen Tuch und Spiritus reinigen. Vier Stücke Malerkrepp abreißen und mit dem Klebstoff nach außen zu je einer Rolle kleben und in die Ecken auf der Rückseite der Negativform kleben. Die Negativform vorne auf die Kachel kleben.

Fliesenmalerei • Techniken

Die Schwammtechnik

Den trockenen Schminkschwamm in die Farbe tunken und sie auf die Fliese auftupfen. Die Kante der Schablone dabei mit den Fingern fest aufdrücken, damit keine Farbe darunterläuft.

Die Schablone abziehen

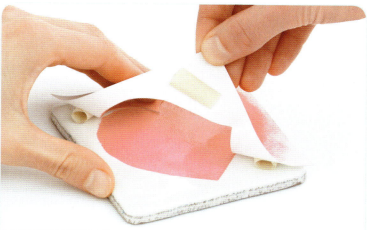

Die Farbe rund 30 Minuten vollständig trocknen lassen. Vorsichtig mit dem Finger überprüfen. Die Schablone dann an einer Ecke anheben und mit dem Malerkrepp vorsichtig abziehen.

Direkt auf die Fliesen malen

1 Das Motiv kann durch eine dünne Konturlinie hervorgehoben werden. Dazu mit einem dünnen Pinsel entlang der Kontur eine Kontrastfarbe auftragen.

2 Opake Farben sind mit Porzellanfarben nicht ganz einfach zu erzielen. Mit dem Pinsel viel Farbe aufnehmen und dick auf einen Bereich auftragen.

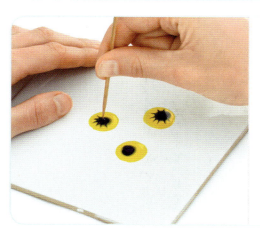

3 Bei Farbeffekten muss zügig gearbeitet werden, da Porzellanfarbe schnell zäh wird und trocknet. Einen Tropfen einer zweiten Farbe in die noch feuchte Farbe tropfen und mit dem Zahnstocher vermischen.

DIE PORZELLANFARBEN FIXIEREN

Wenn die Farbe trocken ist, die bemalte Fliese nach den Angaben des Farbherstellers im Backofen erhitzen. Nach Ablauf der angegebenen Zeit den Ofen abschalten und die Fliese darin abkühlen lassen. Das Teil nicht heiß aus dem Ofen holen. Der plötzliche Temperaturunterschied könnte dazu führen, dass die Fliese zerspringt.

Keramik & Glas • Fliesenmalerei

Glasuntersetzer PROJEKT

Aus schlichten kleinen Fliesen können Sie ganz einfach dieses fröhliche Set von Glasuntersetzern zaubern. Sie alle entstehen mit derselben Technik, nur das Motiv ändert sich. Nutzen Sie die Vorlagen von S. 312 oder entwerfen Sie Ihre eigenen Motive – ganz nach Belieben.

SIE BRAUCHEN

- 4 weiße Keramikfliesen, 10 × 10 cm
- weiches Tuch
- Spiritus
- Karton oder dickes Papier
- Bleistift
- Lineal
- Skalpell oder Schere
- Schneidematte
- Malerkrepp
- Porzellanfarben in Türkis, Zitronengelb, Peridotgrün und Braun
- Schminkschwamm
- mittleren flachen Pinsel
- feinen Pinsel

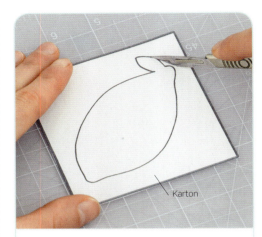

1 Die Oberfläche der Kachel mit einem weichen Tuch und Spiritus reinigen und trocknen lassen. Die Vorlage von S. 312 auf Karton übertragen und mit dem Skalpell ausschneiden, sodass eine Negativ- und eine Positivschablone entstehen.

2 Die Positivform mit Kreppbandröllchen auf die Fliese kleben. Die Ränder der Schablone andrücken und mit dem Schminkschwamm den türkisen Hintergrund auftupfen. 30 Minuten trocknen lassen, dann die Schablone vorsichtig abziehen.

3 Mit dem mittleren Pinsel den Fruchtkörper der Zitrone mit reichlich gelber Farbe aufmalen. Dabei einen weißen Rand zwischen Frucht und Hintergrund stehen lassen. Den Pinsel auswaschen.

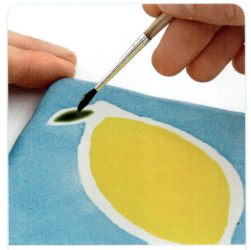

4 Wenn die gelbe Farbe trocken ist, mit dem feinen Pinsel und der grünen Farbe das Blatt aufmalen. Den Pinsel auswaschen, dann den braunen Stiel malen (am besten mit nur einem oder zwei Strichen).

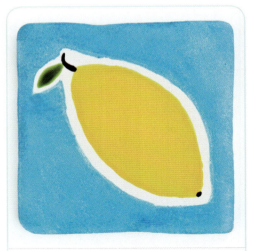

5 Die Fliese 24 Stunden trocknen lassen. Für ein vollständiges Untersetzer-Set die Schritte 1 bis 4 mit den anderen Motiven wiederholen. Die Farbe nach den Angaben des Herstellers im Backofen fixieren.

Keramik & Glas • Mosaik

Mosaik: Direkte Methode

Die direkte Methode ist eine einfache Mosaiktechnik, mit der Sie Bilder und Figuren gestalten können. Ihr Nachteil ist, dass das vorgezeichnete Motiv bei der Arbeit vom Mosaikkleber überdeckt wird. Wählen Sie daher eher ein einfaches Motiv. Die Lage der Mosaiksteine lässt sich nach dem Trocknen des Klebers kaum noch verändern, will also gut geplant sein.

Die Materialien auswählen

Mosaiksteine aus Buntglas und Steinzeug lassen sich gut schneiden, Marmor und Smalti haben eine traditionelle Anmutung. Glasierte Fliesen und Porzellanscherben haben meist nur eine farbige Seite, sodass sie sich besser für die direkte Methode eignen.

Mosaiksteine teilen und in Form schneiden

1 Die Mosaiksteine für feinere Arbeiten vierteln. Dazu die Mosaikzange an einer Kante ansetzen und vorsichtig zudrücken. Die andere Kante mit den Fingern festhalten, damit die Teile nicht wegfliegen. Beim Teilen der Steine immer eine Schutzbrille tragen.

2 Für ausgefallene Muster und feine Formen können die Mosaiksteine mit der Mosaikzange in bestimmte Formen gebracht werden. Dazu vorsichtig am Rand kleine Stücke abkneifen.

Ein Motiv planen und übertragen

1 Das gewünschte Motiv zunächst auf Papier vorzeichnen. Die zugeschnittenen Mosaiksteine darauf auslegen, bis das Mosaik aussieht wie gewünscht.

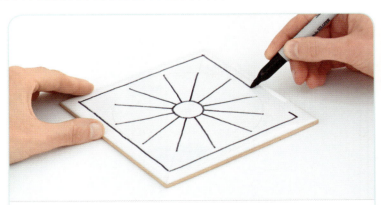

2 Das Motiv auf dem gewünschten Untergrund (hier eine Fliese) nachzeichnen oder mit Kohlepapier übertragen.

Mosaik • Techniken

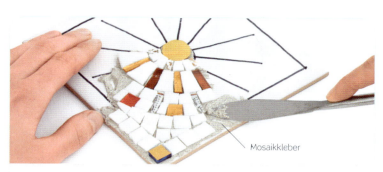

3 Den Mosaikkleber mit Wasser zu einem dicken Brei anrühren. Mit dem Stukkateureisen oder einem Palettmesser einen kleinen Bereich der Fliese mit Kleber einstreichen. So trocknet der Kleber nicht zu schnell und ein Teil des Motivs bleibt sichtbar.

4 Die Mosaiksteine an der gewünschten Position in den Kleber drücken. Soll das Mosaik später nicht verfugt werden, die Steine ganz nah aneinandersetzen. Ansonsten kleine Lücken lassen. Die Fugenbreite kann um 1–4 mm variieren, das Motiv wirkt aber sauberer, wenn sie möglichst gleichmäßig ist.

Die Oberfläche nivellieren

Das Mosaik verfugen

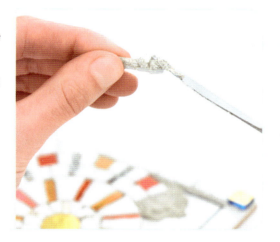

Verschieden dicke Mosaiksteine müssen auf eine Ebene gebracht (nivelliert) werden, um eine glatte Oberfläche zu ergeben. Die dünneren Steine dazu auf ein wenig mehr Kleber setzen.

Wenn der Kleber trocken ist, die Mosaiksteine verfugen. Die Fugenmasse mit Wasser zu einem dicken Brei anrühren. Auf großen Flächen mit dem Auffugbrett verteilen. Bei kleineren Flächen Gummihandschuhe tragen und mit den Fingern arbeiten.

Überschüssige Fugenmasse entfernen

Überschüssige Fugenmasse mit einen feuchten Fliesenschwamm entfernen. Den Schwamm bei jedem Wischen mit einer sauberen Stelle aufsetzen. Zwischendurch auswaschen. Die Fugenmasse 20 Minuten trocknen lassen und das Mosaik mit einem trockenen Tuch sauber reiben.

213

Keramik & Glas • Mosaik

Mosaik: Indirekte Methode

Bei der indirekten Methode wird das Mosaik zunächst mit dem Gesicht nach unten aufgeklebt und erst dann gewendet. Die Methode eignet sich besonders für größere Projekte. Sie können alle Schneide- und Klebearbeiten am Tisch sitzend erledigen und die Vorlage bleibt während der Arbeit sichtbar. Zudem lässt sich die Position der Steine einfach korrigieren.

Das Motiv auf Packpapier vorzeichnen

Das Motiv mit Bleistift auf Packpapier zeichnen. Besonders bei asymmetrischen Motiven oder bei Schrift daran denken, dass das Ergebnis gespiegelt ist. Zur Kontrolle umgekehrt vor ein Fenster halten.

Die Mosaiksteine auf das Papier kleben

Ein wenig verdünnten Weißleim (50:50 mit Wasser verdünnt) mit einem kleinen Pinsel auf das Papier streichen und einen Mosaikstein kopfüber aufkleben. Alle Steine so aufkleben und das Mosaik trocknen lassen.

Das Mosaik auf den gewünschten Untergrund kleben

1 Das Mosaik auf einen festen Untergrund (z. B. Boden, Wand oder Holzbrett) legen. Die Fugenmasse mit Wasser zu einem dicken Brei anrühren und die Oberseite (Rückseite) damit verfugen. Überschüssige Masse mit einem feuchten Schwamm abwaschen.

2 Den Untergrund mit Mosaikkleber bestreichen. Den Kleber mit Wasser zu einem dicken Brei anrühren und mit dem Zahnspachtel zu einem gleichmäßig dicken Bett verstreichen. Den Kleber sorgfältig bis an alle Kanten heran verstreichen.

3 Das Mosaik mit dem Packpapier vorsichtig anheben und auf den Kleber stürzen. Überprüfen, ob es korrekt aufliegt, und dann mit sanftem, gleichmäßigem Druck in das Bett aus Kleber drücken.

Mosaik • Techniken

Das Packpapier entfernen

Vorderseite des Mosaiks

1 Das Papier mit dem Schwamm anfeuchten und feucht halten, bis der Weißleim sich löst (je nach Klebkraft des Leims und der Lufttemperatur etwa 15 Minuten). In der Zwischenzeit die Außenkanten des Mosaiks mit Kleber einstreichen, um es zu stabilisieren.

2 Das Papier an einer Ecke vorsichtig anheben. Löst es sich nicht bereitwillig, nochmals mit dem Schwamm anfeuchten. Ist der Leim gelöst, das Papier vorsichtig flach zu einer Seite hin abziehen. Die auf die Oberseite durchgedrückte Fugenmasse mit dem feuchten Schwamm abwaschen, bevor sie trocknet. Den Schwamm dabei drehen und mit einer sauberen Stelle aufsetzen.

Verfugen und reinigen

1 Das Mosaik anschließend sofort von der Vorderseite nochmals verfugen oder warten, bis der Kleber getrocknet ist. Das Mosaik mit dem Schwamm anfeuchten, dann Fugenmasse darauf verteilen und in die Fugen drücken. Überschüssige Masse mit dem feuchten Schwamm abwaschen.

2 Wenn die Fugenmassen nach 20 Minuten angezogen hat, die Vorderseite des Mosaiks mit einem trockenen Tuch sauber reiben.

Keramik & Glas • Mosaik

Blumentöpfe PROJEKT

Diese Blumentöpfe sind mit einfachen, aber sehr dekorativen Mosaikmustern aus Porzellan- und Steinzeugscherben verziert. Hier wurden schlichte, randlose Terrakottatöpfe verwendet, Töpfe mit Rand eignen sich als Träger aber genauso gut. (Dünne Kunststofftöpfe sind nicht stabil genug.) Beide Töpfe tragen als Motiv eine Blume, allerdings ist sie einmal aus blauen Scherben vor einem blau-weißen Hintergrund gearbeitet und einmal aus blau-weißen Scherben vor einem weißen Hintergrund. Sie werden mit der direkten Methode angefertigt.

SIE BRAUCHEN
- Porzellanteller mit blau-weißem Muster
- Küchentuch
- Hammer
- Mosaikzange
- 2 Terrakottatöpfe, ca. 15 cm hoch
- verdünnten Weißleim, Mischverhältnis mit Wasser 70:30
- mittleren Pinsel
- Bleistift
- blaue Mosaiksteine
- Mosaikkleber
- Stukkateureisen oder Palettmesser
- weiße Fugenmasse
- Fliesenschwamm

1 Die Teller in das Küchentuch einschlagen und mit dem Hammer zerschlagen. Die Scherben mit der Mosaikzange weiter zerteilen.

2 Den Blumentopf mit einem Anstrich aus verdünntem Weißleim versiegeln und trocknen lassen.

3 Das Blumenmotiv mit einem Bleistift auf dem Blumentopf vorzeichnen. Die blauen Mosaiksteine mit der Zange in dazu passende Teile zerteilen und das Motiv auf der Arbeitsfläche mit den Scherben nachlegen.

4 Die Vorzeichnung auf dem Blumentopf mit dem Stukkateureisen mit Mosaikkleber überdecken. Dabei ungefähr der Kontur folgen. Dann die vorgeschnittenen Scherben mit der Blüte beginnend in den Kleber drücken.

5 Weiter stückweise mit Kleber bestreichen und mit Scherben bekleben. Den oberen Rand aus Scherben mit ähnlich aussehenden Mosaiksteinchen gestalten. Den Topf für das Aufkleben des unteren Rands umdrehen. Wenn der Kleber trocken ist, die Mosaiksteine verfugen und überschüssige Fugenmasse abwaschen.

Keramik & Glas • Mosaik

Topfuntersetzer PROJEKT

Mit Mosaiktechnik erhalten Sie eine strapazierfähige, abwaschbare Oberfläche, die sich gut für Topfuntersetzer eignet. Als Boden können Sie entweder ein Holzbrett oder eine Fliese nutzen, die Sie mit Filz hinterkleben – das verhindert Kratzer. Das Mosaik wird mit der indirekten Methode geklebt.

SIE BRAUCHEN

- Packpapier
- Bleistift oder Kohlestift
- rund 270 Buntglas-Mosaiksteine (800 g) in Orange, Rot, Weiß, Schwarz, Blau und Violett
- Mosaikzange
- verdünnten Weißleim, Mischverhältnis mit Wasser 50:50, plus unverdünnten Leim
- schmalen und mittleren Pinsel
- 30 × 30 cm MDF-Platte, 12 mm dick; oder 30 × 30 cm Bodenfliese
- Mosaikkleber
- Zahnspachtel
- Fliesenschwamm
- dunkelgraue Fugenmasse
- Gummihandschuhe
- 30 × 30 cm Filz
- Schere

1 Die Vorlage von S. 313 mit Bleistift oder Kohle auf Packpapier übertragen.

2 Die Mosaiksteine mit der Mosaikzange vierteln. Für Fühler und Garnelenschwänze in dünne Streifen teilen. Den verdünnten Leim mit dem dünnen Pinsel auf einen kleinen Bereich auftragen und Mosaiksteine aufkleben. Von der Mitte nach außen arbeiten und die Mosaiksteine immer kopfüber auf das Packpapier aufkleben.

3 Wenn das Motiv in der Mitte fertig ist, eine Reihe blauer Steine am Rand entlang aufkleben und dann nach innen auf das Motiv zu arbeiten. Die Steine direkt am Rand des Motivs passgenau zuschneiden. Dann den Leim trocknen lassen und das Mosaik von hinten verfugen.

4 Brett oder Fliese mit dem Zahnspachtel mit Kleber einstreichen. Das Mosaik daraufstürzen und in den Kleber drücken. Das Papier mit dem Schwamm anfeuchten, um den Leim zu lösen, dann vorsichtig abziehen. Das Mosaik verfugen. Überschüssige Fugenmasse abwaschen. Mit einem Tuch abreiben.

5 Die Unterseite des Bretts oder der Fliese mit unverdünntem Weißleim bestreichen und das Filzquadrat darauflegen. Mit beiden Händen fest andrücken und überschüssigen Leim mit einem feuchten Tuch abwischen. Den Leim erst eine Stunde trocknen lassen, dann den Untersetzer umdrehen.

Kerzen & Seife

Kerzen & Seife

TAUCHKERZEN • DREIFARBIGE STUMPEN • BIENENWACHSKERZEN

NATURSEIFE • SEIFENBOUQUET • DURCHSICHTIGE SEIFE

Seit Beginn des neuen Jahrtausends sind wir uns der Bedeutung natürlicher Zutaten stärker bewusst als je zuvor, und alte Handwerke, wie das des Kerzenmachers oder des Seifensieders, erfahren ein Revival. Handgemachte Kerzen und Seifen sind wunderbare Geschenke und jeder schätzt die Arbeit und Liebe, die Sie investiert haben – obwohl sich im Grunde beides ganz einfach herstellen lässt.

Falls Sie noch nie Kerzen oder Seifen selbst gemacht haben, dann bietet Ihnen dieses Kapitel eine praktische Einführung. Auch wenn es anfangs ein wenig wie Alchemie klingt, ist die Herstellung von Seife nach den hier vorgestellten Methoden ganz simpel und bedarf auch keiner speziellen Ausrüstung. Viele Utensilien, wie elektronische Küchenwaage und Messbecher, mit denen die Zutaten abgewogen und abgemessen werden, ein Mörser, um getrocknete Kräuter und Blüten zu zerkleinern, und eine Mikrowelle, haben die meisten wahrscheinlich zu Hause, oder sie lassen sich günstig erwerben. Sie benötigen allerdings ein paar spezielle Zutaten, wie etwa weiße oder klare Rohseife, ätherische Öle, Farben und Pigmente.

Beim Kerzenmachen ist es ähnlich: Vermutlich besitzen Sie schon viele der benötigten Materialien, müssen aber einige Zutaten, wie Wachs, Farben, Dochte und Dochthalter, kaufen. Glücklicherweise gibt es viele Händler und der Online-Handel macht die Produkte für jedermann verfügbar.

Bevor Sie jedoch eines der Projekte angehen, sollten Sie sich die Anleitung vollständig durchlesen, eine Liste aller Materialien anlegen, die Sie benötigen, und die Sicherheitshinweise beachten.

Stellen Sie Ihre Utensilien und Zutaten zusammen und verbannen Sie Kinder und Haustiere aus der Küche, denn die ist nun Ihr Labor.

Sobald Sie die Grundtechniken beherrschen, können Sie natürlich eigene Rezepte kreieren und ganz nach Geschmack mit Duftölen und Farben experimentieren. Sie werden sehen: Bald haben Sie mehr Kerzen und Seifen, als Sie benötigen – aber bestimmt viele dankbare Abnehmer im Freundes- und Familienkreis.

Kerzen & Seife • Materialien

Kerzen MATERIALIEN

Zum Herstellen von Kerzen brauchen Sie ein wenig Spezialausrüstung. Einige der benötigten Utensilien haben Sie aber sicherlich sowieso im Haus. Alles andere ist meist relativ preiswert im Fachhandel, im Internet oder in Baumärkten erhältlich oder kann gebraucht erworben werden.

Wachsformen Gießformen für Wachs sind im Bastelbedarf und bei Spezialanbietern aus Kunststoff, Latex, Metall oder Silikon erhältlich. Alternativ kann man aber auch eigene Formen herstellen (siehe S. 230).

Gießbecher Zum Einfüllen des geschmolzenen Wachses in die Formen. Glas- oder Kunststoffkannen eignen sich ebenso, solange sie aus hitzebeständigem Material bestehen und gut gießen.

Tauchgefäß Ein hohes Gefäß aus Metall für das Kerzenziehen (siehe S. 234-235).

Hoher Topf Dient beim Ziehen von Kerzen als Wasserbad. Spargeltöpfe sind gut geeignet. Das Tauchgefäß wird auf einem Dreifuß hineingestellt und der Topf zu zwei Dritteln mit Wasser gefüllt und erhitzt.

Wasserbadtopf Als Doppeltopf oder doppelwandiger Topf erhältlich. Man kann auch einen kleinen Topf in einen großen setzen. Für größere Mengen Wachs gibt es spezielle Wachsschmelzgeräte (siehe gegenüber).

Kerzen & Seife • Materialien

Mini-Wachsschmelzer (auch Wachswärmer genannt) Eigentlich ein Schokoladen-Fondue. Gut zum Schmelzen von kleinen Mengen Sojawachs geeignet.

Kleine Stielkasserolle Topfeinsatz des Mini-Wachsschmelzers (Mini-Fondue).

Wachsthermometer Spezialthermometer zum Testen der Wachstemperatur. Es gibt mit Alkohol oder Quecksilber gefüllte Thermometer sowie Digitalthermometer, die an den Wasserbadtopf angeklemmt werden können.

Hitzebeständige Matte oder Untersetzer Zum Abstellen der heißen Töpfe und Gefäße.

Backblech Dient als Unterlage zum Schutz der Arbeitsfläche vor heißen Wachsspritzern. Alternativ Alufolie verwenden.

Metall-Dreifuß Als Unterlage für das Tauchgefäß, damit es nicht mit dem Boden des Wassertopfs in Kontakt kommt.

Kerzen & Seife • Materialien

Bienenwachs Sojawachs Gelwachs

> **ZUDEM BRAUCHEN SIE …**
>
> **Löffel/Rührstab** Zum Umrühren des Wachses.
>
> **Messbecher** Zum Abmessen von Wachs, Duftöl etc.
>
> **Elektronische Waage** Zum Abwiegen von Wachs, Duftöl und Farbe. Elektronische Waagen messen genauer, vor allem, wenn es um kleine Mengen von Farben und Duftölen geht.
>
> **Schürze** Zum Schutz der Kleidung.
>
> **Cutter** Zum Schneiden von Wachsplatten.
>
> **Klebepads oder Bastelknete** Zum Versiegeln von Öffnungen in der Gießform.
>
> **Backofenhandschuhe** Zum Anfassen heißer Töpfe.

Wachs Es gibt verschiedene Wachsarten: Bienenwachs, Sojawachs, Gelwachs und Paraffin bzw. Stearin. Bienenwachs und Sojawachs sind natürliche, sauber verbrennende Produkte. Sojawachs ist im Block oder in Pastillenform erhältlich, wasserlöslich und einfach abwaschbar.

Wachsfarben Als Pastillen, flüssig oder als Farbpigmentpulver erhältlich. Die Pastillen sind einfach abzuwiegen und zu verarbeiten. Flüssige Farben sind sehr konzentriert und daher schwieriger abzumessen, da man nur wenige Tropfen benötigt.

Palettmesser Dient zum Umrühren des Wachses und zum Einrühren von Farben oder Duftölen.

Duftöle Es gibt zwei Arten von Duftölen: synthetische Öle und ätherische (essentielle) Öle (Extrakte aus Blüten und Pflanzen). Ätherische Öle sind nicht ganz so preiswert wie synthetische Öle, dafür aber ein 100 % natürlicher Duftstoff.

Dochthalter/Dochtklemmen Im Bastelbedarf und im Spezialhandel sind spezielle Dochthalterungen erhältlich. Alternativ zwei rund 10 cm lange Holzspieße an beiden Enden mit Gummiband umwickeln, um den Docht dazwischen einspannen zu können.

Dochte Es gibt diverse Dochtarten aus verschiedenen Materialien: Runddochte, Flachdochte, Flachbanddochte, Dochte aus Baumwolle, Nylon oder Glasfaser und sogar aus Holz. Art und Durchmesser des benötigten Dochts hängen vom Wachs und dem Durchmesser der Kerze ab.

Kleine Kneifzange Dient zum Schneiden des Dochts. Alternativ kann man auch eine scharfe Haushaltsschere verwenden.

Kerzen & Seife • Materialien

Seife MATERIALIEN

Neben der Seifengrundmasse sind die meisten Utensilien, die man zum Herstellen von Seifen benötigt, in fast jedem Haushalt vorhanden oder leicht zu besorgen. Seifenglycerin bzw. Gießseifen, hübsche Gießformen, Seifenfarben, Duftöle und andere Zusätze sind in unterschiedlichen Ausführungen im Bastelbedarf und im Internet erhältlich.

Teelöffel oder Messbecher Zum Abmessen benötigter Mengen, z. B. von Duftöl.

Rohseife (auch Gießseife genannt) Transparentes oder matt weißes Glycerin als Grundmasse für Seifen. Wird eingeschmolzen und in Formen gegossen.

Hitzebeständige Schüsseln Zum Schmelzen der Seifenmasse auf dem Herd oder in der Mikrowelle.

Küchenwaage Zum Abwiegen der Seifenmasse und aller anderen Zutaten und Zusätze eignen sich sowohl mechanische als auch elektronische Küchenwaagen.

Kochtöpfe Dienen beim Schmelzen der Seife als Wasserbad für eine hitzebeständige Schüssel – sie sollte nur am oberen Rand aufliegen, aber den Boden nicht berühren.

Kerzen & Seife • Materialien

Seifenformen Von der einfachen Margarinedose bis zur speziellen Seifenform ist alles verwendbar. Silikonbackformen und Gefrierdosen sind ideal. Die Formen müssen hitzebeständig sein.

Zahnstocher Zum genauen Dosieren kleiner Mengen Farbe oder Pigment für die Seifenmasse.

Schneidebrett Die Seifenmasse auf einem Schneidebrett aus Kunststoff oder Holz zerkleinern.

Seifenfarben Spezielle Seifenfarben oder Kosmetikfarben und -pigmente sind dermatologisch getestet und lichtbeständig. Lebensmittelfarben eignen sich auch, verblassen aber häufig.

Duftöle Ätherische (essentielle) Öle sind ideal für Aromatherapieseifen, synthetische Öle bieten eine größere Duftauswahl. Alle verwendeten Öle sollten für die kosmetische Verwendung geeignet sein.

Kerzen & Seife • Materialien

Zusatzstoffe Fein gemahlenes Hafermehl, Honig, gemahlene Erden, Öle und Fette können den Seifen zur Hautpflege oder als Peeling-Granulate zugegeben werden.

Mohnsamen

Honig

Sheabutter

Grüne Mineralerde/Tonerde

Hafermehl

Metall-Teigschaber oder Messer Ideal zum Zerteilen der Seife in Stücke.

Pflanzliche Zusätze Getrocknete Blütenblätter oder Knospen, Kräuter und getrocknete Fruchtscheiben dienen als dekorative Zusätze in Seifen. (Manche Zusätze, wie etwa Rosenblätter, verlieren beim Sieden ihre Farbe und sollten nur als Dekoration daraufgegeben werden. Getrocknete Ringelblumenblätter behalten ihre leuchtende Farbe und können eingerührt werden.)

ZUDEM BRAUCHEN SIE …

Mikrowelle Zum Schmelzen kleiner Seifenmengen (als Alternative zum Herd).

Wundbenzin Dient zum Auflösen der Luftblasen an der Oberfläche und sorgt für eine bessere Bindung zwischen mehreren Seifenlagen. Zum einfacheren Gebrauch in eine Sprühflasche geben. Vorsicht bei der Benutzung: Leicht entzündlich und darf nicht eingeatmet werden!

Metalllöffel Zum Umrühren der geschmolzenen Seife.

Frischhaltefolie Zum Einschlagen der Seifen, die nicht sofort benutzt werden.

229

Kerzen & Seife • Kerzen herstellen

Kerzen herstellen TECHNIKEN

Wenn Sie diese grundlegenden Techniken einmal beherrschen, können Sie Ihrer Fantasie freien Lauf lassen und endlos viele Kerzen herstellen, von betörenden Duftkerzen über handgezogene Kerzen bis hin zu mehrfarbigen Stumpen und vielem mehr.

Eine Kerzenform auswählen

Gießformen sind Hohlformen, in die das geschmolzene Wachs gegossen wird. Sie sind aus verschiedenen, hitzebeständigen Materialien, wie Kunststoff, Latex, Metall und Silikon, in Spezial- und Bastelgeschäften erhältlich. Ebenfalls gut geeignet sind Back- und Schokoladenformen, wie auch Joghurtbecher und Aufbewahrungsbehälter für Lebensmittel.

Eigene Gießformen vorbereiten

1 Ein hitzebeständiges Gefäß, wie etwa einen Joghurtbecher, ausspülen und mit einem Metallspieß ein Loch durch den Boden stanzen. Wie im nächsten Schritt beschrieben, **Den Docht an der Form befestigen**.

2 Zum Gießen einer größeren Form, wie einem Eisbehälter, werden mehrere Dochte benötigt. Dafür in gleichmäßigen Abständen drei Löcher durch den Boden stanzen.

Loch in der Mitte

Den Docht an der Form befestigen

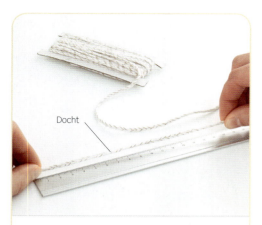

Docht

1 Den Docht etwa 10 cm länger als die Höhe des Gefäßes zuschneiden und durch das Loch im Boden hindurchfädeln.

2 Das Dochtende unter dem Boden verknoten, damit der Docht nicht wieder zurückrutschen kann.

3 Die Unterseite des Gefäßes mit Knete versiegeln. Das Dochtende sollte vollständig bedeckt sein und die Knetmasse fest anliegen, da das Wachs sonst ausläuft.

Kerzen herstellen • Techniken

Einen Dochthalter anfertigen

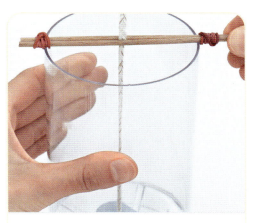

1 Ein Dochthalter hält den Docht in der Form gerade. Zwei Holzspieße an beiden Enden mit Gummibändern zusammenbinden.

2 Den Docht zwischen den Spießen hindurchstecken und vorsichtig straff ziehen.

3 Die Spieße auf den Rand der Gießform auflegen, sodass der Docht gespannt ist und in der Mitte der Form hängt.

Den Docht wachsen

1 Für Tauchkerzen (siehe S. 234-235) und gerollte Kerzen (siehe S. 240-241) muss der Docht zuerst gewachst werden, damit die Kerzen sich gut anzünden lassen. Dazu eine kleine Menge Wachs schmelzen.

2 Den gesamten Docht in das geschmolzene Wachs eintauchen. Dabei steigen kleine Luftblasen vom Docht auf.

Gewachster Docht

3 Wenn nach etwa einer Minute keine Blasen mehr aufsteigen, den Docht mit dem Dochthalter oder einer Pinzette herausheben und überschüssiges Wachs abtropfen lassen.

4 Den Docht ein paar Sekunden abkühlen lassen, dann an beiden Enden ziehen, um ihn gerade auszurichten.

Kerzen & Seife • Kerzen herstellen

Wachsarten

Es gibt verschiedene Wachsarten. Die meisten industriell gefertigten Kerzen bestehen aus Paraffin. Es gibt aber verschiedene Alternativen, die umweltfreundlicher und auch angenehmer im Gebrauch sind, da sie weniger rußen. Bienen- und Sojawachs sind Naturprodukte, die sauberer verbrennen. In Pastillen- oder Flockenform sind sie einfach abzuwiegen und einzuschmelzen. Sojawachs ist zudem wasserlöslich, wodurch sich die verwendeten Utensilien leicht reinigen lassen.

Die Wachsmenge abmessen

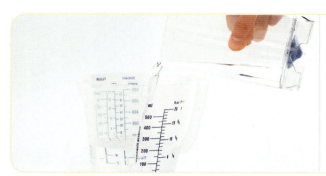

1 Die einfachste Methode, um herauszufinden, wie viel Wachs benötigt wird, ist, die versiegelte Kerzenform mit Wasser zu füllen, das Wasser dann in einen Messbecher umzuschütten und abzumessen.

2 Die Milliliter 1:1 in Gramm umrechen (z.B. 100 ml = 100 g). Da Wachs etwa 10 % leichter ist als Wasser, die Wachsmenge in Gramm um 10 % niedriger wählen. Bei 100 g Wasser bedeutet das 100 g × 0,9 = 90 g Wachs.

Wasser in Gramm	Wachsflocken in Gramm
100	90
200	180
300	270
400	360
500	450
600	540
700	630
800	720
900	810
1000	900

Das Wachs im Doppeltopf schmelzen

Den unteren Topf zu einem Drittel mit Wasser füllen und den oberen Topf darauf setzen. Das Wasser erhitzen, bis es leicht köchelt. Dann das Wachs in den oberen Topf geben und unter gelegentlichem Umrühren mit dem Metalllöffel schmelzen. Bienenwachs schmilzt bei etwa 62 °C, Sojawachs bei rund 68 °C. Die Angaben des Herstellers zum Schmelzen beachten.

Das Wachs in anderen Behältern schmelzen

Statt des Doppeltopfs kann ebenso eine hitzebeständige Schüssel auf einen zum Drittel mit Wasser gefüllten Topf gestellt werden. Es gibt auch spezielle Wachsschmelzer. Für kleinere Wachsmengen eignet sich ein Schokoladen-Fondue.

ACHTUNG!

Das Wachs beim Schmelzen nie unbeaufsichtigt lassen und niemals über 93 °C erhitzen.

Kerzen herstellen • Techniken

Farbe zugeben

1 Am einfachsten lassen sich Kerzen mit Kerzenfarbe einfärben. Sie ist flüssig oder in Pastillenform erhältlich. Die benötigte Menge hängt von der Größe der Kerze und der gewünschten Farbtiefe ab. Als Faustregel gilt: 1 g Farbe reicht für rund 100 g Wachs. Die Farbwirkung am besten vorher austesten.

2 Sobald das Wachs vollständig geschmolzen ist, die Herdplatte ausschalten. die Farbe zugeben und gründlich einrühren (besonders bei Wachspastillen). Die Farbe wirkt geschmolzen viel intensiver als beim erkalteten Wachs.

3 Um die Farbe zu testen, ein wenig Wachs auf einen Teller tropfen und erkalten lassen. Ist die Farbe zu schwach, noch ein wenig mehr Farbe einrühren. Ist sie zu intensiv, etwas mehr Wachs zugeben.

Duftöle abmessen

1 Die benötigte Menge an Duftöl ist normalerweise den Angaben des Herstellers zu entnehmen. Bei synthetischem Öl werden meist 5–10 % der Wachsmenge benötigt. Bei ätherischen Ölen sind es rund 5 %. Mit einer Kerze zunächst testen, ob der Duft sich beim Abbrennen gut im Raum verteilt und ob er zu stark oder zu schwach ist.

2 Das Duftöl kurz vor dem Gießen in das heiße Wachs geben und gründlich verrühren. Vorsichtig rühren, damit sich keine Luftblasen im Wachs bilden.

SICHERHEIT GEHT VOR

Kerzen nur auf einen **hitzebeständigen Untergrund** stellen.

Kerzen nur in **gut belüfteten Räumen** abbrennen.

Kerze löschen, sobald nur noch 5 mm Wachs übrig sind.

Kerzen niemals unbeaufsichtigt brennen lassen.

Kerzen von Zugluft und entflammbaren Materialien fernhalten.

Kinder und Haustiere von brennenden Kerzen fernhalten.

Kerzen immer **kühl lagern.**

Kerzen & Seife • Kerzen herstellen

Tauchkerzen PROJEKT

Mit dieser Technik werden Kerzen schon seit Jahrhunderten hergestellt. Das Prinzip ist denkbar einfach (auch wenn es etwas Übung und Geduld braucht): Durch Eintauchen eines Dochts in flüssiges Wachs bauen sich nach und nach Wachsschichten auf. Es werden immer zwei Kerzen gleichzeitig gefertigt.

SIE BRAUCHEN
- Flachdocht
- Schere
- Metall-Dreifuß
- tiefen Topf
- Tauchgefäß
- Sojawachs, in ausreichender Menge, um das Tauchgefäß zu füllen
- Wachsthermometer
- Wachsfarbe
- Metalllöffel oder Rührstab
- Ofenhandschuhe
- hitzebeständige Matte
- kleine Kneifzange

Docht

Tauchgefäß

1 Da bei diesem Projekt zwei Kerzen gleichzeitig angefertigt werden, den Docht so lang zuschneiden, dass er für zwei Kerzen plus 10 cm Zugabe reicht. Bei einem 20 cm hohen Tauchgefäß ergibt dies 2 × 20 cm + 10 cm = 50 cm Docht.

2 Den Dreifuß in den Topf setzen und ihn zu zwei Dritteln mit Wasser füllen. Zum Köcheln bringen, dann das Tauchgefäß einsetzen und zu zwei Dritteln mit Wachs füllen. Wenn das Wachs schmilzt, mehr Wachs zugeben, bis das Gefäß fast voll ist. Bei 70 °C Wachstemperatur den Herd abdrehen. Farbe einrühren und auflösen.

3 Das Tauchgefäß mit Ofenhandschuhen herausheben und auf die hitzebeständige Matte setzen. Alternativ kann es im Wasserbad stehen bleiben, wodurch das Wachs seine Temperatur besser hält.

4 Den Docht in der Mitte festhalten und die beiden Enden etwa 30 Sekunden in das Wachs tauchen. Herausheben und überschüssiges Wachs abtropfen lassen. Den Docht gerade ziehen und etwa drei Minuten abkühlen lassen.

5 Den Docht erneut eintauchen und nach rund 15 Sekunden herausheben. Kurz abkühlen lassen und gerade ziehen. Nach ein paar Tauchgängen hat sich genug Wachs angelegt, dass der Docht gerade bleibt. Die Kerzen sollten sich beim Tauchen nicht berühren.

6 Werden mehr als zwei Kerzen hergestellt, kann ein zweiter Docht eingetaucht werden, während der erste trocknet. Den Docht weiter tauchen, bis die gewünschte Kerzendicke erreicht ist (etwa 30 bis 40 Tauchgänge).

7 Sinkt die Wachstemperatur unter 55 °C, das Wachs im Wasserbad wieder auf 70 °C erhitzen. Dabei weiteres Wachs zugeben, schmelzen und Farbe einrühren, damit das Tauchgefäß immer gleich hoch mit Wachs gefüllt ist.

8 Die Kerzen zum Trocknen aufhängen. Den Docht mit der Kneifzange ca. 1 cm über der Kerzenspitze abschneiden. Die Kerze vor dem Abbrennen 24 Stunden aushärten lassen.

Kerzen & Seife • Kerzen herstellen

Dreifarbige Stumpen PROJEKT

Sie können Kerzen in unterschiedlichen Farben und Formen gießen. Für dieses Projekt verwenden wir drei verschiedene Blautöne und eine Kunststoffform. Es gibt aber auch Formen aus Latex, Metall und Silikon – oder Sie machen sich eine Form selbst (siehe S. 230).

SIE BRAUCHEN
- Wasserbadtopf
- Sojawachsflocken
- Wachsthermometer
- Metalllöffel
- Docht
- Schere
- Kerzengießform
- Knetmasse
- 2 Holzspieße
- 2 kleine Gummibänder
- Gießbecher
- Wachsfarbe
- Duftöl
- kleine Kneifzange

1 Den unteren Topf zu zwei Dritteln mit Wasser füllen und den oberen Topf aufsetzen. Das Wasser zum Köcheln bringen und dann das Wachs in den oberen Topf geben (den Wachsbedarf wie auf S. 232 in **Die Wachsmenge abmessen** beschrieben ermitteln). Das Wachs auf 70 °C erhitzen. Dabei gelegentlich mit dem Metalllöffel umrühren.

2 Während das Wachs schmilzt, den Docht rund 10 cm länger als die Höhe der Gießform zuschneiden und durch das Loch im Boden der Form fädeln.

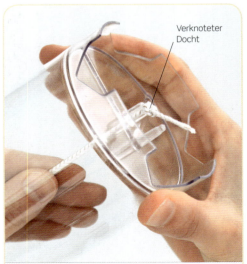

Verknoteter Docht

3 Den Docht unterhalb des Lochs verknoten, damit er nicht zurückrutscht.

4 Das Loch mit Knetmasse versiegeln und darauf achten, dass sie dicht anliegt. Sonst läuft das geschmolzene Wachs beim Füllen der Form durch das Loch aus.

Dreifarbige Stumpen • Projekt

5 Zwei Holzspieße an beiden Enden mit Gummiband zusammenbinden. Den Docht zwischen den Spießen durchfädeln und vorsichtig straff ziehen. Die Spieße als Dochthalter quer über die Form legen, sodass der Docht gespannt in der Mitte hängt.

6 Das geschmolzene, auf 70 °C erhitzte Wachs in den Gießbecher füllen. Diese Stumpenkerze besteht aus drei verschiedenfarbigen Lagen. Die oberste Farbe ist am hellsten, die mittlere ist etwas dunkler und unten befindet sich die dunkelste Lage.

7 Da die Form auf dem Kopf steht, wird zuerst die oberste Lage der Kerze gegossen. Mit der hellsten Farbe beginnen. Die Farbmenge bestimmen (siehe **Farbe zugeben** auf S. 233) und in das Wachs einrühren.

8 Sobald die Farbe vollständig gelöst ist, einen Duftstoff zugeben (siehe **Duftöle abmessen** aus S. 233) und wieder umrühren.

9 Das Wachs langsam in die Form gießen, bis sie zu einem Drittel gefüllt ist. Mit einem Löffel vorsichtig gegen die Form klopfen, um Luftblasen zu lösen. Darauf achten, dass der Doch in der Mitte sitzt. Das restliche Wachs wieder in den Tcpf gießen.

Gespannter Docht

10 Sobald das Wachs in der Form erkaltet ist und sich fest anfühlt, erneut Wachs im Wasserbad erhitzen, in den Gießbecher geben und die nötige Farbmenge für die zweite Farbe einrühren. Sobald die Farbe vollständig gelöst ist, die zweite Lage Wachs in die Form gießen, sodass sie zu zwei Dritteln gefüllt ist. Luftblasen durch Klopfen lösen und überprüfen, dass der Docht mittig sitzt. Das restliche Wachs wieder in den Topf gießen. Die Kerze etwa eine Stunde abkühlen und hart werden lassen.

Kerzen & Seife • Kerzen herstellen

11 Die dritte Menge Wachs erhitzen, in den Gießbecher geben und die dunkelste Farbe einrühren. Beim Eingießen in die Form etwa 1 cm Rand lassen. Ein wenig Wachs im Becher zurückbehalten. Die Luftblasen durch Klopfen lösen und die Lage des Dochts überprüfen. Die Kerze über Nacht trocknen lassen.

12 Beim Aushärten bildet sich oben rund um den Docht eine kleine Mulde. Das zurückbehaltene Wachs erhitzen und die Mulde damit auffüllen. Nicht so viel Wachs zugießen, dass sich eine neue Wachsschicht bildet, die am Kerzenrand sichtbar bleibt. Die Kerze zwei Stunden in der Gießform trocknen lassen.

13 Sobald das Wachs vollständig fest ist, die Form auf den Kopf stellen und die Knetmasse vom Boden der Form und vom Docht ablösen.

14 Den Knoten im Docht lösen oder mit einer kleinen Kneifzange abschneiden.

TRENNLINIEN AUSPOLIEREN

Alte Strumpfhose

Wenn die einzelnen Wachsschichten vor dem Gießen der nächsten Schicht zu stark getrocknet waren, bilden sich deutlich sichtbare Trennlinien. Das liegt daran, dass das Wachs beim Abkühlen und Trocknen leicht schrumpft. Ein kleiner Teil des zugegossenen Wachses fließt dann in die entstandene Lücke. So entsteht ein leicht überstehender Ring. Weist eine Kerze nach dem vollständigen Trocknen diese Trennlinien oder Ringe auf, kann man sie auspolieren. Dazu eignet sich eine alte Nylonstrumpfhose. Durch das Polieren verschwinden die Ringe und die Kerze erhält gleichzeitig einen seidigen Glanz!

15 Die Kerze aus der Form gleiten lassen – da sie während des Erkaltens schrumpft, löst sie sich leicht.

Kerzen & Seife • Kerzen herstellen

Bienenwachskerzen PROJEKT

Bienenwachsplatten sind nicht mehr nur in Naturfarbe, sondern praktisch in allen Farben des Regenbogens erhältlich. Achten Sie darauf, dass das Wachs Zimmertemperatur hat, bevor Sie mit dem Rollen beginnen. Ist das Wachs zu kalt, kann man es vorsichtig mit dem Föhn erwärmen (aber nicht schmelzen) oder ein paar Minuten auf die Heizung legen.

SIE BRAUCHEN
- Bienenwachsplatten
- Schneidematte
- Skalpell
- Metalllineal
- gewachsten quadratischen Docht (siehe S. 231)
- Schere

1 Für eine gerade Kerze die Bienenwachsplatte auf die Schneidematte legen und mit Skalpell und Metalllineal auf 20 × 14 cm Größe zuschneiden.

2 Ein 22 cm langes Stück des gewachsten Dochts abschneiden und 5 mm von der Längskante auf die Wachsplatte legen. Den Rand vorsichtig über den Docht falten.

3 Das Wachs nun eng um den Docht aufrollen, bis die gesamte Platte eingerollt ist. Die offene Kante vorsichtig mit den Fingern festdrücken.

4 Für eine kegelförmige Kerze eine dreieckige Wachsplatte mit den Maßen 20 × 20 × 28 cm zuschneiden (mit Skalpell und Metalllineal auf der Schneidematte).

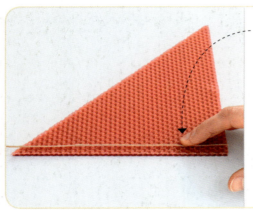

5 Einen 22 cm langen gewachsten Docht 5 mm von einer der kurzen Kanten entfernt auflegen und die Kerze wie in Schritt 2 und 3 beschrieben aufrollen. Die offene Kante andrücken.

6 Für eine zweilagige Kerze zwei dreieckige Wachsplatten mithilfe von Skalpell, Metalllineal und Schneidematte auf 20 × 20 × 28 cm Seitenlängen zuschneiden. Die Wachsplatten übereinanderlegen und dann Schritt 5 folgen.

Kerzen & Seife • Seifen herstellen

Seifen herstellen TECHNIKEN

Beim Seifengießen besteht die Grundtechnik darin, eine Rohseife zu schmelzen, sie mit Duftstoffen, Farben und Zusätzen zu mischen und in Formen zu gießen. Wenn Sie diese Grundtechnik einmal beherrschen, können Sie frei experimentieren und beispielsweise durch Schichten oder Eingießen sehr dekorative Seifen kreieren.

Die Rohseife vorbereiten

1 Etwas mehr Seife abwiegen, als zum Füllen der Formen benötigt wird, falls etwas überläuft. Seifenstücke sind üblicherweise 80–100 g schwer. Ist das Füllgewicht einer Form nicht angegeben, nach Augenmaß ein in etwa passendes Stück Rohseife abschneiden.

2 Die Rohseife mit einem scharfen Messer in 2,5 cm große Würfel schneiden. Je kleiner und regelmäßiger die Stücke geschnitten sind, desto schneller und gleichmäßiger schmilzt die Seife.

Die Seife schmelzen

1 Die Seife in eine hitzebeständige Schüssel geben und in einem Wasserbad auf den Herd stellen, bis sie sich völlig verflüssigt hat. Gelegentlich umrühren, aber keine Luftblasen einrühren.

2 Kleine Mengen lassen sich auch in der Mikrowelle schmelzen. Die Seife in eine mikrowellengeeignete Schüssel geben und auf höchster Stufe in 10-Sekunden-Intervallen erhitzen, bis sie flüssig ist. Die Seife nie überhitzen oder kochen, sondern nur so weit erwärmen, dass sie schmilzt.

Seifen herstellen • Techniken

Die Seife einfärben

Flüssige Seifenfarbe

1 Flüssige Farben oder Pigmente schrittweise in geringen Mengen in die Seife geben. Dazu die Farbe mit einem Zahnstocher nach und nach in die Seife eintropfen lassen.

2 Ist die Farbe nicht kräftig genug, ein wenig mehr Farbe zugeben und verrühren, bis sie gleichmäßig in der Seife verteilt ist.

Farbpigment

3 Farbpigmente in eine kleine Menge geschmolzene Seife geben und verrühren, bis sie gelöst sind. Diese dann nach und nach in die restliche flüssige Seife einrühren.

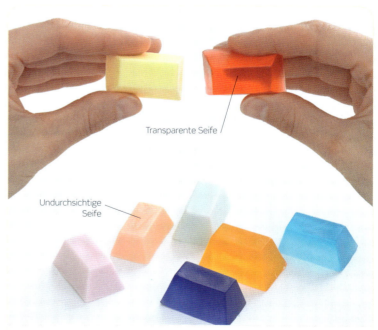

Transparente Seife

Undurchsichtige Seife

4 Für kräftige, an Gummibärchen erinnernde Farben transparente Rohseife mit flüssiger Farbe oder Pigmenten mischen. Mit weißer Rohseife entstehen mattere, undurchsichtige Farben.

Kerzen & Seife • Seifen herstellen

Duftöle zugeben

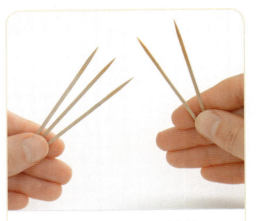

1 Ätherische und andere Duftöle direkt vor dem Gießen in die Seife geben, da sie sonst durch die Wärme der Seife verfliegen. Bei kleinen Seifenmengen das Öl tropfenweise zugeben.

2 Bei größeren Seifenmengen das Öl im Messbecher abmessen. Dabei für das Öl rund 2–3 % der Seifenmenge rechnen, also 10–15 ml pro 500 g Seife.

3 Beim Mischen von Düften mit leichteren, mittleren und schweren Noten experimentieren. Dazu Holzzahnstocher in verschiedene Duftöle tauchen und gemeinsam in einen Gefrierbeutel geben.

Natürliche Zutaten in die Seife geben

1 Durch die Zugabe von kleinen Mengen an Feuchtigkeit spendenden Fetten, wie Sheabutter, in die flüssige Seife kann man ihr eine geschmeidige Textur geben. Nie mehr als 5 g Fett pro 100 g Seife zugeben.

2 Für einen Peeling-Effekt können der Seife feines Hafermehl oder andere Granulate beigemischt werden. Getrocknete Blütenblätter der Ringelblume oder der Färberdistel sorgen für eine hübsche, gesprenkelte Färbung.

3 Sehr dekorativ sind auch eingegossene getrocknete Zitrusscheiben. Eine Scheibe auf den Boden einer Form legen und für gute Haftung mit ein wenig Seife übergießen. Nach etwa drei Minuten mit Wundbenzin besprühen, dann die restliche Seife darübergießen.

Seifen herstellen • Techniken

Seife in Formen gießen und lagern

1 Sind alle Zutaten eingerührt, die Seife vorsichtig in Formen gießen. Dabei bilden sich an der Oberfläche praktisch immer Luftblasen. Diese können durch sofortiges Besprühen mit Wundbenzin gelöst werden. Die Seife erkalten lassen.

2 Nach ein paar Stunden die Form umdrehen und leicht hin und her bewegen. Löst sich die Seife nicht, die Form 15 Minuten ins Tiefkühlfach stellen und es dann erneut versuchen. Die ausgelöste Seife mit einem Messer oder Teigschaber in Stücke schneiden.

3 Seife, die nicht sofort gebraucht wird, in Frischhaltefolie einschlagen, damit das Glycerin keine Feuchtigkeit zieht und die Seife zu »schwitzen« anfängt.

Schichten und Eingießen

Kleine Seife

1 Durch Schichten erhält ein Seifenstück verschiedenfarbige oder unterschiedlich duftende Lagen. Die Oberfläche direkt nach dem Gießen einer Lage mit Wundbenzin besprühen und die Seife dann erkalten lassen. Vor dem Gießen der nächsten Lage erneut einsprühen.

2 Sehr beliebt ist auch das Eingießen kleiner Seifenstücke in Kontrastfarben. Dazu eignen sich sowohl kleine handgeschnittene Seifenstücke wie auch dekorative Formen, die in Schokoladenformen gegossen oder mit Plätzchenausstechern gestochen wurden.

3 Die kleine Seife vor dem Eingießen mindestens 30 Minuten ins Tiefkühlfach stellen, damit sie nicht schmilzt. Dann wie beim Schichten vorgehen und die kleine Seife in die mittlere Lage eingießen. Jede Lage mit Wundbenzin besprühen und dann übergießen.

Kerzen & Seife • Seifen herstellen

Naturseife PROJEKT

Haben Sie auch schon einmal auf einem Markt diese wunderbar rustikal aussehenden Naturseifen bewundert? Warum probieren Sie dann nicht einmal, eine solche Seife mit hautberuhigendem Lavendel selbst herzustellen? Mit dieser Methode können Sie auch getrocknete Kräuter, Blütenblätter und ätherische Öle in Ihre Seifen einarbeiten.

SIE BRAUCHEN
- 1 Tasse getrocknete Lavendelknospen
- Mörser oder Standmixer
- 650 g Rohseife mit Ziegenmilch, in kleine Würfel geschnitten
- hitzebeständige Schüssel
- Topf
- Metalllöffel
- kleinen Messbecher
- 15 ml ätherisches Lavendelöl
- Frischhaltedose (ca. 12,5 × 18 cm)
- Teigschaber aus Metall oder Messer

1 Die Lavendelknospen in zwei gleich große Portionen teilen. Eine Portion im Mörser oder im Mixer fein mahlen und auf die Seite stellen.

2 Die Rohseife in die Schüssel geben. Die Schüssel auf einen Topf mit köchelndem Wasser setzen und die Seife schmelzen. Dabei gelegentlich mit dem Löffel umrühren. Die Schüssel vom Topf nehmen.

3 Das Lavendelöl und die gemahlenen Blüten zur Seife geben und eine bis zwei Minuten gründlich einrühren. So verteilen sich die festen Bestandteile gleichmäßig in der Seife. Die Seife leicht abkühlen, aber nicht fest werden lassen.

4 Die Seife in die Frischhaltedose gießen. Die zurückbehaltenen Lavendelknospen sofort darüberstreuen, noch bevor die Seife eine Haut bildet, und vorsichtig mit den Händen andrücken, damit sie an der Oberfläche haften.

5 Die Seife mehrere Stunden aushärten lassen, dann aus der Form lösen und mit dem Teigschaber oder dem Messer in handliche Seifenstücke zerteilen.

Kerzen & Seife • Seifen herstellen

Seifenbouquet PROJEKT

Dieser hübsche Rosenstrauß in Seifenform verströmt in Ihrem Badezimmer den betörenden Duft des Sommers. Naturreines Rosenöl ist eines der teuersten Aromen der Welt und wird selten für Seifen verwendet. Sie können sich aber dennoch mit Rosenduft verwöhnen, indem Sie verdünntes Rosenöl kaufen und es mit dem Duft von Geranien kombinieren.

SIE BRAUCHEN

- 840 g Rohseife mit Ziegenmilch, in kleine Würfel geschnitten
- elektronische Küchenwaage
- mikrowellengeeignete Schale
- Mikrowelle
- Zahnstocher
- verschiedene flüssige Seifenfarben (hier wurden Karminrot, Lachsrosa, Orange und Violett verwendet)
- je 5 ml verdünntes ätherisches Rosenöl und ätherisches Geranienöl
- Silikon-Rosenform mit sechs Mulden
- kleine Sprühflasche mit Wundbenzin

1 Die Rohseife in sechs gleiche Portionen von 140 g teilen. Eine Portion Seife in eine kleine mikrowellengeeignete Schale geben und bei höchster Leistung in 10-Sekunden-Intervallen erhitzen, bis die Seife geschmolzen ist.

2 Sobald die Seife vollständig flüssig ist, tropfenweise, aber zügig, die gewünschte Farbe mit einem Zahnstocher in die Seife eintropfen und einrühren. So oft tropfenweise Farbe zugeben und einrühren, bis die gewünschte Farbe erreicht ist. (Wird die Seife zu kühl und bildet eine Haut, erneut für 10 Sekunden in der Mikrowelle erhitzen.)

Ätherisches Öl

3 Direkt vor dem Gießen je 12 bis 15 Tropfen Rosenöl und Geranienöl in die Seife geben und gründlich einrühren.

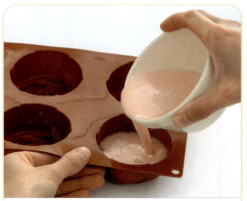

4 Die Seife in eine der sechs Mulden gießen und sofort mit Wundbenzin besprühen, um Luftblasen an der Seifenoberfläche zu lösen. Die übrigen Formen mit anders gefärbter Seife ausgießen.

5 Die Seifen mehrere Stunden erkalten lassen, bis sie fest sind. Die Seifenstücke dann einzeln aus der Silikonform lösen und zu einem Seifenbouquet zusammenlegen.

Kerzen & Seife • Seifen herstellen

Durchsichtige Seife PROJEKT

Bei diesem Projekt wird ein kleines, rotes Seifenherz in ein durchsichtiges Stück Seife eingegossen. Die Seife birgt noch ein weiteres Geheimnis, denn die äußere Seife duftet nach Rosenholz, das kleine Herz in der Mitte aber nach warmer Vanille. Sie können das Herz in einer Schokoladenform gießen oder es mit einem herzförmigen Plätzchenausstecher ausstechen.

SIE BRAUCHEN
- 4 × 25 g durchsichtige Rohseife, in kleine Würfel geschnitten
- elektronische Küchenwaage
- mikrowellengeeignete Schale
- Mikrowelle
- Teelöffel
- ⅛ TL nicht ausblutendes Seifenpigment (hier wurde Rot verwendet)
- 1 ml (ca. 20 Tropfen) reines Vanilleextrakt
- 4 cm große Schokoladen-Herzform
- kleine Sprühflasche mit Wundbenzin
- 7,5 cm große quadratische Seifenform
- Rosenholzöl

1 Eine Portion Seife in die mikrowellengeeignete Schale geben und bei voller Leistung in 10-Sekunden-Intervallen in der Mikrowelle erhitzen, bis sie geschmolzen ist. Das Pigment einrühren, bis es sich gelöst hat. (Bildet die Seife eine Haut, nochmals 10 Sekunden in die Mikrowelle geben.)

2 Das Vanilleextrakt einrühren und die Seife in die Herzform gießen. Die Oberfläche sofort mit Wundbenzin besprühen, um die Luftblasen zu lösen. Die Seife mindestens 30 Minuten im Tiefkühlfach erkalten und fest werden lassen.

3 In der Zwischenzeit die zweite Portion Seife schmelzen. Vorsichtig 10 bis 15 Tropfen Rosenholzöl in die flüssige Seife einrühren, damit sich keine Blasen bilden. Die Seife in die quadratische Form gießen und sofort mit Wundbenzin besprühen, um Blasen zu lösen. 30 Minuten erkalten lassen.

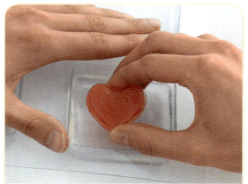

4 Die dritte Portion Seife schmelzen, 10 bis 15 Tropfen Rosenholzöl einrühren und ein bis zwei Minuten beiseitestellen. Das Herz aus der Form lösen, mit Wundbenzin einsprühen und in die Quadratform setzen. Die Seife nochmals mit Wundbenzin einsprühen und die geschmolzene Seife mit dem Löffel um das Herz herum verteilen. 30 Minuten härten lassen.

5 Schritt 3 mit der restlichen Seife wiederholen. Sobald das Duftöl eingerührt ist, die vorige Seifenschicht mit Wundbenzin besprühen, damit die letzte Schicht haften kann. Die geschmolzene Seife darüber gießen und nochmals mit Wundbenzin einsprühen, um die Blasen zu lösen. Mehrere Stunden härten lassen und dann aus der Form lösen.

Natur & Recycling

Natur & Recycling

KORBFLECHTEN • FLICKENTEPPICHE • KRÄNZE BINDEN • BLUMENBILDER
RECYCLING • MÖBEL VERZIEREN • KONSERVENKUNST • DRAHTKUNST

Lassen Sie beim Basteln die Seele baumeln – und tun Sie zugleich etwas für die Umwelt. Ein Projekt, das Materialien nutzt, die sonst auf dem Müll landen würden, kann nicht nur dekorativ sein, sondern auch die ideale Müllvermeidung. Mit ein wenig Fantasie verwandeln Sie vermeintlichen Schrott in kleine Schätze!

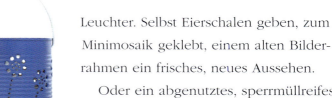

Dieses Kapitel widmet sich Techniken, die natürliche oder recycelte Stoffe nutzen. Die Projekte kann man guten Gewissens herstellen, denn alles dreht sich darum, Materialien zu verwenden, die normalerweise weggeworfen würden.

Schwelgen Sie im Reichtum der Natur und flechten Sie Körbe aus Weidenruten, binden Sie frische oder getrocknete Zweige zu Kränzen oder basteln Sie Grußkarten mit getrockneten Blüten. Viele Utensilien, die es dazu braucht, finden Sie wahrscheinlich im Garten oder bei einem Waldspaziergang.

Stadtbewohner ohne eigenen Garten, die nicht so viel Grün in ihrer Umgebung haben, können sich dem Recyceln widmen. Sie werden erstaunt sein, was alles möglich ist: Konservendosen werden zu Laternen und Drahtbügel zu dekorativen Herzanhängern oder einem ausgefallenen Leuchter. Selbst Eierschalen geben, zum Minimosaik geklebt, einem alten Bilderrahmen ein frisches, neues Aussehen.

Oder ein abgenutztes, sperrmüllreifes, altes Schränkchen: Wenn es zum Wegwerfen noch zu schade ist, kann man es mit ein wenig Farbe und neuen Griffen wieder schick aufmöbeln. Auch ein Sack voller alter Kleider lässt sich mit der richtigen Technik im Nu zum kuschelweichen Teppich oder Bettvorleger verarbeiten.

Die hier vorgestellten »Öko-Projekte« sind einfach nachzumachen und eignen sich gut, um mit Gleichgesinnten und Freunden gemeinsam etwas für die Umwelt zu tun. Korbflechten, Teppiche knüpfen und Kränze binden bringt in der Gruppe bestimmt doppelt Spaß und außerdem halten Sie traditionelle Handwerkstechniken am Leben, indem Sie sie erlernen und weitergeben.

Natur & Recycling • Materialien

Natur & Recycling MATERIALIEN

Das Tolle an alten, recycelten oder gefundenen Materialien: Sie sind kostenlos! Je nach Projekt benötigen Sie dazu nur ein paar spezielle Werkzeuge. Ein Streifzug durch den Garten oder über den Speicher kann wahre Schätze zutage fördern. Hier erfahren Sie, wie Sie sie in einzigartige Dekostücke verwandeln können.

Korbflechten

Grüne Weiden
Getrocknete, ungeschälte Weiden. »Grün« bedeutet hier »unbehandelt«. Die Farbe der Weide kann rot, gelb, bläulich oder rötlichschwarz sein.

Ahle (auch Pfriem genannt) Ein spitz zulaufender Metalldorn, mit dem das Flechtwerk auseinandergetrieben wird. Alternativ einen Metallspieß oder einen Schraubenzieher verwenden.

Braune (gesottene) Weiden
Sie werden frisch geschnitten, gekocht und dann geschält. Beim Kochen entstehen Gerbstoffe, die die bräunliche Färbung erzeugen.

Kordel Dient zum Zusammenbinden der Korbenden beim Flechten und um die Form zu halten, wenn die Flechtschablone entfernt wird.

Zirkel Erleichtert das Zeichnen von Kreisen und Halbkreisen beim Anzeichnen der Flechtschablone. Den Radius am Zirkel mit dem Lineal einstellen. Bei einem Kreis mit 15 cm Durchmesser beträgt der Radius 7,5 cm.

Seitenschneider Zum Einkürzen und sauberen Abschneiden der Weiden. Alternativ kann eine scharfe Garten- oder Rosenschere verwendet werden.

Flechtschablone Hält die Weidenruten während des Flechtens in Form. Sie kann in jeder gewünschten Form und Größe gefertigt werden. Dazu Löcher durch stabile Pappe stechen und die Weidenruten hindurchschieben.

Natur & Recycling • Materialien

Flickenteppiche

Stoffreste und Lumpen Für einen echten Flickenteppich sollten nur Alttextilien verwendet werden. Alte T-Shirts, Feinstrick, Baumwoll-Sweatshirts, Wolldecken und Baumwollbetttücher eignen sich gut. Schwere Vorhangstoffe oder ausfransende Stoffe sind ungeeignet.

Jutestoff (auch Rupfen oder Sackleinen) 280 g-Jutestoff dient als Trägerstoff für den Teppich. Durch die groben Maschen lassen sich die Stoffstreifen gut verarbeiten.

Schneideholz Eine Holzleiste mit U-Profil oder ein Rundstab mit Einkerbung erleichtert das Schneiden von Stofffransen.

Teppichhaken Knüpfhaken mit Holzgriff zum Knüpfen von Stoffschlingen. Alternativ eine dicke Häkelnadel verwenden.

Filzstift Das Teppichmuster mit Schneiderkreide vorzeichnen und das endgültige Muster dann mit einem Filzstift nachziehen.

Knüpfer Spezialwerkzeug mit spitzem Ende und gefederten Greifbacken, das kurze Stoffstreifen greifen und durch Jute ziehen kann. Dient zum Knüpfen von Fransen. Alternativ kann auch ein Knüpfhaken mit beweglichem Riegel verwendet werden.

Stickrahmen Das Durchfädeln der Stoffstreifen ist einfacher, wenn der Jutestoff gespannt ist. Alternativ einen Knüpfrahmen verwenden.

Kräftige Garne Jutegarn, Knopflochgarn oder Kettgarn eignen sich gut, um die fertigen Teppichstücke zusammenzunähen.

257

Natur & Recycling • Materialien

Kränze binden

Frische Zweige Frisches Grün, wie Myrte, Eukalyptus und Efeu, oder Zweige mit bunten Beeren verleihen dem Projekt Textur, Farbe und Duft und bieten saisonale Abwechslung.

Ranken Dünne Ranken von Wein, Hopfen oder Efeu sind verflochten sehr stabil und ergeben hübsche, robuste Kranzrohlinge.

Getrocknetes Pflanzenmaterial Getrocknete Pinienzapfen, Eicheln, Kastanien und Blätter ergeben dekorative Details.

Sprühflasche Zum Einsprühen der Zweige und des Blattwerks mit Wasser. So bleibt das Grün länger frisch.

Wickeldraht (auch Blumen- oder Bindedraht genannt) Ist leicht zu biegen und lässt sich gut schneiden und wickeln.

Duftöle Tropfenweise auf fertige Kränze gegeben unterstützen sie das natürliche Aroma der frischen Äste und Blätter.

Blumenbilder

Warmluft-Blumenpresse Besteht aus Lagen von Schaumstoff und Baumwolle, auf die die Blüten gelegt werden. Die Presse wird mit Klettbändern zusammengepresst. Warme Luft muss durch die Presse zirkulieren können, damit die Blüten innerhalb von ein bis zwei Tagen trocknen (siehe S.300).

Traditionelle Blumenpresse Besteht aus zwei Sperrholzplatten, die mit Flügelschrauben verbunden sind. Dazwischen wird abwechselnd Zeitungspapier und weicher Karton gelegt. Die Blüten kommen zwischen Papiertaschentücher oder Löschpapier und werden dann in die Presse gegeben. An einem warmen Ort trocknen die Blüten innerhalb von ein bis zwei Wochen.

Natur & Recycling • Materialien

Mikrowellen-Blumenpresse Zwei Lagen Baumwolle zwischen zwei Lagen Filz werden von zwei Kunststoffbrettern mit Clips zusammengehalten. Die Blüten werden zwischen den Baumwolllagen in der Mikrowelle getrocknet. Sie sind innerhalb von Sekunden trocken. Es gibt zwei Größen: 12,5 cm und 27,5 cm.

Presse mit Trockenmittelkissen Diese Presse kann man leicht selber bauen. Die Blüten werden auf Papiertaschentüchern zwischen Trockenmittelkissen (Silikagel) gepresst. Sie liegen zwischen Polystyrolplatten, die mit Gummibändern gehalten werden. Die Blüten trocknen innerhalb einiger Tage. Die Silikakissen vor erneutem Gebrauch trocknen.

Karton Qualitativ hochwertigen Karton (225–260 g) verwenden, damit die Blumenbilder als Schmuckkarten aufgestellt werden können und nicht umfallen.

Flüssiger Klebstoff Klebstoff auf Wasserbasis ist ungeeignet, da er den getrockneten Blüten wieder Feuchtigkeit zuführt, wodurch sie mit der Zeit verblassen.

Möbel verzieren

Grundierung Unteranstrich, der das Holz versiegelt. Ergibt einen matten Untergrund, auf dem die späteren Deckanstriche gut halten.

Emulsionsfarbe Wird dort aufgetragen, wo später mit Schablonen gearbeitet oder Lack aufgetragen wird. Ist ein besserer Untergrund für den Lack als Grundierung allein. Darauf zwei Deckschichten auftragen.

Buntlack Deckanstriche auf Wasserbasis, die in verschiedenen Farben in matt, seidenmatt und glänzend erhältlich sind. Teilweise sind zwei Deckschichten erforderlich.

Klarlack auf Wasserbasis Transparenter, farbloser Lack. Wird dort aufgetragen, wo kein Buntlack aufgetragen wurde. Schützt das Möbel vor Flüssigkeiten und Stößen. Zwei Schichten sind empfehlenswert.

Acrylfarbe und/oder Emulsionsfarbe Zum Verzieren von Möbeln mithilfe von Schablone und Pinsel.

Skalpell Sehr scharfes Schneidewerkzeug, das immer mit Vorsicht verwendet werden sollte. Eignet sich gut, um Schablonen zuzuschneiden. Alternativ kann ein Cutter verwendet werden.

Holz-Füller Dient zum Ausbessern kleiner Dellen und Risse im zu verzierenden Möbelstück. Kann nach dem Trocknen geschliffen werden.

Natur & Recycling • Materialien

Schablonenpinsel Weiche, buschige, runde Pinsel mit dicht gepackten, steifen Borsten für einen sauberen Farbauftrag. Auch aus Schaumstoff erhältlich.

Schablonierpapier Geöltes, schweres und wasserfestes Papier, aus dem eine Form ausgeschnitten wird. Dient als Schablone, mit deren Hilfe Formen auf Möbel, Wände oder Objekte aufgetupft werden.

Flachpinsel Dienen zum Anstreichen und Lackieren von Möbeln, da sie einen gleichmäßigen Flächenanstrich erzielen. Für engere Stellen sind kleinere Größen erhältlich.

Künstlerpinsel Pinsel für Aquarellfarbe und Gouache, wie etwa runde Pinsel mit Zobelhaar oder synthetischen Haaren, sind am besten geeignet. Dienen zum Aufmalen von Verzierungen auf Möbel und zum Ausarbeiten von Schablonenmotiven mit feinen Details.

Schleifpapier mittlerer Körnung und Schleifblock Dienen zum Schleifen des unbehandelten Holzes, zum Entfernen alter Farbe und zum Anschleifen der einzelnen Aufträge. Bei größeren Flächen Schleifpapier um einen Schleifblock wickeln.

Konservenkunst

Konservendosen Bestehen aus dünnem Weißblech oder verzinktem Stahlblech. Dosen mit Aufreißdeckel sind am besten, da ihr gebördelter Rand beim Öffnen unbeschädigt bleibt.

Gehärtete Stahlnägel Aufgrund ihrer Härte sind die Nägel ideal, um Löcher in Konservendosen zu schlagen.

Hammer Sollte gut in der Hand liegen und nicht zu leicht sein. Das Gewicht des Hammers muss die Arbeit erledigen, nicht die eigene Muskelkraft.

Sandsack Ist kein geeigneter Stoffbeutel vorhanden, der mit Sand gefüllt werden kann, einfach Sand auf ein kräftiges Stoffstück geben, die Seiten hochziehen und mit einem Kabelbinder zuziehen.

Natur & Recycling • Materialien

Drahtkunst

Kleiner Bolzenschneider Werkzeug, das auch dickeren Draht leicht durchtrennt. Ist kein Bolzenschneider vorhanden, kann auch eine Kombinationszange verwendet werden.

Drahtbügel Werden aus relativ stabilem Draht gefertigt. Sind aufgebogen für unterschiedlichste Bastelprojekte gut geeignet.

Seitenschneider Einfache Seitenschneider sind zum Durchtrennen von dünnem und mittelstarkem Draht geeignet.

Gartenhandschuhe Gartenhandschuhe oder Arbeitshandschuhe schützen bei der Arbeit mit Draht die Hände und erleichtern das Biegen und Formen.

Kabelschneider Sind robuster als Seitenschneider und können auch dickeren Draht, wie etwa Kleiderbügeldraht, durchtrennen.

Schienenzange Schienenzangen mit einer flachen und einer halbrunden, glatten Greifbacke sind ideal, um schwerem Draht eine gleichmäßige, sanfte Rundung zu verleihen und hinterlassen kaum Greifspuren.

Kleine Gripzange Auch Feststell- oder Schweißerzange genannt. Gut geeignet, um Draht gerade oder in engen Winkeln zu biegen. Sie können so eingestellt werden, dass sie sich am Werkstück festklemmen.

Mitteldicker Draht Einen Draht wählen, der sich gut biegen und schneiden, auf- und umwickeln lässt und dessen Enden sich gut verdrillen lassen.

Natur & Recycling • Korbflechten

Korbflechten TECHNIKEN

Weide ist ein wunderbares Material zum Korbflechten, wenn Sie bei seiner Verwendung ein paar einfache Grundregeln beachten. Sobald Sie die Grundtechnik einmal beherrschen, können Sie mit verschiedenen Korbgrößen und komplexeren Flechtmustern experimentieren.

Das Material auswählen

Staken und Flechtruten sollten jeweils gleich lang und gleich dick sein. Die Staken bilden das Gerüst des Korbs, um das die Flechtruten herumgeflochten werden. Die Staken sollten rund 1,5 m und die Flechtruten etwa 1 m lang sein. Das dicke untere Ende der Weide nennt man das Schnittende, das dünne obere Ende die Spitze.

Die Weiden einweichen und geschmeidig machen

Trockene Weiden sind brüchig. Sie müssen erst in kaltem Wasser eingeweicht werden, damit sie geschmeidig werden. Anschließend schlägt man sie in ein feuchtes Tuch ein und lässt sie über Nacht an einem kühlen Ort ruhen.

DIE EINWEICHZEIT DER WEIDEN BEACHTEN

Braune Weide wird gekocht und geschält, muss also nicht so lange einweichen wie grüne Weide. Braune Weide ein bis zwei Stunden in kaltem Wasser einweichen, grüne Weide pro 30 cm einen Tag einweichen (1 m lange Ruten sollten also drei Tage einweichen). Die Einweichzeit kann durch die Verwendung von heißem Leitungswasser verringert werden.

Eine Pappschablone für das Gerüst herstellen

1 Eine Schablone hält das Weidengerüst in der gewünschten Form. Mit dem Zirkel einen Zweidrittelkreis mit einem Durchmesser von 15 cm auf einem Stück Pappkarton anzeichnen oder einen etwa so großen Teller als Vorlage verwenden. Insgesamt acht Punkte mit je 3,5 cm Abstand auf dem Kreis markieren.

2 An den Punkten mit einer Ahle (Pfriem) oder einem Spieß je ein Loch durchstechen.

Korbflechten • Techniken

3 Vor dem Einsetzen der Weidenstaken in die Schablone das Schnittende mit dem Seitenschneider diagonal abschneiden, damit sie sich einfacher durch die Löcher schieben lassen.

4 Die erste Stake mit dem Schnittende voran durch das erste Loch stecken, bis etwa ein Drittel hindurchragt. Die zweite Stake mit dem Schnittende voran von der anderen Seite durch das zweite Loch schieben, bis zwei Drittel hindurchragen. Die Staken abwechselnd so durchfädeln, bis alle Löcher gefüllt sind und das Korbgerüst fertig ist. Am Ende sollten Spitzen und Schnittenden abwechselnd nebeneinanderliegen.

5 Die Staken an einem Ende mit einer Kordel fest zusammenschnüren.

Grundlegende Flechttechnik

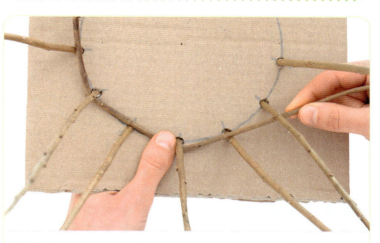

Beim Flechten wird eine Flechtrute abwechselnd vor und hinter einer Stake entlanggeführt. Die einzelnen Reihen verlaufen dabei entgegengesetzt. Wo die Abstände zwischen den Staken weiter sind, arbeitet man mit dickeren Flechtruten und schließt die engeren Abstände mit dünneren Flechtruten.

Die Kanten umflechten

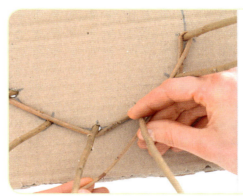

1 Die äußeren Staken werden umflochten. Dazu die Flechtrute um die Stake schlingen und in entgegengesetzter Richtung weiterflechten.

2 Die Flechtrute zweimal um die Stake schlingen, um die Kante stärker zu sichern, und erst dann in entgegengesetzter Richtung weiterflechten. So fixiert die Flechtrute die Position der Stake zuverlässig.

263

Natur & Recycling • Korbflechten

Neue Flechtruten ansetzen

1 An der Stelle, an der eine Rute mit dem Schnittende aufhört, eine neue Rute mit dem Schnittende ansetzen und von dort aus weiter flechten. Die Schnittenden auf die Innenseite legen. Sie werden später versäubert.

2 Endet die Flechtrute mit der Spitze, die nächste Spitze überlappend einsetzen, sodass sie ein kurzes Stück parallel verlaufen. Dann mit der neuen Flechtrute weiterflechten.

Das Flechtwerk abschließen

1 Das Flechtwerk immer auf der Spitze einer Flechtrute enden lassen und ihre Spitze entgegengesetzt hinter der vorigen Reihe einflechten.

2 Die überstehenden Enden so mit dem Seitenschneider abschneiden, dass die Enden jeweils hinter einer Stake klemmen. Die Ruten nicht zu stark einkürzen, da die Weide beim Trocknen etwas schrumpft. Nach dem Trocknen gegebenenfalls erneut einkürzen.

Korbflechten • Techniken

Die Staken zusammenbinden

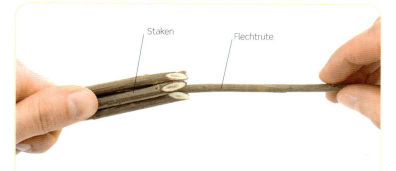

1 Durch das Zusammenbinden der Staken wird der Korb in seiner Form gehalten. Dies geschieht, nachdem das Flechtwerk vollständig ist. Eine Flechtrute mit dem Schnittende zwischen die Staken schieben, sodass ihre Spitze nach außen weist.

2 Die Flechtrute im 90°-Winkel abknicken, ohne dass ihr Schnittende zwischen den Staken herausrutscht.

3 Die Flechtrute straff um das Bündel aus Staken herumwickeln.

4 Weiter wickeln, bis die Flechtrute die Staken etwa fünfmal umschlingt. Die Wicklung sollte dabei eng sein.

5 Die Wicklung mit dem Daumen fixieren. Die Ahle durch die Wicklung stechen, um eine kleine Lücke zu schaffen.

6 Die Ahle herausziehen und die Flechtrute mit der Spitze voran unter der Bindung hindurch wieder nach außen führen. Fest anziehen, um die Bindung zu fixieren.

Natur & Recycling • Korbflechten

Obstkorb PROJEKT

Dieser schnell und einfach zu flechtende Korb besteht aus grüner Weide. Als Schablone nutzen Sie ein Stück Karton, das ihn während der Arbeit in Form hält, sodass Sie sich ganz auf das Flechten konzentrieren können. Wenn Sie die Grundtechnik beherrschen, können Sie sich daran erfreuen, wie Ihr Korb Gestalt annimmt. Er eignet sich als Obstkorb oder auch als Wanddekoration.

SIE BRAUCHEN

- 8 Staken (dicke Weidenruten), ca. 1,5 m lang
- 60 Flechtruten (dünnere Weidenruten), ca. 1 m lang
- Handtuch
- Seitenschneider
- Pappschablone (siehe S. 262–263)
- Zirkel
- Kordel
- Schere
- Lineal
- Ahle

1 Staken und Flechtruten, wie auf S. 262 beschrieben, einweichen und biegsam machen. Die erste Stake mit dem Schnittende zu einem Drittel der Länge durch das erste Loch stecken. Die zweite Stake entgegengesetzt durch das zweite Loch schieben, bis sie zu zwei Dritteln hindurchragt. Die Staken abwechselnd so durch alle Löcher stecken, bis das Korbgerüst fertig ist. Spitzen und Schnittenden sollten abwechselnd nebeneinander liegen.

2 Die Staken an einem Ende mt einer Kordel fest zusammenschnüren. Auf der nicht zusammengebundenen Seite mit dem Flechtwerk beginnen. Eine Flechtrute mit dem Schnittende hinter der zweiten Stake einklemmen und vor der dritten, hinter der vierten usw. entlang führen. Fest um die äußerste Stake herumschlingen und in entgegengesetzter Richtung weiterflechten.

3 Weiterflechten, bis die Rute drei Reihen füllt. Die Rute am entgegengesetzten Ende enden lassen, als sie angesetzt wurde. Die Spitze der Flechtrute sollte in etwa außen vor der siebten Stake liegen.

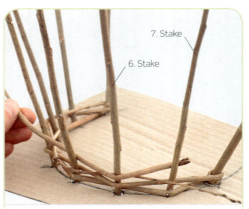

4 Das Schnittende der nächsten Flechtrute in entgegengesetzter Richtung hinter der siebten Stake einklemmen, vor der sechsten entlang führen und so weiterflechten.

5 Auf diese Weise weiterflechten. Die nächste Flechtrute wieder gegenüber der letzten ansetzen. Nach dem Einflechten von sechs Flechtruten die Enden der Staken zu einer Spitze zusammenbinden.

6 Weiterflechten, bis das Flechtwerk rund 15 cm breit ist. Die Stakenenden lösen, falls sie zu eng zusammenliegen, um zwischen ihnen flechten zu können.

7 Die Kartonschablone entfernen und den Korb in der Mitte mit Kordel zusammenbinden, um ihn in Form zu halten. Die zweite Hälfte des Korbs flechten.

8 Wie auf S. 265 beschrieben, **Die Staken zusammenbinden**. Überstehende Enden mit dem Seitenschneider einkürzen. Die Kordel entfernen.

Natur & Recycling • Flickenteppiche

Flickenteppiche TECHNIKEN

Dies ist eine wunderbare Technik, um alte Stoffe zu recyceln. Sie ziehen lange Stoffstreifen mit einem Haken durch Jutestoff, sodass sie Schlingen bilden, oder verwenden kürzere Stoffstreifen und gestalten so einen Teppich mit offenen Fransen.

Die Schlingentechnik

Den Stoff vorbereiten

Einen Teppichhaken verwenden

Den Stoff in möglichst lange Streifen schneiden. Dazu den Stoff mehrfach falten und durch alle Lagen schneiden. Die Streifen sollten je nach Dicke des Stoffs 2–3 cm breit sein. Grundsätzlich gilt: Je dicker der Stoff, desto schmaler der Streifen.

1 Den Jutestoff in einen Stickrahmen einspannen, sodass er straff sitzt. Das gewünschte Motiv zuerst mit Kreide vorzeichnen, und wenn es die gewünschte Form hat, mit Filzstift nachziehen.

2 Den Haken in einer Hand über und einen Stoffstreifen in der anderen Hand unter den Rahmen halten. Den Haken dem Motiv folgend durch die Jute stechen und ein Ende des Stoffs um den Haken legen.

3 Den Stoffstreifen durch den Stoff ziehen, sodass etwa 2,5 cm herausstehen. Das Ende wird später auf die Länge der Schlingen gekürzt. Den Haken wieder lösen.

4 Den Haken drei Jute-Webfäden weiter wieder durch die Jute stechen, den Stoff einhaken und eine Schlinge nach oben ziehen, die rund 2 cm hochsteht. Auf diese Weise weiter Schlingen ziehen, bis das Ende des Stoffstreifens erreicht ist.

5 Um einen neuen Stoffstreifen anzusetzen, den Haken dort durch die Jute stechen, wo das Ende des letzten Streifens herausragt, und den Anfang des neuen Streifens herausziehen. Zwischen zwei Reihen etwa drei Jute-Webfäden stehen lassen.

6 Die herausstehenden Enden am Ende auf die Länge der Schlingen einkürzen. Statt des Teppichhakens können Sie alternativ auch eine dicke Häkelnadel für die Schlingentechnik verwenden.

Die Fransentechnik

Den Stoff vorbereiten

1 Den Stoff in 2 cm breite Streifen schneiden. Dazu den Stoff mehrfach falten und durch alle Lagen schneiden.

2 Nun die Streifen in 7,5 cm lange Stücke schneiden. Am schnellsten geht dies, indem man den Streifen um einen Rundstab (7,5 cm Umfang) oder ein Schneideholz mit Kerbe wickelt und längs durchschneidet.

Einen Knüpfer verwenden

1 Mit dem Filzstift ein Motiv auf dem Jutestoff anzeichnen.

2 Dem Motiv folgend die Spitze des Knüpfers durch die Jute stechen und drei Fäden weiter wieder nach oben führen, sodass ein »Doppelloch« entsteht.

3 Die Greifbacken öffnen, das Ende eines Stoffstreifens ergreifen und ihn zur Hälfte durch beide Löcher ziehen. Den Knüpfer lösen.

4 Den Knüpfer durch das zweite Loch einstechen, drei Fäden weiter wieder ausstechen und den nächsten Stoffstreifen greifen.

5 Auf diese Weise weiterknüpfen und zwischen benachbarten Reihen je zwei oder drei Fäden stehen lassen. Bei flauschigerem oder dickerem Stoff die Einstichweite etwas größer wählen.

Natur & Recycling • Flickenteppiche

Fransenmatte PROJEKT

Die Fransentechnik verleiht diesem kleinen Teppich seinen zotteligen Flor aus Stoffresten alter Kleidung. Er besteht aus sechs zusammengenähten Quadraten und eignet sich hervorragend als weicher Bettvorleger, schicke Fußmatte oder auch als Sitzunterlage vor dem heimischen Kamin.

SIE BRAUCHEN
- 6 Jutequadrate à 26 cm Seitenlänge
- Lineal
- Filzstift
- Kartonschablonen in Kreis-, Herz- und Blütenform, je aus einem 20 cm-Kartonquadrat zugeschnitten
- Stoffreste aus Feinstrick oder Baumwolle in verschiedenen Rot-, Grün- und Violetttönen
- Schneideholz
- Schere
- Knüpfer (alternativ: Knüpfhaken mit beweglichem Riegel)
- Stecknadeln
- kräftiges Garn, z. B. Jutegarn
- Packnadel

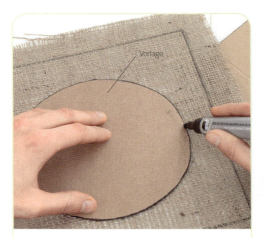

1 Mit dem Filzstift auf jedem Jutequadrat ein 20 cm großes Quadrat anzeichnen. Mithilfe einer Schablone in jedes Quadrat ein Herz, einen Kreis oder eine Blüte einzeichnen. Ganz nach Lust und Laune die Motive jeweils zweimal nutzen oder frei kombinieren.

2 Die Stoffe in 2 cm breite und 7,5 cm lange Streifen schneiden. Die Fransen mit dem Knüpfer durch die Jutequadrate ziehen, wie auf S. 269 unter **Die Fransentechnik** beschrieben.

3 Jedes Quadrat einzeln bearbeiten und die vorgezeichneten Muster mit verschiedenfarbigen Stoffstreifen ganz nach Lust und Laune gestalten, bis alle sechs Quadrate geknüpft sind.

4 Die fertig geknüpften Quadrate umdrehen, sodass die Rückseite oben liegt, und die Schnittkanten des Jutestoffs rundum mit einem doppelt eingeschlagenen Saum mit Briefecken versäubern. Den Saum abstecken und mit kräftigem Garn nähen.

5 Die Quadrate mit der Rückseite nach oben zu zwei Reihen à drei Quadraten zusammenlegen. An den gesäumten Kanten mit einem kräftigen Garn zu einer Matte/einem kleinen Teppich zusammennähen.

Natur & Recycling • Kränze binden

Kränze binden TECHNIKEN

Wenn Sie Kränze binden, haben Sie die perfekte Ausrede, mal wieder einen langen Spaziergang durch den Park oder den Wald zu machen. Aber auch im eigenen Garten können Sie fündig werden. Suchen Sie auch am Boden nach Materialien wie etwa Zapfen oder Nüssen. Gerade im Winter bringen frische Zweige mit Beeren, Koniferen- und Nadelzweige wunderbaren Duft in die Wohnung, den Sie mit Duftöl noch unterstreichen können.

Einen Kranzrohling binden

1 Zwei Kletterpflanzenranken gleicher Länge von Blättern befreien. Die Enden mit einem Stück Wickeldraht zusammenbinden.

2 Die beiden Ranken zu einem langen Strang verdrillen. Die Spitzen mit Draht zusammenbinden.

3 Die Ranken zu einem Kreis zusammendrehen, die Enden miteinander verdrillen und mit einem kurzen Stück Draht verbinden. Sind die Ranken zu lang, die Enden überlappen lassen. Sind sie zu kurz, mit weiteren Ranken verlängern.

4 Den Rohling mit weiteren entblätterten Ranken verstärkten. Das Ende an den Rohling binden und die Ranke um den Rohling winden. Die Spitze mit Draht befestigen. Wiederholen, bis der Rohling stabil genug ist.

5 Den Rohling in gleichmäßigen Abständen mit Draht umwickeln, um ihn weiter zu stabilisieren und in Form zu halten.

Kränze binden • Techniken

Mit frischen Zweigen arbeiten

1 Die Zweige sollten frisch, sauber und trocken sein und gesund aussehen. Kein modriges Material benutzen, da sich sonst Schimmelsporen im Haus verbreiten könnten.

2 Die Zweige mit einer scharfen Schere auf die benötigte Länge schneiden. Für dickere Zweige eine Gartenschere benutzen. Diese Spezialscheren können Zweige von bis zu 2 cm Dicke schneiden.

Koniferenbündel binden

Koniferenzweige mit einer scharfen Schere auf 4 cm Länge schneiden. Etwa fünf Zweige zu einem Bündel zusammenlegen und am unteren Ende mit Draht umwickeln, bis sie fest zusammenhalten.

Zweige an den Rohling binden

1 Frische Zweige zu Bündeln zusammenbinden, an den Rohling anlegen und am unteren Ende mit Draht an den Rohling binden.

2 Getrocknete Zapfen und andere Materialien mit Sekundenkleber festkleben. Dazu einen Tropfen Klebstoff auf den Zapfen geben und fest aufdrücken, ohne andere Blätter anzukleben.

Den Kranz frisch halten

Frische Kränze sollten den ganzen Winter über halten, trocknen aber schneller, wenn sie im Außenbereich dem Wind ausgesetzt sind. Regelmäßiges Besprühen mit Wasser hält sie frisch.

Den Duft verstärken

Ein paar Tropfen Duftöl auf einen frischen oder getrockneten Kranz geben, um seinen natürlichen Duft zu unterstreichen.

Natur & Recycling • Kränze binden

Winterlicher Kranz PROJEKT

Kränze sind ein guter Einstieg in die Floristik, bieten sie Ihnen doch die Möglichkeit, mit frischen und getrockneten Materialien zu arbeiten. Dieser Kranz wird aus Koniferenzweigen gebunden und mit Kiefernzapfen, Eicheln und bunten Beeren verziert. Sie können auch Blätter, getrocknete Früchte oder Nüsse einarbeiten und Ihre ganz eigene, wunderbar duftende Kreation erschaffen.

SIE BRAUCHEN

- entblätterte Kletterpflanzenranken
- Schere oder Gartenschere
- Wickeldraht
- verschiedene frische Zweige (z. B. Konifere, Myrte, Beeren, Eukalyptus)
- Maßband
- getrocknetes Material (Zapfen, Nüsse)
- Sekundenkleber (alternativ: Heißklebepistole)
- Haken oder Band
- Duftöle (nach Wunsch)
- Sprühflasche

1 Wie auf S. 272 beschrieben, **Einen Kranzrohling binden**, der einen Durchmesser von rund 30 cm hat. Sechs Ranken ergeben einen dicken, kräftigen Rohling.

2 Wie auf S. 273 beschrieben etwa 15 bis 20 **Koniferenbündel binden**. Die Bündel an den Rohling binden, sodass sie alle in dieselbe Richtung zeigen und sich gegenseitig überlappen, bis der Kranz vollständig ist.

3 Die restlichen frischen Zweige passend einkürzen und um den Kranz anordnen. Die Zweige nicht direkt befestigen, sondern an verschiedenen Stellen einstecken, bis die Anordnung gefällt. Für gleichmäßige Abstände das Maßband verwenden.

4 Einzelzweige zwischen den Koniferenbündeln in den Rohling stecken. Frische Zweige zu Bündeln binden und mit Draht befestigen. Die Drahtenden in den Kranz stecken, um sie zu verstecken.

5 Getrocknetes Material auf den Kranz setzen, verschiedene Arrangements ausprobieren und dann mit Sekundenkleber festkleben.

6 Den Kranz nach Wunsch direkt an einem Haken oder an einem Band aufhängen. Ganz nach Geschmack ein paar Tropfen Duftöl daraufgeben. Regelmäßig mit Wasser besprühen, damit der Kranz frisch bleibt.

Natur & Recycling • Blumenbilder

Blumenbilder TECHNIKEN

Mit ganz einfachen Techniken kann das Arrangieren von Blumenbildern sehr viel Freude bereiten. Rosen, Butterblumen, Vergissmeinnicht, Margeriten, Hortensien und Rittersporn zählen zu den Blüten, die sich gut pressen lassen und ihre Farbe behalten. Mit etwas Erfahrung können Sie aber praktisch jede Pflanze pressen. Dennoch – fleischige Pflanzen wie Hyazinthen und Fetthennen bleiben immer eine Herausforderung.

Eine Blumenpresse bauen

SIE BRAUCHEN
- 2 Sperrholzbretter à 15 × 20 cm
- 50 Blatt Zeitungspapier, in 15 × 20 cm große Stücke geschnitten
- 4 weiche Kartonstücke à 15 × 20 cm, 1,5 mm dick
- 3 Gummibänder oder 2 Schraubzwingen oder 4 Flügelschrauben

1 Die Presse zusammensetzen: Auf ein Sperrholzbrett zehn Blatt Zeitungspapier legen. Darüber kommt ein Stück Karton. Diese Reihenfolge so lange wiederholen, bis genügend Lagen für die zu pressenden Blüten vorhanden sind.

2 Das zweite Sperrholzbrett oben auflegen. Die Presse mit Plastikbändern, Schraubzwingen oder Flügelschrauben zusammendrücken. (Für die Flügelschrauben müssen in beide Bretter an allen vier Ecken Löcher gebohrt werden.)

Blüten ohne Presse pressen

Blüten können alternativ zwischen Papiertaschentüchern in einem dicken Buch gepresst werden. Das Buch an einen warmen Ort legen, damit die Blüten innerhalb einer Woche trocknen. Es gibt auch andere Pressen (siehe S. 258–259).

Blüten und Blätter auswählen

Nur unbeschädigte Blüten und Blätter pressen und in jedem Fall mehr pressen, als benötigt, da beim Pressen immer einige Pflanzen beschädigt werden.

Blumenbilder • Techniken

BLÜTEN UND BLÄTTER KONSERVIEREN

Die Pflanzen an einem trockenen Tag pflücken und sofort pressen, damit sie möglichst perfekt erhalten bleiben.

Wärme und geringe Feuchtigkeit sind beim Trocknen wichtig, denn nur wenn dem Pflanzenmaterial die Feuchtigkeit schnell entzogen wird, behalten Blüten und Blätter ihre lebhaften Farben.

Blüten und Blätter pressen

1 Blüten und Blätter zwischen Papiertaschentücher oder anderem weißem, saugfähigem Papier, wie etwa Löschpapier, in die Presse legen. Kein Küchenpapier (das Muster überträgt sich) oder Zeitungspapier (die Tinte färbt ab) verwenden. Immer Blüten ähnlicher Dicke auf einem Blatt zusammenlegen, damit sie beim Pressen gleichmäßigem Druck ausgesetzt sind.

2 Kleine Blüten können als ganzes gepresst werden, aber größere Blüten, wie Rosen, Gerbera oder Pfingstrosen, müssen zerlegt, Blatt für Blatt gepresst und wieder zusammengesetzt werden.

3 Größere Blüten, wie Freesien, können in der Mitte halbiert und dann gepresst werden, sodass man beim Pressen zwei Blüten erhält.

4 Die Blüten nach dem Trocknen mit einer Pinzette aus der Presse nehmen. Werden sie nicht sofort gebraucht, bewahrt man sie am besten in beschrifteten Briefumschlägen an einem warmen Ort liegend auf.

Blüten und Blätter auf Karton kleben

Klebstofftropfen

Einen Zahnstocher in flüssigen Klebstoff tauchen, die Rückseite einer Blüte oder eines Blatts damit betupfen und auf Karton kleben. Nicht zuviel Klebstoff verwenden.

Das Bild versiegeln

1 Das Bild hinter Glas oder Kunststoff schützen. Pflanzenteile für die Schmuckherstellung mit Gießharz versiegeln.

2 Bei Grußkarten oder Lesezeichen die Blüten mit Folie schützen. Bügelfolie kann mehrfach wieder angehoben werden, um die Lage der Blüten zu korrigieren. Erst mit dem Bügeleisen wird sie fixiert. Alternativ selbstklebende Folie verwenden. Sie ist allerdings nicht wieder lösbar.

277

Natur & Recycling • Blumenbilder

Grußkarte PROJEKT

Viele Menschen freuen sich über handgefertigte Geschenke und diese Grußkarte mit einer Vase voller gepresster Blumen ist bestimmt keine Ausnahme. Eine Folie schützt das zarte Blumenbild, damit es keinen Schaden nimmt, wenn es aus dem Umschlag gezogen wird.

SIE BRAUCHEN

- Bastelkarton in Weiß, 30 × 40 cm
- gepresste Ranken (Erbsenranken, Zaunrüben, Passionsblumen)
- Schraubglasdeckel als Schale für den Klebstoff
- Flüssiger Klebstoff
- Zahnstocher
- Pinzette
- gepresste Blüten von 3–4 unterschiedlichen Blumen (z. B. Rittersporn, Hahnenfuß, Fingerkraut und Steinklee (Honigklee))
- gepresste Blätter von 2 verschiedenen Pflanzen (z. B. Frauenmantel und Fingerkraut)
- kleine Schere
- gepresste Grashalme
- selbstklebende Folie oder Bügelfolie

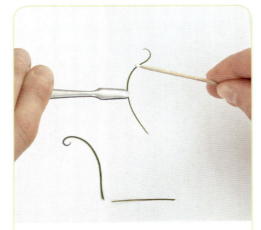

1 Den Karton in der Mitte falten, dann wieder aufklappen. Auf der rechten Seite des Kartons arbeiten. Aus den Ranken die Form der Vase aufkleben. Dazu mit dem Zahnstocher ein wenig Klebstoff auf die Rückseite tupfen und die Ranken andrücken.

2 Die Blüten zunächst mit der Pinzette locker über der Vase arrangieren, sodass die größten Blüten den oberen Rand der Vase bilden. Die Blüten umsortieren, bis das Bild gefällt. Halbe Blüten und Knospen lockern das Bild auf. Die Blüten festkleben.

3 In die Lücken Blätter kleben. Dünne Blätter leicht unter die Blüten schieben. Dickere Blätter in Form schneiden und an den Rand einer Blüte anlegen.

4 Grashalme in unterschiedliche Längen schneiden und als Blumenstängel verwenden. Ein paar gepresste Ranken als Grün aus dem Strauß ragen lassen.

5 Einen dünnen Grashalm als Wasserlinie aufkleben und mit weiteren Halmen den Tisch andeuten. Ein paar Blütenblätter als gefallene Blüten auf den Tisch kleben.

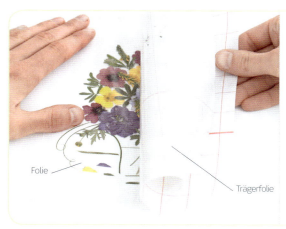

Folie · Trägerfolie

6 Ein Stück Folie etwas größer als die Frontseite der Karte zuschneiden. Die Trägerfolie abziehen und die Folie über das Blumenbild legen. Selbstklebende Folie rund um die Blüten herum gründlich festdrücken und Blasen ausstreichen.

7 Bügelfolie mit einem Bügeltuch (oder mehreren Lagen Baumwollstoff) abdecken und mit dem warmen Bügeleisen fünf Sekunden fest andrücken. Durch die Hitze schließen sich die Luftlöcher der Folie. Das Bügeleisen nur aufdrücken, nicht bewegen. Die überstehende Folie am Kartenrand abschneiden.

Natur & Recycling • Recycling

Recycling TECHNIKEN

Naturmaterialien sind preiswert (oder kostenlos) und eignen sich hervorragend, um einfache Haushaltsgegenstände in kleine Kunstwerke zu verwandeln. Dekorieren Sie beispielsweise eine Kiste mit Kiefernzapfen, gestalten Sie ein Bild aus Muscheln und Treibholz, kleben Sie aus kleinen Dingen, wie Gewürznelken, Samen oder Eierschalen, ein Mosaik. Achten Sie nur darauf, alles so vorzubehandeln, dass es nicht riecht oder schimmelt.

Naturmaterialien vorbereiten

1 Eierschalen auswaschen und in einem Topf mit kochendem Wasser mehrere Minuten sterilisieren. Abkühlen lassen und die innere Membran abziehen.

2 Nichtporöse Gegenstände, wie Muscheln und Steine, gegen Geruch, Bakterien und Schimmel in eine leichte Bleichelösung legen oder in kochendem Wasser sterilisieren.

3 Zapfen und anderes poröses Material auf ein mit Backpapier ausgelegtes Backblech legen und bei niedriger Hitze 30 Minuten im Backofen trocknen.

Muster in Metall prägen

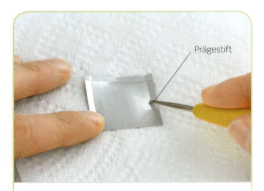
1 Ein Stück Aluminium aus einer Getränkedose schneiden und auf mehrere Lagen Küchenpapier legen. Mit einem feinen Prägestift entlang der Kanten eindrücken. Die Spitze des Stifts über Bienenwachs reiben, damit sie besser gleitet.

2 Für mehr Struktur und damit das Metall flach bleibt, das Stück herumdrehen und von der anderen Seite bearbeiten. Für dicke Linien das Motiv mit einem Prägestift mit Nylonspitze vorzeichnen.

3 Das Metallstück wieder herumdrehen und das Muster vollenden. Mit einer feinen oder mittleren Spitze Punkte um das Motiv ergänzen oder eine Bordüre aus Punkten oder Linien anlegen.

Recycling • Techniken

Ein Mosaik aus Eierschalen kleben

1 Zum Aufkleben der Schalen leicht verdünnten Weißleim verwenden, der nicht so schnell abbindet. Die Schalen mit einem Holzspieß mit Abstand zueinander in Position schieben. Gemusterte Schalen mit der Außenseite nach außen legen, bei braunen Eiern die Innenseite nutzen.

2 Die Eierschalen ganz nach Wunsch mit kräftigen Acryl- oder Aquarellfarben anmalen oder die Farben verdünnt auftragen. Vor dem Verfugen eine Stunde trocknen lassen.

Das Eierschalenmosaik verfugen

1 Die Lücken zwischen den Eierschalen mit Fugenmasse verfugen, um eine glatte Oberfläche zu erhalten. 2¾ Teile Fugenmasse mit einem Teil Wasser zu einer dickflüssigen Paste anrühren und mit dem Löffel auf das Mosaik geben.

2 Die Fugenmasse mit einem glatten Spachtel oder einem Palettmesser vorsichtig glatt streichen und in die Fugen einarbeiten. Ein paar Minuten trocknen lassen, dann überschüssige Fugenmasse vorsichtig mit dem Spachtel abziehen.

3 Nochmals einige Minuten trocknen lassen, dann das Mosaik mit einem leicht feuchten Schwamm abwischen. Den Schwamm immer wieder auswaschen und wischen, bis das Mosaik sauber und mit Fugenmasse gefüllt ist. Vollständig trocknen lassen und mit einem weichen Tuch abreiben.

Natur & Recycling • Recycling

Mosaik-Bilderrahmen PROJEKT

Dieser hübsche Bilderrahmen sieht so erstaunlich echt aus, dass man kaum glauben mag, dass er aus einfachen Eierschalen gemacht ist. Sie können auch gefleckte Eierschalen oder zartblaue Enteneier verwenden, Eierschalen lassen sich aber auch gut bemalen. Streichen Sie einen schäbigen alten Rahmen weiß an und verwandeln Sie ihn mit diesem Mosaik in einen Blickfang.

SIE BRAUCHEN

- spitze Bastelschere
- Getränkedose
- Papier
- Bleistift
- Bilderrahmen mit flachem Rand, weiß gestrichen
- Küchenpapier
- Prägestift
- Weißleim oder Epoxydharz
- feine und mittelstarke Pinsel
- Malerkrepp
- Eierschalen
- Holzspieße
- Aquarellfarbe in Schwarz
- Mosaik-Fugenmasse
- glatten Spachtel oder Palettmesser
- Schwamm
- weichen Stofflappen
- Acryl-Klarlack in Seidenmatt

1 Die Bastelschere vorsichtig in die Dose einstechen und Deckel und Boden abschneiden. Die Dosenwand aufschneiden und ausrollen. Eine quadratische Papierschablone, die in die Bilderrahmenecken passt, zuschneiden und danach vier Quadrate aus dem Metall der Dose ausschneiden.

2 In die silberne Seite der Quadrate einen Rand einprägen. Nach der Vorlage auf S. 315 eine Herzform einprägen und mit Punkten verzieren. Damit das Metall sich nicht wellt und als Dekoration die Ränder von der Rückseite mit Linien verzieren.

3 Die Metallquadrate mit Weißleim oder Epoxydharz auf die Ecken des Bilderrahmens kleben. Die Quadrate mit Malerkrepp auf den Ecken fixieren, bis der Klebstoff getrocknet ist.

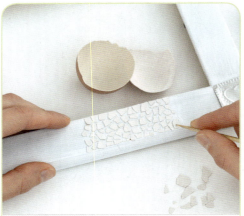

4 Wie auf S. 280 beschrieben, genügend Eierschalen präparieren, um den Bilderrahmen zu bedecken. Die Schalen in kleine Stücke brechen und mit leicht verdünntem Weißleim auf den Rahmen kleben.

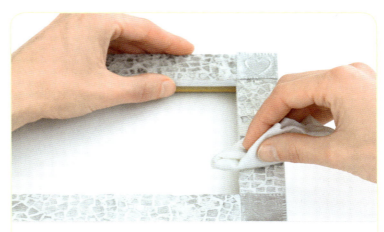

5 Wenn der Klebstoff getrocknet ist, schwarze Aquarellfarbe mit Wasser zu einer Lavur vermischen und den Schalen einen marmorierten Anstrich geben. Etwa eine Stunde trocknen lassen.

6 Die Mosaik-Fugenmasse mit ein wenig Wasser zu einer dickflüssigen Paste anrühren und, wie auf S. 281 beschrieben, **Das Eierschalenmosaik verfugen**. Trocknen lassen und mit einem Tuch abreiben. Den Rahmen abschließend mit dem seidenmatten Acryl-Klarlack lackieren.

Natur & Recycling • Möbel verzieren

Möbel verzieren TECHNIKEN

Mit einem neuen Anstrich und ein paar Verzierungen lassen Sie ein altes Möbel wieder neu wirken und geben ihm eine ganz individuelle Note. Für den Anfang ist zum Beispiel ein schlichtes Schränkchen mit einem einfachen Muster genau das Richtige. Sobald Sie die Grundtechniken beherrschen, können Sie sich auch an Komplizierteres wagen.

Das Möbelstück vorbereiten

Lackierte Möbel zunächst mit Schleifpapier mittlerer Körnung von außen komplett anschleifen. Dies raut die Oberfläche auf, sodass die Farbe haften kann. Den Staub mit einem feuchten Tuch abwischen.

Das Möbelstück grundieren und anstreichen

1 Mit einem breiten Flachpinsel in Richtung der Holzfaser zwei Schichten Grundierung auftragen. Für schwer erreichbare Ecken einen kleinen Pinsel verwenden. Sechs Stunden trocknen lassen, dann zwei Schichten seidenmatten oder glänzenden Lack auf die Bereiche auftragen, die nicht schabloniert werden.

2 Auf Türen oder Schubladen, die mit Schablonen verziert werden sollen, zwei Schichten matter Emulsionsfarbe auf die Grundierung auftragen. Sie gibt einen guten Untergrund für die Verzierungen. Sie werden später mit zwei Schichten Klarlack überstrichen und versiegelt.

Eine Schablone herstellen

1 In Magazinen und Broschüren nach interessanten Mustern auf Stoffen oder Tapeten Ausschau halten. Im Hobby- und Heimwerkerhandel sind auch Bücher mit lizenzfreien Schablonenmustern erhältlich, die viele Anregungen bieten.

2 Das gewünschte Motiv auf Schablonierpapier übertragen. Das Papier auf eine Schneidematte legen und die Schablone mit dem Skalpell zuschneiden. Teilweise ist es einfacher, die Schablone zu bewegen, statt das Skalpell.

Möbel verzieren • Techniken

Ein zweifarbiges Muster schablonieren

1 Die Schablone mit Malerkrepp am gewünschten Ort rundum sicher befestigen und kontrollieren, ob sie korrekt sitzt.

Bereiche für Farbe eins

2 Die Bereiche der Schablone mit Malterkrepp maskieren, die in der zweiten Farbe gefärbt werden sollen.

Schablonierpinsel senkrecht halten

3 Acrylfarbe eignet sich gut für Holz und erlaubt das Anmischen eigener Farbtöne. Den Schablonierpinsel in die Farbe tauchen, aber nur leicht benetzen. Den Farbauftrag zunächst testen. Dann die offenen Bereiche der Schablone durch Auftupfen einfärben. Die Farbe trocknen lassen.

Bereiche für Farbe zwei

4 Das Malerkrepp vom zweiten Teil der Schablone entfernen und die bereits mit der ersten Farbe kolorierten Bereiche abkleben. Die zweite Farbe mit einem sauberen Pinsel auftupfen. Das Malerkrepp entfernen.

Streifen und Karomuster anlegen

Farbe
Malerkrepp

1 Mit Kreppband lassen sich gerade Streifen leicht erstellen. Die Streifen mit Bleistift und Lineal anzeichnen und dann mit dem Malerkrepp abkleben. Das Klebeband fest andrücken, damit keine Farbe darunterfließt. Dann die freien Flächen mit dem Pinsel einfärben und trocknen lassen.

2 Für ein Karomuster die Malerkreppstreifen entfernen und im rechten Winkel nochmals Streifen aufkleben. Zwischen diesen Streifen eine zweite Farbe mit dem Pinsel auftupfen.

3 Die Farbe trocknen lassen, dann die Malerkreppstreifen abziehen: Fertig ist das Karomuster.

Natur & Recycling • Möbel verzieren

Nachtschränkchen PROJEKT

Mit ein wenig Farbe und einem hübschen Muster wird ein altes Möbel schnell zu einem echten Hingucker und bekommt einen ganz persönlichen Touch. Sehr modern wirken dabei eine zarte, neutrale Hintergrundfarbe und ein dunkler gestaltetes Motiv. Neue Griffe geben dem Schränkchen den letzten Schliff.

SIE BRAUCHEN

- Nachtschränkchen
- Schraubenzieher
- Schleifpapier mittlerer Körnung
- Tuch
- Malerkrepp
- Grundierung
- mittleren und breiten Flachpinsel
- Buntlack in Matt oder Seidenmatt
- matte Emulsionsfarbe in passendem Farbton
- Pauspapier
- Bleistift
- Künstlerpinsel in verschiedenen Größen
- Acrylfarben oder Farbproben
- Klarlack

1 Griffe entfernen und Schubladen herausziehen. Alle Oberflächen einschließlich der Schubladen anschleifen und den Schleifstaub abwischen. Die Seiten der Schubladen mit Malerkrepp abkleben.

2 Mit einem großen Flachpinsel die Schubladenfronten in Richtung des Faserverlaufs gleichmäßig mit Grundierung einstreichen. Schlägt die Untergrundfarbe durch, eine zweite Schicht auftragen. Jeden Anstrich zwei Stunden trocknen lassen.

3 Den Korpus mit zwei Schichten Lack überziehen. Jede Lackschicht sechs Stunden trocknen lassen. Die Schubladenfronten nicht lackieren, sondern mit einer Schicht farblich passender Emulsionsfarbe streichen.

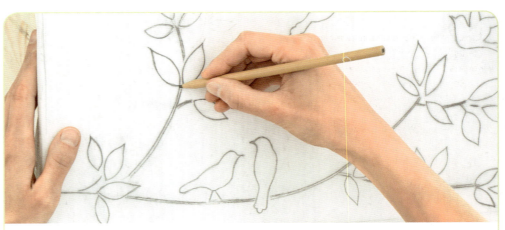

4 Die Vorlage von S. 316 mit dem Kopierer auf die passende Größe vergrößern (oder eine eigene Vorlage verwenden). Das Motiv auf Pauspapier übertragen und dann auf der Rückseite mit einem weichen Bleistift nachziehen. Das Pauspapier mit Malerkrepp mit der Vorderseite nach oben auf die Schubladenfront kleben und die Linien mit Bleistift nachfahren, um das Motiv zu übertragen. Das Papier wieder ablösen.

5 Das Motiv mit Künstlerpinseln mit Acrylfarbe oder mit Farbproben der Emulsionsfarbe ausmalen. Dabei die feinen Zweige nicht vergessen und sie an einigen Stellen auf den Korpus verlängern.

6 Die Schubladen mit dem mittleren Flachpinsel zum Schutz mit zwei Schichten Klarlack überziehen. Die Zweige auf dem Korpus mit einem Malerpinsel überlackieren. Die Schubladen wieder einsetzen.

Natur & Recycling • Konservenkunst

Konservenkunst TECHNIKEN

Weißblech ist sehr vielseitig. Es ist robust und lässt sich mit verschiedenen Überzügen verzieren. Größere Flächen erhält man, wenn man große Olivenölbehälter aufschneidet und glättet. Wasserbasierte Farben sind als Anstrich ungeeignet, da sie leicht abplatzen. Ein natürliches Finish erzielt man mit Klarlack oder Urethanöl (Dänischem Öl).

Eine Dose auswählen und säubern

Eine passende Dose wählen. Für Windlichter und Laternen (siehe S. 290–291) eigenen sich besonders Dosen mit Aufreißring und mit einer weißen Innenbeschichtung, da diese das Licht gut reflektiert. Sie können aber jede Konservendose verwenden, nachdem Sie das Etikett abgelöst und Klebstoffreste mit Reinigungsbenzin entfernt haben.

Die Dose füllen

Zum Einschlagen der Löcher die Dose zunächst füllen, damit sie nicht eindellt. Dazu Sand in die Dose füllen und fest mit der Hand hineindrücken. Dann Wasser darüber gießen, bis der Sand nichts mehr aufnimmt. Die Dose über Nacht ins Tiefkühlfach stellen.

Löcher in die Dose einschlagen

1 Gehärtete Stahlnägel eignen sich am besten zum Einschlagen der Löcher. Die Dose auf einen Sandsack legen. Ein Loch zunächst mit einem kleinen Nagel vormarkieren und dann mit immer größer werdenden Nägeln auf die gewünschte Größe erweitern.

2 Festklemmende Nägel mit der Gripzange fassen und mit drehenden Bewegungen herausziehen.

Konservenkunst • Techniken

Einen Aufhänger fertigen

1 Für den Aufhänger 1 cm unterhalb des oberen Dosenrands zwei gegenüberliegende Löcher in die Dose schlagen. Nach dem Leeren der Dose (siehe unten) ein Stück Drahtbügel etwas länger als die endgültige Länge des Aufhängers abschneiden.

2 Mit der Schienenzange in die Mitte des Drahts eine enge Rundung biegen. Die beiden Drahtenden vorsichtig nach unten biegen und überkreuzen, sodass, wie in der Vorlage auf S. 315, eine Schlaufe entsteht.

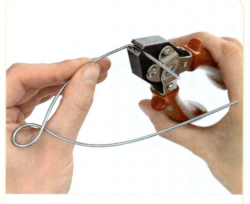

3 Die Enden im rechten Winkel nach innen biegen und mit dem Bolzenschneider auf rund 3 mm einkürzen. Die Enden leicht zusammendrücken und durch die Löcher stecken – die Schlaufe wirkt wie eine Feder und drückt die Drahtenden in die Löcher.

Die Dose entleeren

Nach dem Einschlagen der Löcher die Dose in eine Wanne stellen und mit kochendem Wasser übergießen. Etwa zehn Minuten stehen lassen, bis das Eis geschmolzen ist. Sand und Wasser ausgießen und die Dose auswaschen und trocknen.

Die Dose einfärben

1 Die Dose mit Zeitungspapier ausstopfen und die Arbeitsfläche mit Zeitungspapier auslegen, um sie vor Farbe zu schützen.

2 Die Außenseite der Dose mit dem gewünschten Farblack gleichmäßig einsprühen und dann 24 Stunden trocknen lassen. Alternativ einen Lack mit dem Pinsel auftragen oder eine ölbasierte Farbe verwenden.

Natur & Recycling • Konservenkunst

Bunte Laternen PROJEKT

Es ist erstaunlich, was sich aus Abfall alles machen lässt! Dieses Projekt zeigt, wie man aus Konservendosen bunte Laternen macht. Statt kleiner Dosen können Sie auch größere verwenden und beispielsweise kleine Schraubgläser hineinstellen, um die Kerzen vor Wind zu schützen. Anstelle der Drahtbügel funktioniert verzinkter Gartendraht mit 2 mm Durchmesser ebenso gut.

SIE BRAUCHEN
- Konservendosen
- Reinigungsbenzin
- Sand
- Papier und Bleistift
- Schere
- Klebeband
- Sandsack
- gehärtete Stahlnägel
- Hammer
- kleine Gripzange
- Drahtbügel
- kleinen Bolzenschneider
- Schienenzange
- Zeitungspapier
- Sprühlack

1 Das Etikett und Klebstoffreste von der Konservendose entfernen. Die Dose mit Sand füllen, mit Wasser aufgießen und über Nacht einfrieren.

2 Ein Muster in passender Größe auf Papier entwerfen oder eine der Vorlagen von S. 314–315 kopieren und mit Klebeband um die Dose kleben. Beim Entwerfen eines eigenen Motivs darauf achten, dass der Abstand zwischen den Löchern mindestens so breit sein sollte, wie der Durchmesser eines Lochs.

3 Die Dose auf den Sandsack legen und Löcher einschlagen. Die Dose nach zehn Minuten wieder für 30 Minuten ins Tiefkühlfach stellen, damit das Eis nicht zu sehr taut. Beim Bearbeiten mehrerer Dosen immer nur eine aus dem Tiefkühlfach nehmen.

4 Wenn das Muster fertig ist, etwa 1 cm unterhalb des oberen Dosenrands zwei gegenüberliegende Löcher für den Aufhänger einschlagen. Die Dose entleeren. Aus einem 25 cm langen Drahtstück wie auf S. 289 beschrieben **Einen Aufhänger fertigen**.

5 Die Dose mit Zeitungspapier ausstopfen und mit Sprühlack einfärben. Immer an einem gut belüfteten Ort oder im Freien lackieren. Wenn der Lack getrocknet ist, den Aufhänger anbringen.

Natur & Recycling • Drahtkunst

Drahtkunst TECHNIKEN

Es gibt unzählige Arten von Draht. Für den Einstieg ist Kupferdraht zum Basteln besonders geeignet, da er leicht formbar ist. In Hobbymärkten gibt es Draht in verschiedenen Farben. Drahtbügel eignen sich gut für stabile Konstruktionen. Zum Biegen kann eine Kombizange genutzt werden, doch ihre geriffelten Backen können auf weichem Metall Riefen hinterlassen.

Drahtbügel gerade biegen

1 Den Haken des Kleiderbügels und den verdrillten Bereich mit dem kleinen Bolzenschneider abtrennen.

2 Den restlichen Draht gerade biegen – zum Aufbiegen der Ecken eine Gripzange zur Hilfe nehmen.

Draht richten

Draht aus weichem Metall, wie Aluminium oder Kupfer, gerade richten. Dazu ein Ende an einem stabilen Fixpunkt (z. B. Türklinke) befestigen, das andere mit der Gripzange fassen und den Draht gerade ziehen.

Drähte zusammenbinden

Zwei Drahtenden eines Drahtbügeldrahts mindestens 5 cm überlappend nebeneinanderlegen und dann mit einem mitteldicken Wickeldraht umwickeln, bis sie fest aneinander halten.

Draht formen

Sanfte Biegungen von Hand biegen. Bei engen Biegungen in dickem Draht und beim Arbeiten nach Vorlagen eine Schienenzange verwenden – ihre glatten Greifbacken hinterlassen keine Spuren auf dem Draht.

Drahtkunst • Techniken

Draht verdrillen

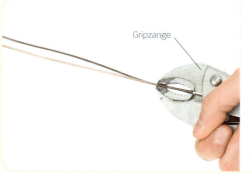

1 Ein Drahtstück in der Mitte umbiegen und an einem stabilen Fixpunkt (z.B. Türklinke) befestigen. Die beiden offenen Enden mit der Gripzange greifen.

2 Den Draht straff ziehen und die Gripzange drehen, bis der Draht über die gesamte Länge gleichmäßig verdrillt ist, dann am Fixpunkt abschneiden.

Drähte verbinden

Bricht ein Draht oder muss verlängert werden, das Ende mit der Rundzange zu einer kleinen Öse eindrehen und einen neuen Draht mit einer ebensolchen Öse einhängen. Die Ösen mit der Gripzange zubiegen.

Draht umwickeln

Ein mitteldickes Stück Wickeldraht in anderthalbfacher Länge des Hauptdrahts zuschneiden. Das Ende des Wickeldrahts um ein Ende des Hauptdrahts schlingen und ihn dann damit umwickeln. Die Wicklung straff und in gleichmäßigen Abständen arbeiten.

Einen Kreis formen

Ein Drahtstück zu einem Kreis biegen. Die Enden 4 cm überlappen lassen und die beiden Drahtenden mit mitteldickem Wickeldraht fest umwickeln, bis sie aneinander halten.

Ein Hängeglas fertigen

1 Ein etwa 55 cm langes Stück mitteldicken Draht abschneiden und direkt unterhalb des Gewindes einmal um das Schraubglas legen. Das kurze mit dem langen Ende verdrillen.

2 Das lange Ende zu einem Bügel über das Glas biegen und die Spitze unter der Drahtschlaufe hindurchfädeln. Das Ende hochbiegen, verdrillen und einkürzen.

Einen S-Haken formen

Ein Ende eines 10 cm langen Stücks Bügeldraht mit der Zange zu einem Haken eindrehen und das gegenüberliegende Ende entgegengesetzt zum Haken umbiegen.

Natur & Recycling • Drahtkunst

Drahtherz PROJEKT

Dieses Drahtherz ist das perfekte Geschenk zum Muttertag oder für einen anderen lieben Menschen. Es wird aus einem Drahtbügel und einer Handvoll Perlmuttknöpfen gefertigt. Auch hübsche Perlen eignen sich sehr schön als Verzierung.

SIE BRAUCHEN
- Drahtbügel
- kleinen Bolzenschneider
- Gripzange
- Schienenzange
- silberbeschichteten Draht, 0,4 mm dick
- Seitenschneider
- Sekundenkleber
- Perlmuttknöpfe

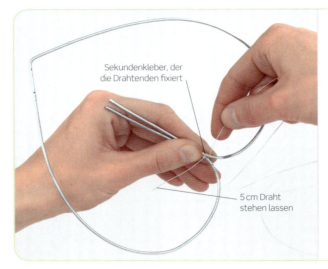

Sekundenkleber, der die Drahtenden fixiert

5 cm Draht stehen lassen

1 Den Haken des Drahtbügels abschneiden, den Bügel aufbiegen. Den Draht mit der Schienenzange anhand der Vorlage auf S. 317 in Herzform biegen. Ein 2,5 m langes Stück Silberdraht mit dem Seitenschneider abschneiden und die Enden des Bügeldrahts zusammenbinden, wo die Herzbögen sich treffen. Ein 5 cm langes Ende stehen lassen. Die umwickelte Stelle mit einem Tropfen Sekundenkleber fixieren. Trocknen lassen.

2 Um die Knöpfe zu befestigen, das lange Ende des Silberdrahts zweimal locker um ca. 2 cm des Herzdrahts wickeln. Dann den Draht durch ein Knopfloch nach oben ziehen und durch das andere wieder herunter. Darauf achten, den Draht beim Durchziehen nicht zu knicken.

Knopf drehen

3 Den Knopf auf etwa 1,5 cm an das Herz heranschieben. Die beiden Drahtenden am Herz fixieren und durch Drehen des Knopfs miteinander verdrillen. Das Herz weiter umwickeln und einen weiteren Knopf auffädeln und verdrillen. So für das gesamte Herz fortfahren.

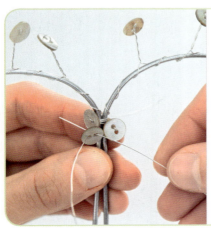

4 Nach dem letzten Knopf den Draht bis zum Ausgangspunkt um das Herz wickeln. Drei Knöpfe auffädeln und dazwischen jeweils einmal das Herz umwickeln. Das Drahtende dann mit dem 5 cm-Drahtüberstand vom Anfang verdrillen. Den verdrillten Draht auf 5 mm einkürzen und mit Sekundenkleber fixieren.

5 Ein 30 cm langes Stück Silberdraht abschneiden, in der Mitte umbiegen und wie auf S. 293 beschrieben verdrillen. Zur Schlaufe biegen. Ein Ende der Schlaufe unterhalb des ersten Knopfs unter der Wicklung durchfädeln und umbiegen. Überschuss abschneiden und die langen Enden des Bügeldrahts mit dem Bolzenschneider abkneifen.

6 Das andere Ende der Schlaufe unterhalb des letzten Knopfs wie in Schritt 5 befestigen. Einen Knopf auf ein kurzes Stück Silberdraht fädeln, den Knopf auf die Schnittstelle des Schlaufendrahts setzen, die Enden dahinter verdrillen und einkürzen. Die Knöpfe nun in Position drücken, sodass sie um das Herz herum stehen. Die Knöpfe auf der Rückseite mit einem Tropfen Sekundenkleber fixieren.

Natur & Recycling • Drahtkunst

Drahtkronleuchter PROJEKT

Es ist erstaunlich, dass aus ein paar Drahtbügeln und Schraubgläsern etwas so Ausgefallenes entstehen kann! Umwickelter Bügeldraht bildet das stabile Gerüst dieses Kronleuchters. Die Spiralen verleihen ihm eine elegante Note. Mit kleinen Schraubgläsern werden Teelichte angehängt. Über dem Esstisch sorgt der Leuchter für eine romantische Atmosphäre.

SIE BRAUCHEN
- 10 Drahtbügel
- kleinen Bolzenschneider
- Gripzange
- mitteldicken Draht
- Seitenschneider
- Spitzzange
- 8 kleine Schraubgläser (z. B. von Babynahrung)
- 8 Teelichte
- Draht oder Band (zum Aufhängen)

1 Die Haken von allen zehn Bügeln abschneiden und, wie auf S. 292 beschrieben, die **Drahtbügel gerade biegen**. Neun Stücke mitteldicken Draht in anderthalbfacher Länge eines Bügeldrahts zuschneiden und neun Bügeldrähte damit gleichmäßig umwickeln. Die umwickelten Drähte werden zum Gerüst des Leuchters verbunden. Der einzelne Draht wird zerteilt und zu S-Haken für die Gläser gebogen.

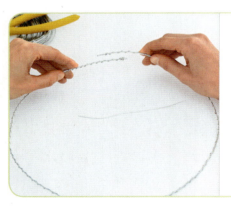

2 Einen der umwickelten Drähte zu einem Kreis mit 27,5 cm Durchmesser formen. Er bildet den oberen Kranz. Die Enden überlappen lassen und fest mit mitteldickem Draht umwickeln.

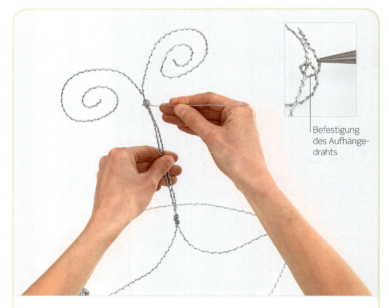

Befestigung des Aufhängedrahts

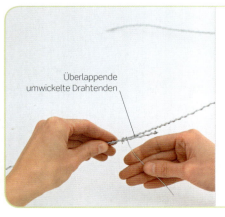

Überlappende umwickelte Drahtenden

3 Zwei umwickelte Bügeldrähte zu einem langen Draht verbinden. Dazu die Enden 12,5 cm überlappen lassen und fest mit einem kurzen Stück mitteldickem Draht umwickeln. Den Draht dann zu einem Kreis mit 36 cm Durchmesser drehen und zusammenbinden.

4 Für die Aufhängung zwei umwickelte Drähte an je einem Ende, wie im Bild gezeigt, zu dekorativen Spiralen eindrehen. Die unteren Drahtenden mit der Spitzzange an gegenüberliegenden Seiten am oberen Kranz befestigen. Die losen Enden mit mitteldickem Draht umwickeln. Die beiden Aufhängedrähte direkt unterhalb der Spiralen und erneut ein Stück weiter unten mit Draht aneinanderbinden.

5 Die beiden Kränze des Leuchters mit vier senkrechten Drähten verbinden. Dazu die umwickelten Drähte an einem Ende mit der Spitzzange jeweils zu einer Öse formen und am oberen Kranz anhängen. Den Draht 30 cm darunter um den unteren Kranz schlingen. Die herabhängenden Drahtenden zu dekorativen Spiralen eindrehen.

6 Aus den acht Gläsern, wie auf S. 293 beschrieben, jeweils **Ein Hängeglas fertigen**. Aus dem restlichen Bügeldraht 10 cm lange S-Haken biegen. Teelichte in die Hängegläser setzen und mit den S-Haken an jeden Kranz vier Gläser hängen. Ein Band oder einen Draht durch den Mittelteil der Aufhängung fädeln und den Leuchter aufhängen.

Die Autoren

An der Entstehung dieses Buches war eine Gruppe begabter und begeisterter Kunsthandwerker – alle Experten auf ihrem Gebiet – beteiligt. Wenn Sie noch mehr Anregungen suchen, besuchen Sie doch einfach die hier aufgeführten Websites oder lesen Sie die Blogs der Künstler.

Michael Ball
info@btnw.co.uk

Klebebleiverglasung — Konservenkunst — Drahtkunst

Momtaz Begum-Hossain
www.thecraftcafe.co.uk / contact@momtazbh.co.uk

Stoff marmorieren — Stoffmalerei — Kränze binden — Drahtkunst

Jane Cameron
www.janecameron.co.uk / jane@janecameron.co.uk

Seidenmalerei — Wachsbatik — Siebdruck

Angie Corbet
www.vintagecraftstuff.co.uk / angie@vintagecraftstuff.co.uk

Papier schöpfen — Papier marmorieren

Sarah Ditchfield
www.candlebynight.co.uk / contact@candlebynight.co.uk

Tauchkerzen — Dreifarbige Stumpen — Bienenwachskerzen

Susan Flockhart
http://susiefhandmade.blogspot.com / susan@susanflockhart.com

Naturseife — Seifenbouquet — Durchsichtige Seife

Fiona Goble
fkgoble@btinternet.com

Seidensiebdruck — Schablonieren — Applikationen — Perlenstickerei

Tessa Hunkin
tessahunkin@blueyonder.co.uk

Mosaik (direkt) — Mosaik (indirekt)

Helen Johannessen
www.yoyoceramics.co.uk / helen@yoyoceramics.co.uk

Porzellanmalerei — Fliesenmalerei

Susie Johns
www.susieatthecircus.typepad.com / susiejohns@colourful.co.uk

Tauchbatik — Schnürbatik — Blockdruck — Papiermaché

Scrapbooking — Linoldruck — Papierdekorationen — Découpage

Quilling — Grußkarten — Kartons

Annemarie O'Sullivan
www.annemarieosullivan.co.uk

Korbflechten

Cheryl Owen
cherylowencrafts@aol.com

Perlenschmuck — Silberdraht — Kaltemaille — Perlenweben

Ofenhärtende Modelliermasse — Lufttrocknende Modelliermasse — Knetsilber — Glasmalerei

Wendy Shorter
www.wendyshorterinteriors.co.uk / wendy@wendyshorterinteriors.co.uk

Polstern

Debbie Siniska
www.debbiesiniska.co.uk / info@debbiesiniska.co.uk

Nassfilzen — Nadelfilzen — Flickenteppiche

Denise Stirrup
www.realpressedflowers.co.uk / www.pressedflowerguild.org.uk

Blumenbilder

Anne Taylor
www.anne-taylor.co.uk / contact@anne-taylor.co.uk

Möbel verzieren

Dorothy Wood
www.dorothywood.co.uk / info@dorothywood.co.uk

Patchwork — Bänder weben — Stanzen — Recycling

Nützliche Adressen

Bastelzubehör und Künstlerbedarf

www.aduis.de, www.aduis.at, www.aduis.ch
www.bastelpeter.ch
www.bastelshop.com
www.basteluniversum.com
www.boesner.com, www.boesner.ch,
     www.boesner.at
www.bottsa.ch
www.buttinette.com
     (Deutschland, Österreich, Schweiz, Frankreich,
     Europa)
www.c-kreul.de
www.creartec.de
www.dasbasteln.de
www.eckstein-kreativ.de
www.fleury-art.com
www.gerstaecker.de, www.gerstaecker.ch,
     www.gerstaecker.at
www.herup.de
www.idee-shop.de
www.kreativ.de
www.kreativ-depot.de
www.kreativtiger.at
www.kuenstlerbedarf-fuchs.de
www.marianne-hobby.at
www.modulor.de
     (u. a. Batik-Wachslöser)
www.pentelarts.de
www.pinsel-depot.de
www.prell-versand.de
www.rayher-hobby-shop.de
www.schulmat-peter.ch
www.vbs-hobby.com
winkler.turbo.at/shop_at

Blumenpresse

www.realpressedflowers.co.uk
     (Hier kann man die Warmluft-
     Blumenpresse kaufen)

Filzzubehör

www.filzen.de
www.filzrausch.de
www.ideenreich-bielefeld.de
www.nadelfilzen.de
www.nassfilzen.de
www.wolle-traub.de
www.wollinchen.de
www.wollknoll.eu

Kerzen- und Seifenzubehör

www.behawe.com
www.bougies.de
     (Formen Düfte, Farben, Pigmente,
     Seifenzubehör)
www.candlecraft.de
     (Kerzen und Seife)
www.creativehobbiesgroup.com
www.die-kerze.de
www.docht.com
www.gisellamanske.com
     (Naturzutaten, Öle, Düfte)
www.imkershop-seip.de
www.kerzenidee.de
www.kerzenkiste.de
     (Kerzen und Seife)
www.seifenkuenstler.de
www.seifenstudio.com
     (ätherische Öle, Pflanzenöle, Rohstoffe für
     die Seifenherstellung)
www.shop.gildewerk.com
     (Gießformen, Düfte, Farbstoffe, Grundstoffe
     für Seifen und Kerzen)
www.vbs-hobby.com
www.cosmopura.de
     (Zusatzstoffe: Peelinggranulate, Öle, Fette,
     Duftstoffe)

Kaltemaille

www.hasulith.de
www.metallhill.de

Klebebleiverglasung

www.deco-blei.de
www.glashandel.co.at
www.glsgmbh.de
     (große Auswahl an Folien »Stained Glas Art
     Film«, Werkzeugen etc.)
www.provetro.com
     (Klebebleiband)

Knüpfwerkzeug

www.junghanswolle.de
www.prym-consumer.com

Korbflechtzubehör

www.bastelfex.de
www.hans-ender.de
www.korbwerkstatt-krines.de
www.peddig-keel.ch
peddigrohr.com
www.rayher-hobby-shop.de

Mosaik

www.bastelmaxi.de
www.chiemsee-mosaik.de
www.mosaikladen.de
www.kunsthandwerkerportal.de
www.vbs-hobby.com

Venezianische Smalti (Smalten):

www.mosaicidonamurano.com
www.mosaikladen.de/Glasmosaik/Smalten/

Papier, Pappe, Scrapbooking

www.basteluniversum.com
     (Eyelets, Ösen, Lochverstärkerösen)
www.buch-kunst-papier.de
www.buntpapiershop.de
www.creaktivo.de
www.danipeuss.de
     (Onlineshop für Scrapbooking und Stempel)
www.fantasia-scrapbooking.at
www.flower-press.com
     (professionelle Blumenpressen)
www.kunstpark-shop.de
www.nelliesnellen.de
www.paperheaven.de
www.schoene-papiere.de
www.scrapbook-center.de
www.scrapbooking-papier.de
     (Papiere, Stanzen, Gravurmaterialien, Cutter)
www.scrapbook-werkstatt.de
www.stamping-fairies.de
     (Papiere, Alben, Aufkleber, Verzierungen)
www.stempelmeer.de

Polsterbedarf

www.bender-shop.de
www.binder-stuttgart.de
www.polstereibedarf-online.de
www.polsterstoff-shop.de
www.polsterwaren.de

Schmuck, Perlen, Silberdraht

www.bali-beads.de
www.beads-schmuck.de
www.boley.de
www.creative-beads.de
www.delpasand-trade.de
www.kreativ-depot.de
www.kreativ-design.info
www.magic-and-arts.com
www.metallhill.de
www.perlenhelga.de
www.perlenpaula.de
www.perlenzeiten.de
www.perlen-schloss.de
www.schmuckclub.de
shop.silberteile.de
www.suesswasserperlen-shop.ch

Knetsilber brennen

www.glas-per-klick.de
    (Hier gibt es kleine Mikrowellen-Fusing-Öfen,
    HotPot genannt, mit denen man das Knet-
    silber ganz einfach in der Mikrowelle brennen
    kann. Auch zum Fusen von Glas geeignet.)
www.metalclaystudios.de
    (Hier wird ein Brennservice für Knetsilber
    angeboten. Wer möchte, kann seine Schmuck-
    stücke zum professionellen Brennen im Brenn-
    ofen dort hinschicken.)

Siebdruckmaterialien

hobby-welt-kreativ.tradoria-shop.de
    (Schabklonen für Siebdruck)
www.patchworkshop.de
    (klappbarer Siebdruckrahmen)
www.screeneasy.de
www.siebdruckland.de

Stoffe, Patchwork, Handarbeitsbedarf

www.naehpark.com
www.naehwelt-machemer.de
www.patchwork-oase.de
www.patchworkshop.de
www.quiltzauberei.de
www.sophies-patchworkstatt.de
www.stoffamstueck.de
www.stoffcorner.com
www.stoffe.ch
www.stoffgarten.at

DANK

Der Verlag dankt Fiona Corbridge für ihren unschätzbaren Rat in den frühen Stadien der Projektentwicklung, Ira Sharma und Era Chawla für ihre Unterstützung beim Design, Jane Ewart für Fotografie und künstlerische Leitung, Ruth Jenkinson für Fotografie, Carly Churchill für Modellierarbeiten und Fotoassistenz, Meryl Davies für Foto-assistenz, Hilary Mandleberg für das Lektorat, Katie Hardwicke für das Korrektorat und Anna Bennett für die Registererstellung.

BILDNACHWEIS

Fond des Kolumnentitels, S. 88–145: Orhan Çam, Dreamstime (dreamstime_xxl_13293911)

Vorlagen

Schuhbeutel (S. 32–33)

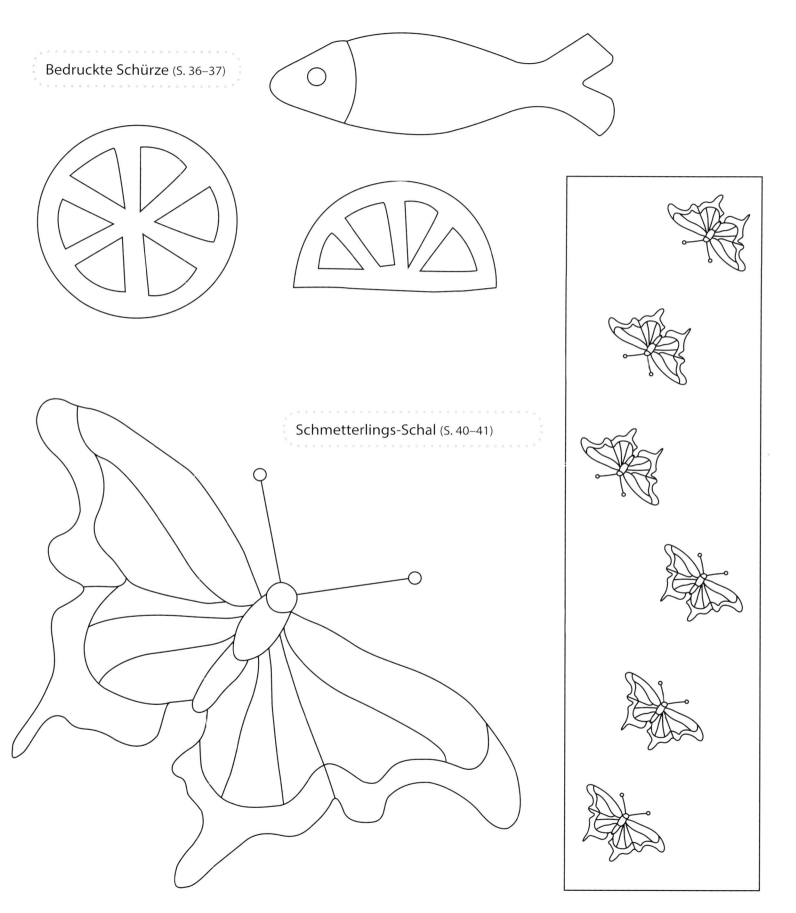

Kissenbezug (S. 52–53)

Mit dem Kopierer auf 110 % vergrößern.

Überwurf (S. 60–61)

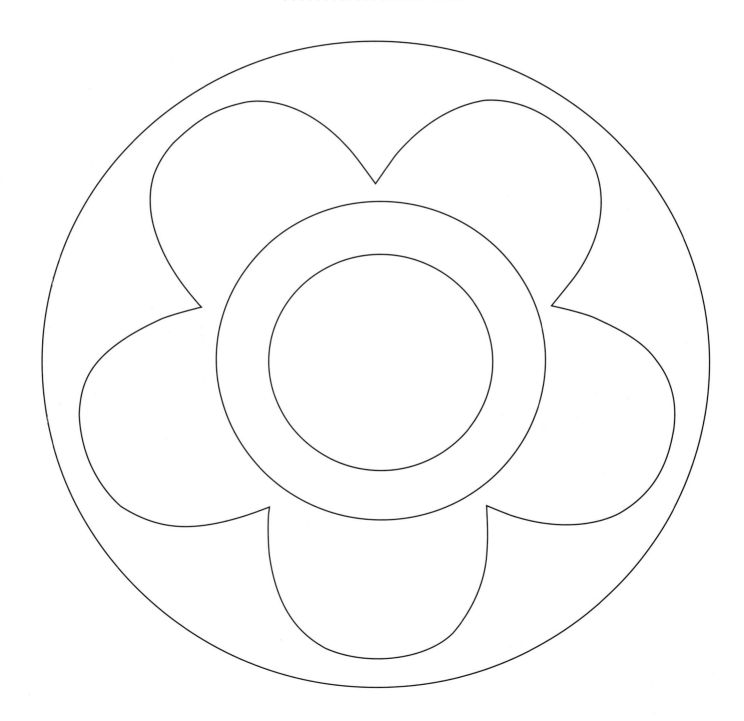

Überwurf (S. 60–61)

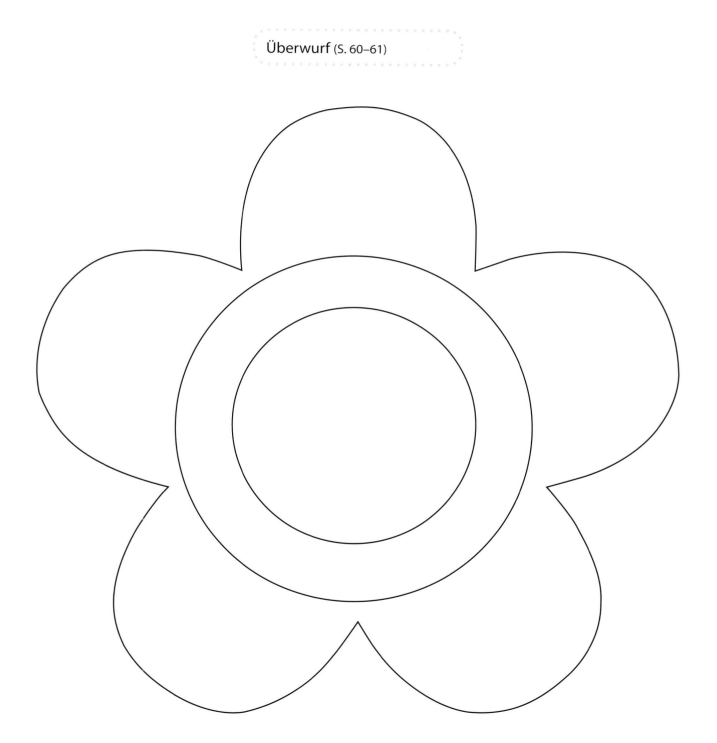

307

Patchwork-Tagesdecke (S. 56–57)

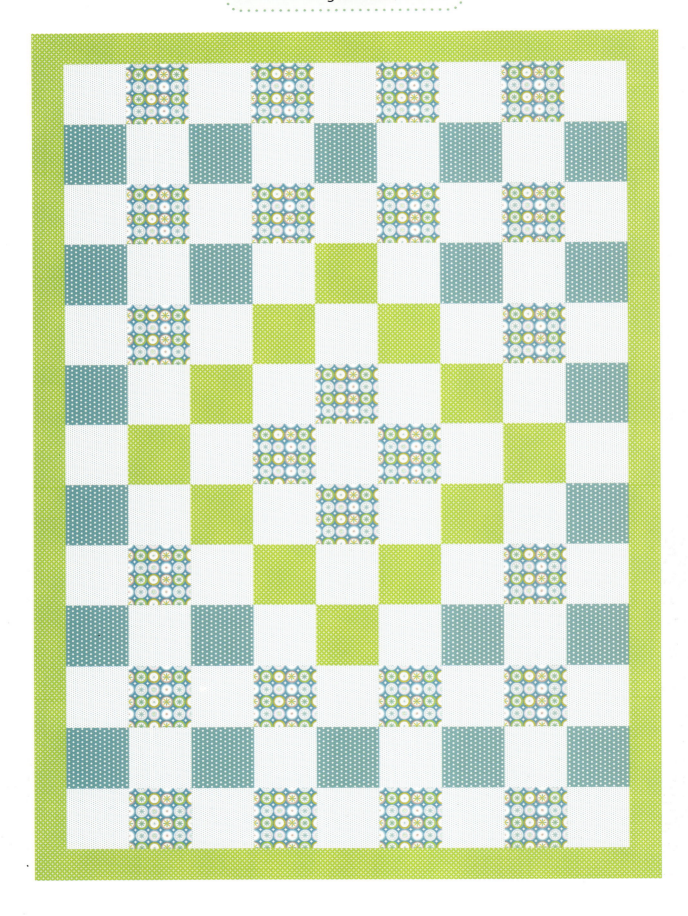

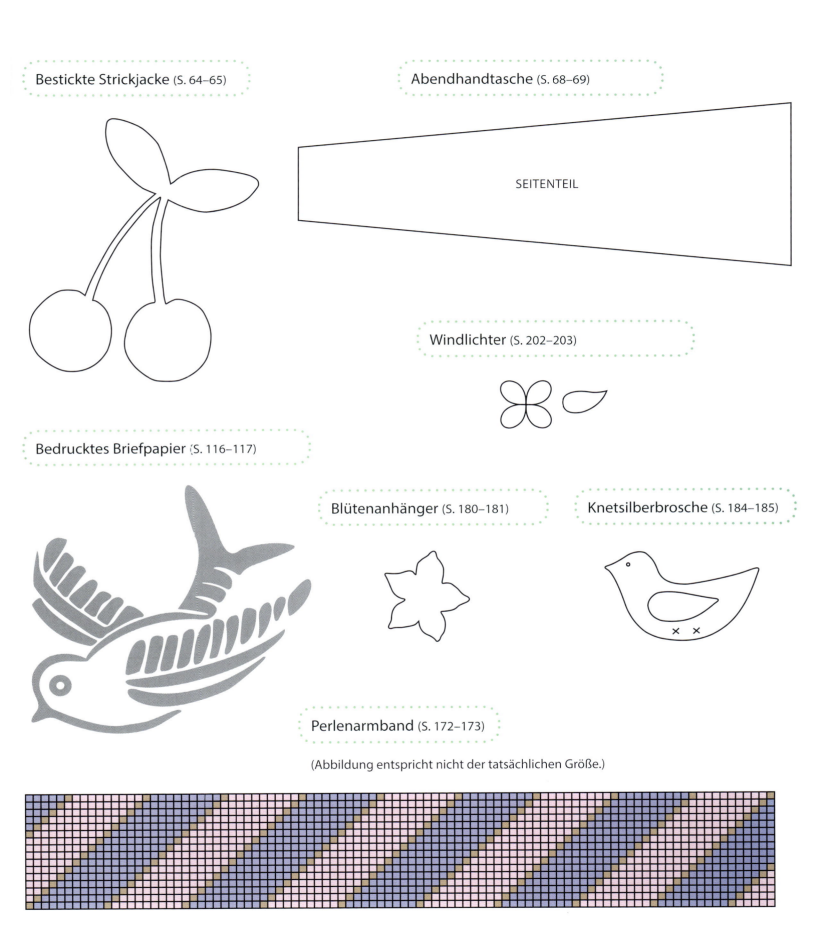

309

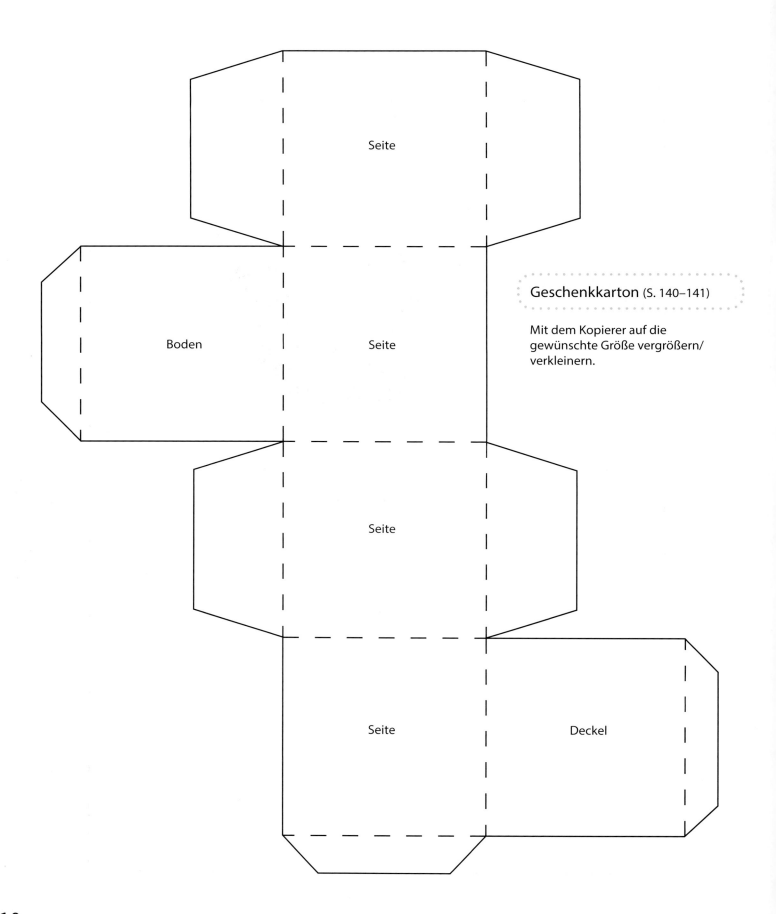

Postkarten (S. 144–145)

Glasuntersetzer (S. 210–211)

Topfuntersetzer (S. 218–219)

Mit dem Kopierer auf 150 % vergrößern.

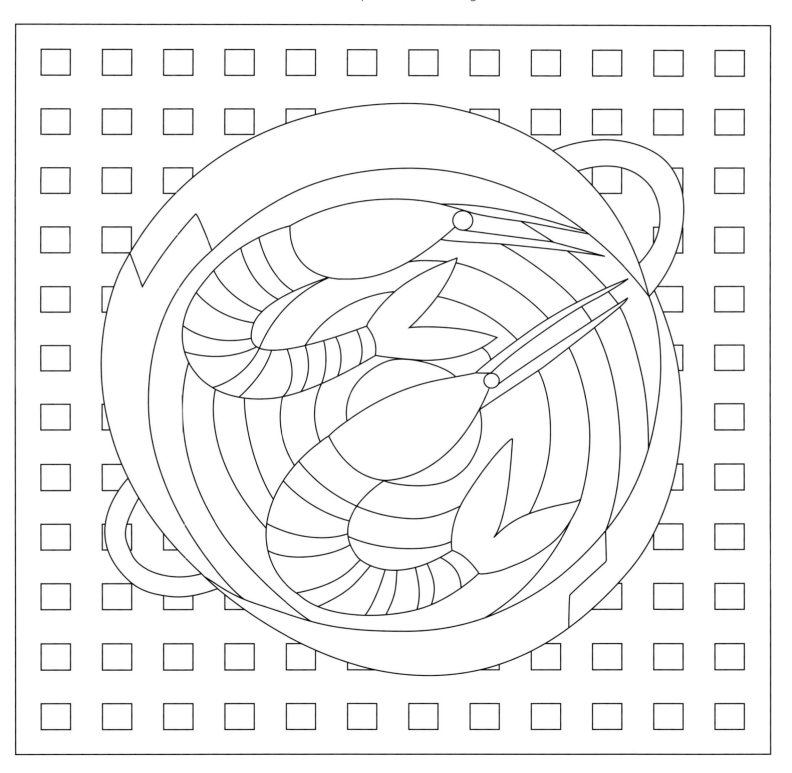

Bunte Laternen (S. 290–291)

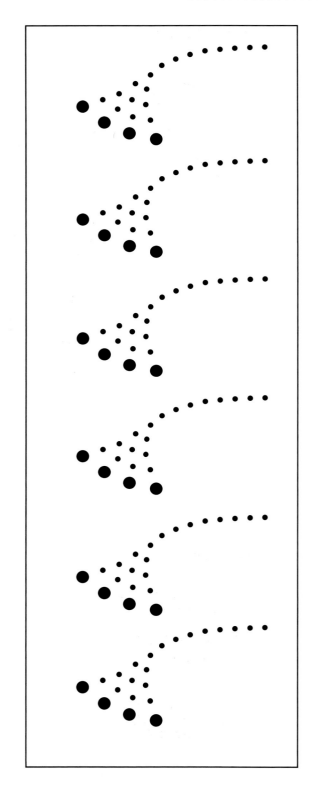
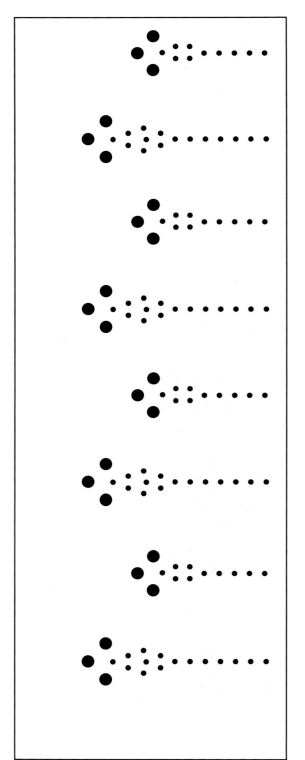

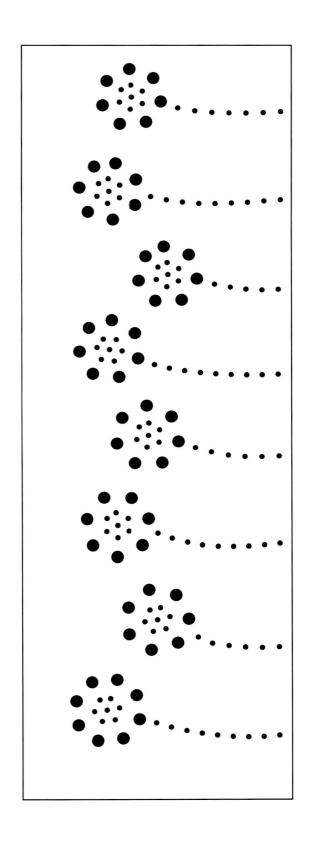

Bunte Laternen (S. 290–291)

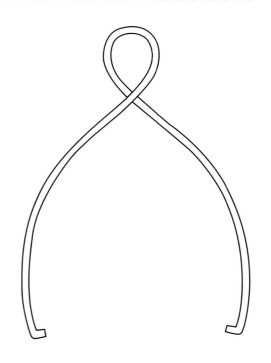

Mosaik-Bilderrahmen (S. 282–283)

Mit dem Kopierer auf die gewünschte Größe vergrößern/verkleinern.

Nachtschränkchen (S. 286–287)

Mit dem Kopierer auf die gewünschte Größe vergrößern/verkleinern.

Drahtherz (S. 294–295)

Register

A

Abendhandtasche 68-69, 309
Applikationen 58, 59
   Dekorationen 15, 59
   Fixier-Stickvlies 15
   Materialien 15
   Techniken 58-59
   Verzierter Überwurf
      60-61, 306-307
Armband 168-169

B

Batik, Schnürbatik 22-23
   Farbbad vorbereiten 22
   Materialien 12
   Stoffe 12
   T-Shirt in Schnürbatik 24-25
   Techniken 22-23
Batik, Tauchbatik
   Batik-Scheibengardine
      20
   Materialien 12
   Stoffe 12, 18
   Techniken 18-19
Bedrucktes Briefpapier
   116-117, 309
Bedrucktes Geschirrtuch 48-49,
   304
Bienenwachskerzen 240
Blockdruck 35
   Bedruckte Schürze 36-37,
      303
   Kartoffeldruck 35
   Materialien 13
   Moosgummi 13, 34
   Techniken 34-35
Blumenbilder
   Blumenpressen 258, 259, 276
   Blüten und Blätter 276, 277
   Grußkarte 278-279
   Materialien 258-259
   Techniken 276-277
Blumentöpfe 216-217
Blütenanhänger 180-181, 309
Briefpapier mit Blüten 100-101
Buchtasche aus Filz 74-75
Bunte Vase 198-199

D

Découpage
   Materialien 94, 122
   Papier 94
   Schatzkiste 124-125
   Techniken 122-123
Drahtherz 294-295, 317
Drahtkronleuchter 296-297
Drahtkunst
   Draht 261, 292, 293, 294, 296
   Drähte verbinden 293
   Drähte zusammenbinden 292
   Gripzange 261
   Hängeglas 293, 297
   Kreis formen 293
   Materialien 261
   Mitteldicker Draht 261
   S-Haken 293
   Schienenzange 261
   Seiten- und Bolzenschneider
      261
   Techniken 292
Drahtkunst, Silber
   Anhänger fertigen 163
   Draht und Perlen 162, 163,
      164, 165
   Glitzernder Haarreif 164-165
   Perlenstäbe herstellen 162,
      164
   Techniken 162-163
Dreifarbige Stumpen 236-238
Druck, Blockdruck 35
   Materialien 13
   Techniken 34-35
Druck, Linoldruck 115
   Bedrucktes Briefpapier
      116-117, 309
   Materialien 93
   Techniken 114-115
Druck, Siebdruck 142-143
   Bedruckte Postkarten
      144-145, 31
   Materialien 95
   Siebdruckrahmen 95, 142, 144
   Techniken 142-143
Durchsichtige Seife 250

F

Filzen
   Materialien 16
Filzen, Nadelfilzen
   Filzschaf 78-79
   Techniken 76-77

Filzen, Nassfilzen
   Buchtasche aus Filz 74-75
   Kardieren 70, 76
   Kneiftest 72, 74
   Schablone verwenden
      (zum Rundumfilzen)
      72-73, 74
   Techniken 70-73
   walken 71, 74
   Wolle verteilen 71
Filzschaf 78-79
Flickenteppiche
   Fransenmatte 270-271
   Fransentechnik 269, 270
   Materialien 257
   Schlingentechnik 268
   Techniken 268-269

G

Glasuntersetzer 210, 312
Glitzernder Haarreif 164-165
Grußkarte Blumenbild 278-279
Grußkarten
   Grundform 134
   Pop-up-Geburtstagskarte
      136-137
   Pop-up-Karten 135
   Techniken 134-35
   Verzierungen 135

H

Handgemachte Perlen 176-177

K

Kaltemaille
   Armband 168-169
   Farben 153
   Härter 153, 166, 167, 168
   Materialien 153
   Schmuckrohlinge und
      -fassungen 153, 167
   Techniken 166-167
Kartons
   dekorative Schleifen 139
   Draht 95
   Etiketten 139
   falzen 138
   Kleiner Geschenkkarton
      140-141, 310
   Material auswählen 138
   Materialien 95
   Pappe 95

   schneiden 138
   Techniken 138-39
Keramik & Glas
   Bleiband aufkleben 197
   Bleiband zuschneiden 197
   Bunte Vase 198-199
   Farbfolien andrücken 197
   Folienstücke zuschneiden 196
   Glas reinigen 196
   Materialien 190-195
   Motiv zeichnen 196
   Techniken 196-197
   siehe auch Mosaike; Malerei,
      Glas; Malerei, Fliesen
Kerzen
   Bienenwachskerzen 240
   Docht wachsen 231
   Dochte 226, 230, 231
   Dreifarbige Stumpen 236-239
   Dreifuß 225
   Duft 233, 237
   Duftöle 226
   Farben 226
   färben 233, 237
   Formen 224, 230
   Kerzen 223-250
   Kneifzange 226
   Materialien 225-26
   Sicherheit 233
   Tauchkerzen 234-235
   Techniken 230-33
   Wachs 225, 226, 232, 236, 238
Kissenbezug 52-53, 305
Klebebleiverglasung 190, 196-199
Kleiner Geschenkkarton 140-141,
   310
Knetsilberbrosche 184-185, 309
Konservenkunst
   Aufhänger 289, 290
   Bunte Laternen 290, 314-315
   Hammer 260
   Konservendosen 260, 288, 289
   Materialien 260
   Sandsack 260
   Stahlnägel 260
   Techniken 288-289
Korbflechten 263
   abschließen 264
   Ahle 256
   Flechtruten ansetzen 264
   Flechtschablone 256, 262-263
   Kanten umflechten 263
   Kordel 256
   Material auswählen 262
   Materialien 256

Obstkorb 266-267

Seitenschneider 256

Staken zusammenbinden 265, 267

Techniken 262-265

Weide 256, 262

Zirkel 256

M

Malerei, Fliesenmalerei

    Glasuntersetzer 210, 312

    Materialien 192-193

    Techniken 208-209

Malerei, Glasmalerei 201

    Materialien 191

    Techniken 200-201

    Vorlage in ein nach außen gewölbtes Gefäß einkleben 200

    Windlichter 202, 309

Malerei, Möbel verzieren 284

    Materialien 259-260

    Nachtschränkchen 286-287, 316

    Schablonen 260, 285

    Techniken 284-285

Malerei, Porzellanmalerei

    Farben 192, 205

    Materialien 192-193

    Obstschale 206-207

    Pinsel 192, 205

    Schwämme 192, 205

    Techniken 204-205

Malerei, Seidenmalerei

    Materialien 13

    Schmetterlings-Schal 40-41, 303

    Techniken 38-39

Malerei, Stoffmalerei

    Farbe fixieren 31

    Farben 13, 31

    Materialien 13

    Schuhbeutel 32-33, 302

    Stoff vorbereiten 30

    Techniken 30-31

    Vorlage übertragen 30, 32

Marmorieren, Papier 103

    Bucheinband 104-105

    Farben 91, 102

    Größe 91, 102

    Materialien 91

    Muster und Effekte 102-103

    Techniken 102-113

Marmorieren, Stoff

    Marmorierte Serviette 28

    Materialien 12

    Muster mit Farben erzeugen 26

    Techniken 26-27

Modelliermasse, Knetsilber

    ausrollen 182, 184

    Ausstecher 155, 182

    feuerfeste Platte und Brennsieb 155

    flexible Klinge 155

    Gasherd 183, 184

    Gummistempel und Strukturformen 154

    Knetsilberbrosche 184-185, 309

    Materialien 154-155

    polieren 155, 183

    schleifen 154, 183, 184

    Sicherheit 183

    Strukturen 182

    Techniken 182-183

    Vaseline und Olivenöl 155

    vorbereiten 182, 184

Modelliermasse, lufttrocknende 154

    Ausstecher 155, 179

    Blütenanhänger 180-181, 309

    dreidimensionale Formen 179

    Farben mischen 178

    feuerfeste Platte und Brennsieb 155

    flexible Klinge 155

    Gummistempel und Strukturformen 154

    Loch stechen 179

    Materialien 154-55

    Modelliermasse 178, 180

    Talkumpuder 155

    Techniken 178-79

    trocknen 179

Modelliermasse, ofenhärtende 154

    Ausstecher 155

    Farben mischen 174

    feuerfeste Platte und Brennsieb 155

    flexible Klinge 155

    Gummistempel und Strukturformen 154

    Handgemachte Perlen 176-177

    Materialien 154-155

    Techniken 174-175

Mosaike

    Blumentöpfe 216-217

    direkte Methode 212-213, 216-217

    Eierschalenmosaik 281

    Fugenmasse 193, 195, 213,

215, 281, 283

    indirekte Methode 214-215, 218

    Materialien 193-195, 212

    Mosaik-Bilderrahmen 282-283, 315

    Mosaikstein aufkleben 214

    Motiv planen und übertragen 212-213

    Oberfläche nivellieren 213

    Steine teilen und in Form schneiden 212

    Topfuntersetzer 218, 313

N

Nachtschränkchen 286-287, 316

Natur & Recycling

    Duft 258, 273

    Koniferenbündel 273, 274

    Kranzrohling 272, 274

    Laub 258, 273

    Materialien 258

    Ranken 258

    Sprühflasche 258

    Techniken 272-273

    Winterlicher Kranz 274-275

    siehe auch Korbflechten; Malerei, Möbel; Blumenbilder; Flickenteppiche; Recycling; Blechkunst; Drahtkunst

Naturseife 246

O

Obstkorb 266-267

Obstschale 206-207

P

Papier schöpfen

    Briefpapier mit Blüten 100-101

    Gautschunterlage 97, 100

    Materialien 90

    Papier 90, 96, 97, 98, 100

    Techniken 96-99

Papier & Pappe 89-145

    Materialien 90-95

    siehe auch Kartons; Grußkarten; Découpage; Marmorieren, Papier; Papierdekorationen; Stanzen; Papier schöpfen; Papiermaché; Druck, Linoldruck; Druck, Siebdruck; Quilling; Scrapbooking

Papierdekorationen

    ablösbare Dekorationen 119

    Leporellofalz 118

    Materialien 94

    Papierblüten 139

    Papiergirlande 118

    Papierpompoms 120-121

    Papierstroh 119, 140

    Pappformen 119

    Techniken 118-119

Papiermaché

    Materialien 91

    Papiermaché-Schale 108-109

    Techniken 106-107

Papierpompoms 120-121

Patchwork

    Bahnen zusammennähen 55, 56, 57

    Materialien 15

    Patchwork-Tagesdecke 56-57, 308

    Quadrate zusammennähen 54, 56

    Techniken 54-55

    Umrandung 55, 56

Perlen

    auffädeln 158

    backen 175, 177

    Blütenmuster 175

    Glas und Kunststoff 152

    kleine Perlen 152

    Kristallperlen 152

    mit Perlen umwickeln 162, 163, 164, 165

    ofenhärtende Modelliermasse 176-177

    Tropfperlen 152

    Zwischenteile 152

Perlenarmband 172-173, 309

Perlenschmuck

    Achterösen 151

    Bandenden 151

    Biegeringe 151, 157

    Broschennadeln 151

    Charms 152

    Collierschlaufen 151, 157

    Draht 150

    Drahtschneider 153

    Endkappen 151, 159

    Fädelnadeln 150

    Kalotten 151, 158

    Ketten 152

    Kettenverschlüsse 151, 159, 177, 181

Klebstoff 150
Kordeln, Riemen, dünne Bänder 150
Millimeterpapier 155
Nietstifte 151
Ohrhaken 151, 159
Perlen 152
Perlenkette 160-161
Perlen-Reibahle 150
Perlfaden 150
Quetschperlen 151, 158, 177, 181
Schlaufen formen 156-157, 181, 185
Strass und Chatons 152
Techniken 156-159
Zangen 153
Perlenstickerei 62, 63
Bestickte Strickjacke 64-65, 309
Materialien 15
Stickrahmen 15
Techniken 62-63
Polstern
Bezugsstoff 17
Bodenbespannung 17
Diolenwatte 17, 82
Ecken verkleiden 83
Fassonleinen 17
Federleinen 17, 81
Füllung aufbringen 82
Gurtspanner 17
Haarzieher 17
Hammer 17
Klüpfel 17
Kokosfasern 17
Lasierstiche 81
Materialien 17
Nadeln 17
Nagelheber / Heftklammerentferner 17
Nähfaden 17
Nessel 17, 82
Polsterfüllung 17, 82-83
Polstergurt 17
Polstergurte aufspannen 80
Polsternägel 17
Polsterwolle oder Filz 17
Sitzpolster 84-85
Sitzpolster vorbereiten 80
Stechbeitel 17
Techniken 80-83
Pop-up-Geburtstagskarte 136-137

Q
Quilling
Materialien 94
Quilling-Bild 132
Techniken 130-131

R
Recycling
Mosaik-Bilderrahmen 282-283, 315
Naturmaterialien vorbereiten 280, 282
Techniken 280-281

S
Schablonieren
Materialien 14
Pinsel 14, 260
Schablone abziehen (Fliesenmalerei) 209
Schablone befestigen (Fliesenmalerei) 208
Schablone herstellen (Möbel verzieren) 284
Schablone vorbereiten (Siebdruck) 142, 144
Schablonen entwerfen und zuschneiden (Fliesenmalerei) 208
Schablonierpapier (Möbel verzieren) 260
zweifarbiges Muster (Möbel verzieren) 285
Schablonieren, Stoff
Farben 14, 47
Techniken 46-47
Schatzkiste 124-125
Schmetterlings-Schal 40-41, 303
Schmuck 149-185
Materialien 150-155
Strass und Chatons 152, 179
siehe auch Perlenschmuck; Modelliermasse, Lufttrocknende Modelliermasse; Modelliermasse, Knetsilber; Modelliermasse, Polymer-Modelliermasse; Kaltemaille; Weben, Webrahmen; Drahtkunst, Silber
Schuhbeutel 32-33, 302
Scrapbooking
Materialien 92-93
Scrapbook-Seite 112-113

Techniken 110-111
Versteckte Botschaften 111, 113
Seife 16, 223-250
Düfte 228, 244
Durchsichtige Seife 250
formen und lagern 228, 245
Materialien 227-229
Metall-Teigschaber oder Messer 229
Natürliche Zutaten 244
Naturseife 246
Pflanzliche Zusätze 229
Rohseife 227, 242
schichten und eingießen 245
Schneidebrett 228
Seifenbouquet 248
Seifenfarben 228, 243
Techniken 242-245
Teelöffel oder Messbecher 227
Wundbenzin 229
Zusatzstoffe 229
Seifenbouquet 249
Selbstklebende Farbfolien für Glas 190, 196-197, 198-199
Selbstklebendes Bleiband 190, 196-197, 198-199
Siebdruck 43, 45
Bedruckter Sarong 44-45, 304
Füller 14, 42-43, 44
Materialien 14
Motiv auf die Seide auftragen 42
Pinsel 14
Siebdruckrahmen 14
Techniken 42-43
Textil-Siebdruckfarben 14
Zeichenflüssigkeit 14
Sitzpolster 84-85
Stanzen 126-127
Lampenschirmschablone 126, 128
Materialien 94
Stanzer 94, 127, 128
Sternen-Lampenschirm 128-129
Techniken 126-127
Sternen-Lampenschirm 128-129
Stoff
Baumwolle 12, 17
Filzwolle 17
Patchwork-Stoff zuschneiden 54
Seide 13
siehe auch Malerei, Seide;

Marmorieren Stoff; Flickenteppiche; Siebdruck; Schablonieren, Stoff
Stoff & Filz 11-85
Materialien 12-17

T
Tauchkerzen 234-235
Topfuntersetzer 218, 313

V
Vase mit Farbfolie und Bleiband 198-199

W
Wachsbatik
Kissenbezug 52-53, 305
Krakeluren erzeugen 51
Materialien 15
Motiv auftragen 50, 51, 53
Pinsel 15
Stoff aufspannen 50
Techniken 50-51
Tjanting 15
Wachs 15, 51
Weben, Bänder 67
Abendhandtasche 68-69, 309
Bügelvlies 16, 67
Materialien 16
Techniken 66-67
Weben, Webrahmen 170-171, 172
Fäden verweben 171, 172
Materialien 154
Nylonfaden 154
Perlenarmband 172-173, 309
Perlwebrahmen 154
Schussfaden ansetzen 171, 172
Techniken 170-171
Windlichter 202, 309
Winterlicher Kranz 274-275